新财经教材　|　国家重点学科教材

实证研究
与
计量工具

唐雪松　赵尘　许楠　王显珏　陈旭东　◎编著

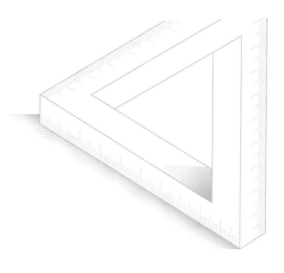

图书在版编目(CIP)数据

实证研究与计量工具/唐雪松等编著.—北京:北京大学出版社,2024.1
ISBN 978-7-301-34655-6

Ⅰ.①实… Ⅱ.①唐… Ⅲ.①会计计量—研究 Ⅳ.①F230.9

中国国家版本馆 CIP 数据核字(2023)第 226007 号

书　　名	实证研究与计量工具 SHIZHENG YANJIU YU JILIANG GONGJU
著作责任者	唐雪松　赵尘　许楠　王显珏　陈旭东　编著
责任编辑	黄炜婷
标准书号	ISBN 978-7-301-34655-6
出版发行	北京大学出版社
地　　址	北京市海淀区成府路 205 号　100871
网　　址	http://www.pup.cn
微信公众号	北京大学经管书苑(pupembook)
电子邮箱	编辑部 em@pup.cn　总编室 zpup@pup.cn
电　　话	邮购部 010-62752015　发行部 010-62750672　编辑部 010-62752926
印 刷 者	北京市科星印刷有限责任公司
经 销 者	新华书店
	787 毫米×1092 毫米　16 开本　19.75 印张　417 千字 2024 年 1 月第 1 版　2024 年 6 月第 2 次印刷
定　　价	59.00 元

未经许可，不得以任何方式复制或抄袭本书之部分或全部内容。
版权所有，侵权必究
举报电话：010-62752024　电子邮箱：fd@pup.cn
图书如有印装质量问题，请与出版部联系，电话：010-62756370

前 言
PREFACE

主题背景

这是一本关于实证研究方法论与计量工具运用的教材,也是一本因应新财经、新科技发展趋势的教材。系统掌握研究方法论、科学运用计量工具对于任何一名研究者的起步和成长都至关重要!然而,笔者在自身作为学生求学的阶段以及成为大学教师开始为学生讲解研究方法论的过程中,总感觉熟练掌握研究方法论、合理运用计量工具对很多人而言都极具挑战性。在实际开展会计、财务、审计以及相关领域研究项目的过程中,很多研究者经常感觉到虽然此前修学过计量经济学课程,也阅读过相当数量的专业领域经典文献,还曾仔细琢磨过其中的方法论问题,但还是不能自如运用研究方法论、计量工具;尤其是随着当前新财经、新科技向纵深发展,这样的感觉愈加强烈。

很多研究者在实际开展研究项目的过程中会碰到一些问题,这些问题可能来自自我追问但自身并不能获得自我满意的答案,也可能来自他人质疑但自身并不能给出令人满意的答复。例如,作为研究生,不能清楚解释何为科学、何为研究、何为理论;不能说明为什么计量经济学课程上所学基础理论问题在会计、财务、审计研究场景有不同的表现;不能有效回应研究成果被人质疑,因为仅发现相关性关系而缺乏更深层次因果关系的揭示;不能从更直观、更美观、更有冲击力的角度呈现自己的研究成果;不能及时适应新财经、新科技背景下影响力与日俱增的非结构化数据对研究成果的挑战;使用经典模型时因误用某个参数而导致整体研究结论完全错误;诸如此类,不一而足。

之所以出现以上状况,究其原因为:研究者在研究起步阶段或研究方法论学习阶段缺乏一座从计量经济学基础理论到会计、财务、审计实际研究场景的桥梁,欠缺一本整合会计、财务、审计实证研究中常见研究方法论、计量工具运用问题的综合性教材。基于这一认识,我们编著了本教材,以求有助于会计、财务、审计领域学子开启研究之旅,或者使从事实证研究的研究者在方法论掌握与计量工具运用方面更上一层楼。虽然本教材讲解相关内容的过程中以会计、财务或审计领域研究主题为主,但这些关于实证研究方法论与计量工具运用的内容同样适用于其他相关领域的研究,例如管理学、经济学或社会学等领域。

内容结构

本书分为四个部分,共十二章。

第一部分为研究方法论基础,包括第一章至第三章的内容。第一章讲解实证研究方法论基础,讨论什么是科学、知识与理论,在此基础上进一步讲解何为研究及研究范式,最后讨论实证研究的目标和特征。第二章讲解实证研究的基本过程,探讨一般情况下的研究循环过程和实证研究步骤,讨论如何撰写研究计划书,并给出实证研究中的注意事项及常用软件。第三章讲解在开展实证研究时如何进行选题。一个好的选题是成功的一半。那么,何为好的选题呢?本章从基于现象观察的选题、基于案例分析的选题、基于文献阅读的选题等角度讨论如何选题,并分析了选题过程中的注意事项,也简要介绍了一些重要期刊的选题情况。

第二部分为计量工具基础,包括第四章至第六章的内容。第四章讨论经典线性回归模型,讲解回归分析、最小二乘法、假设检验的基本原理等。第五章在经典线性回归模型的基础上,针对基本假设前提的违背和应对问题展开讨论,内容涉及异方差、自相关、多重共线性、内生性等方面。第六章探讨面板数据模型,介绍常见的面板数据模型以及估计方法,讨论动态面板数据的处理方法、面板数据模型设定的检验方法等。

第三部分为高阶计量工具与研究方法论,包括第七章至第十章的内容。第七章针对实证研究中经常碰到的、难以有效区分相关关系与因果关系的问题展开讨论,内容涉及双重差分法、倾向得分匹配法、工具变量法、断点回归法等。第八章讲解在研究过程中如何合理、有效地使用图示表达观点。常言道:一张好图胜过千言。本章讲解为什么需要作图、如何进行描述性统计作图、如何以图展现边际效应,在此基础上进一步讲解地图类、社交网络类等特殊数据的作图问题,最后还讲解了双重差分类模型作图问题。第九章讲解作为资本市场研究中经典研究方法的事件研究法。本章首先介绍事件研究法的基本原理与过程,然后讲解正常收益率模型及其应用,最后介绍相关程序与运用。第十章讲解文本分析法。本章主要介绍关键词匹配、分词、文本相似度与文本向量、朴素贝叶斯分类器、LDA 主题模型、Transformer 神经网络等方面内容。文本信息在会计、财务、审计研究中的应用越来越广、影响力越来越大,相关的研究空间大、研究机遇多,研究者应积极开展这一新兴领域的主题研究。

第四部分为常用研究模型,包括第十一章和第十二章的内容。第十一章讲解常用会计研究模型,包括度量盈余价值相关性、盈余管理、盈余反应系数、会计信息可比性、会计稳健性等的常用模型。第十二章讲解常用财务研究模型,包括资本资产定价、Fama-French 资产定价、隐含权益资本成本、股价崩盘风险等常用模型。通过本部分的阅读和学习,学生可以快速掌握经典的会计、财务相关研究模型。

附录中列出了一项研究成果的程序代码示例。刚进入研究领域的新人可以通过这一程序代码示例了解程序代码的编写过程,从而顺利度过万事开头难的阶段。

实证研究方法、计量工具的演进和升级是没有止境的;同样,实证研究方法的学习、计量工具的掌握也是没有止境的。在新财经、新科技不断演进升级的大背景下,保持"常学常新"的心态是保持强大研究能力的不二法宝。

本教材能够结集出版,得益于四川师范大学教师蒋心怡博士、西南财经大学博士生彭馨怡和刘亮、硕士研究生刘韦艺、本科生贾亦真和王珞瑜等提供的大量支持,以及在代码编写、文字和格式校对等方面提供的帮助。没有他们的支持和帮助,这本教材不能如期呈现在大家面前。

本教材之所以能够及时出版,还得益于国家自然科学基金重点国际合作研究项目"大数据背景下会计信息促进实体经济发展的关键路径与机制研究"(项目批准号:72010107001)、国家自然科学基金面上项目"中国投资者保护公益组织运行效果与机制研究——基于并购重组中投服中心行权视角"(项目批准号:72272123)、教育部人文社科基金(项目批准号:22XJC790011)、四川省社科青年项目(项目批准号:SC22C019)、西南财经大学中央高校教育教学改革专项(项目批准号:2023YJG027)、西南财经大学中央高校基本科研项目(项目批准号:Jbk2304029)等的资助。在此,致以衷心的感谢!

当然,本教材内容难免存在不足甚至错误之处,恳求广大读者不吝赐教。

唐雪松　赵尘　许楠　王显珏　陈旭东

2023年10月1日

目 录
CONTENTS

第一部分 研究方法论基础

第一章 要义概述 ········· 003
  第一节 科学、知识与理论 ········· 004
  第二节 研究与研究范式 ········· 006
  第三节 实证研究的目标和特点 ········· 009

第二章 实证研究的基本过程 ········· 013
  第一节 研究循环过程 ········· 014
  第二节 实证研究步骤 ········· 014
  第三节 研究计划书 ········· 018
  第四节 实证研究中的注意事项 ········· 019
  第五节 实证研究的常用软件 ········· 020

第三章 选 题 ········· 023
  第一节 何为好的选题 ········· 024
  第二节 基于现象观察的选题 ········· 024
  第三节 基于案例分析的选题 ········· 027
  第四节 基于文献阅读的选题 ········· 030
  第五节 选题过程中的注意事项 ········· 032
  第六节 一些重要期刊的选题情况 ········· 034

第二部分　计量工具基础

第四章　经典线性回归模型 ………………………………………… 043
 第一节　回归分析法 ………………………………………………… 044
 第二节　最小二乘法 ………………………………………………… 046
 第三节　假设检验法 ………………………………………………… 048

第五章　经典线性模型的违背和应对 ………………………………… 055
 第一节　异方差 ……………………………………………………… 056
 第二节　自相关 ……………………………………………………… 061
 第三节　多重共线性 ………………………………………………… 065
 第四节　内生性 ……………………………………………………… 068

第六章　面板数据模型 ………………………………………………… 073
 第一节　面板数据概述 ……………………………………………… 074
 第二节　面板数据模型 ……………………………………………… 075
 第三节　静态面板数据模型的估计方法 …………………………… 076
 第四节　动态面板数据模型 ………………………………………… 081
 第五节　面板数据模型设定的检验方法 …………………………… 082

第三部分　高阶计量工具与研究方法论

第七章　从相关到因果 ………………………………………………… 087
 第一节　双重差分法 ………………………………………………… 088
 第二节　倾向得分匹配法 …………………………………………… 094
 第三节　工具变量法 ………………………………………………… 098
 第四节　断点回归法 ………………………………………………… 108

第八章　作图法 ………………………………………………………… 131
 第一节　为什么需要作图 …………………………………………… 132
 第二节　描述性统计作图 …………………………………………… 136
 第三节　边际效应作图 ……………………………………………… 139
 第四节　特殊数据作图：地图类数据、社交网络类数据 ………… 143
 第五节　双重差分类模型作图 ……………………………………… 152

第九章　事件研究法 … 173
第一节　事件研究法的应用背景 … 174
第二节　事件研究法的基本原理与过程 … 174
第三节　正常收益率的计量模型及其应用 … 178
第四节　程序与运用 … 180
第五节　事件研究法失效的可能原因 … 183

第十章　文本分析法 … 185
第一节　关键词匹配 … 186
第二节　分　词 … 190
第三节　文本相似度与文本向量 … 194
第四节　朴素贝叶斯分类器 … 204
第五节　LDA 主题模型 … 212
第六节　Transformer 神经网络 … 215

第四部分　常用研究模型

第十一章　常用会计研究模型 … 227
第一节　盈余价值相关性的研究模型 … 228
第二节　盈余管理的研究模型 … 232
第三节　盈余反应系数的研究模型 … 240
第四节　会计信息可比性的研究模型 … 241
第五节　会计稳健性的研究模型 … 246

第十二章　常用财务研究模型 … 253
第一节　资本资产定价模型 … 254
第二节　Fama-French 资产定价模型 … 255
第三节　隐含权益资本成本模型 … 263
第四节　股价崩盘风险模型 … 270

附录　一项研究成果的程序代码示例 … 277

第一部分
研究方法论基础

第一章 讲解实证研究方法论基础，讨论什么是科学、知识与理论。在此基础上，进一步讲解何为研究及研究范式。最后讨论实证研究的目标和特征。

第二章 讲解实证研究的基本过程，探讨一般情况下的研究循环过程和实证研究步骤，讨论如何撰写研究计划书，并给出实证研究中的注意事项及常用软件。

第三章 讲解在开展实证研究时如何进行选题。一个好的选题是成功的一半。那么，何为好的选题呢？本章从基于现象观察的选题、基于案例分析的选题、基于文献阅读的选题等角度讨论如何进行选题，并分析了选题过程中的注意事项，也简要介绍了一些重要期刊的选题情况。

第一章
CHAPTER 1

要义概述

实证研究不能偏离科学的研究范式。在具体学习实证研究方法论之前,首先要理解什么是科学,什么是知识,什么是理论,什么是科学研究,什么是方法论或方法。尤其要理解社会科学研究的特点,即如何判断研究成果的科学性。本章将对此展开分析和讨论。

第一节 科学、知识与理论

一、科学

在学习实证研究方法论之前必须理解什么是科学。科学是人们经常用到的词汇，其对现代社会文明的发展非常重要。然而，公众对科学的确切含义常有误解。一种误解是将科学等同于科技，其实科技是科学、技术的合称。还有一种误解认为科学是"系统性的、有组织的正确知识"。诚然，科学是系统性的、有组织的知识，科学是关于各种现象之间关系有组织的陈述体系，这些陈述包括假设、理论和定律等，但是，系统性、有组织的陈述未必是科学，如部分哲学或宗教知识。此外，科学的正确性并不是永远成立的，某些科学的正确性可能随着场景、环境的变化发生改变。

那么，科学到底是什么呢？科学学的创始人J.D.贝尔纳（1982）认为："科学在全部人类历史中确已如此地改变了它的性质，以致无法下一个合适的定义。"也就是说，人们只能从不同的侧面去理解和认识科学，科学的含义是复杂的，要想从某个单一角度给科学下一个定义是非常困难的。根据《现代汉语词典》（第7版），科学一词被解释为："（名）反映自然、社会、思维等客观规律的分科的知识体系，（形）合乎科学的"。根据《牛津英语词典》（*Oxford English Dictionary*）的定义，科学是通过观察、调查和试验而得到的系统的知识。伊曼努尔·康德在《自然科学的形而上学基础》（2003）中认为，每一种学问，只要其任务是按照一定的原则建立一个完整的知识系统，皆可称为科学。根据维基百科的定义，科学是一种系统性的知识体系，它积累、组织并可检验关于万物的解释和预测。科学强调预测结果的具体性和可证伪性，科学不是空泛的，从这一意义上讲，文学、艺术、宗教学等都不属于科学的范畴。事实上，文学、艺术、宗教学等并不具备"观察、调查和试验"等科学特征，属于与科学不同的求知途径（李怀祖，2007）。科学也不等同于绝对无误的真理，而是在现有基础上摸索式地不断接近真理。因此，科学的发展史就是一部人类认识宇宙的偏差的纠正史。

科学大体上可以分为自然科学和社会科学。自然科学（如生物学、化学、物理学、天文学）研究物质世界，在最宽泛的意义上研究自然规律。科学诞生之初是指对自然现象规律的探索与总结的自然科学。社会科学（如经济学、政治学、心理学、社会学、管理学）研究与人类行为相关的社会和精神世界，研究个体与社会之间的关系，探讨个体或团体在社会或其他情境中所表现的行为及行为后果。

二、知识

何为知识？知识的定义在认识论中历来是一个争论不休的问题。尽管人类漫长历史中关于"什么是知识"这个问题激发了世界上众多伟大思想家的兴趣,但是至今却没有一个统一而明确的界定。柏拉图曾提出古典的知识定义,即一个陈述要成为知识,必须符合三个准则:被证实的(justified)、真的(true)和被相信的(believed)。然而,后来的知识论学者普遍认为上述三个准则并不是知识的充分条件。罗伯特·诺奇克(Robert Nozick)提出,知识要"追踪真理"(2016),西蒙·布莱克本(Simon Blackburn)则认为"透过缺陷、瑕疵或失效"(2021)所证实的真实信念不是知识。根据《现代汉语词典》(第7版),知识是人们在社会实践中所获得的认识和经验的总和。维基百科则将知识定义为对某个主题"认知"与"识别"的行为藉以确信的认识,并且这些认识拥有潜在的能力为特定目的而使用。

虽然关于知识并没有统一的定义,但是大家普遍接受知识是人类在实践中认识客观世界(包括人类自身)的成果,包括事实、信息的描述或在教育和实践中获得的技能,是人类从各个途径获得的经过提升、总结与凝练的系统的认识。从哲学层面进行理解,知识也可以看成构成人类智慧的最根本的因素。知识具有一致性、公允性等特征。判断知识的真伪要以逻辑而非立场为准则。

更进一步看,在所有知识中最重要的是关于关系的描述,通过揭示事物之间存在的关系而为人类贡献了大量的知识。社会经济现象之间存在大量的相互联系、相互依赖或相互制约的关系。关系通常又可分为两种类型:一类是函数关系(因果关系),是指变量之间存在的相互依存的关系,其依存关系是确定的;另一类是相关关系,是指两个现象或数值变化存在不完全确定的随机关系,其依存关系不完全确定。函数关系(因果关系)与相关关系是不同的:函数关系(因果关系)中变量之间的关系是确定的,而相关关系中变量之间的关系则是不确定的,可以在一定范围内变动。函数关系(因果关系)中变量之间的依存关系,可以基于一定的方程在给定自变量的基础上推算因变量;相关关系则不能使用特定的方程来表示。函数关系(因果关系)是相关关系的特例,是完全的相关关系;相关关系则是不完全的相关关系。

知识的获取涉及许多复杂的过程,如感觉、交流、推理等。通常而言,知识的获取多以观察为起点,但获取知识不能局限于观察和概括,而需要系统、深入地展开,绝大多数知识的获取是以研究为基础的。研究无处不在,可以由学术或研究机构开展,也可以由政府机构、企事业单位甚至社会个体独立进行。通过研究获取知识的过程中,"归纳"和"演绎"是两大途径。通过观察可以获得某种"假设","假设"通过严格的检验之后可成为知识,由观察开始形成"假设"并最终获得知识的过程称为"归纳"。"演绎"是基于现有的知识体系、逻辑基础,将这些知识或逻辑应用于新的场景,进而得到关于新场景的新知识。

三、理论

理解理论的具体含义和内部结构是人们开展科学研究的出发点。根据《现代汉语词典》（第7版），理论是人们由实践概括出来的关于自然界和社会的知识的有系统的结论。根据维基百科的定义，理论又称学说或学说理论，指人类对自然、社会现象，按照已有的实证知识、经验、事实、法则、认知以及经过验证的假说，经由一般化与演绎推理等方法，进行合乎逻辑的推论性总结。人们通过观察自然和社会现象或者逻辑推理，可以得到一些学说或"假设"，这些学说或"假设"在未经社会实践或科学实验证明以前只能叫作"假说"。如果假说能够经过大量可重现的观察与实验得到验证，这些假说就可被称为"理论"。不论是自然科学研究还是社会科学研究，都非常关注理论。更为一般性的理解，理论是由一系列有内在逻辑联系的概念、假设、定理、公理和观点等组成的对事物或现象进行系统解释并具有可验证性的命题组合，构成理论的命题或陈述可以通过经验进行检验或验证。

那么，如何才能获得或建构理论呢？理论建构历来都是科学发展进程中最为困难的工作。一种理论得以建构，至少要经历如下步骤：在控制其他变量影响的情况下，考察少量主要因素或变量的关系或相互作用，针对理论建构中的主要问题，集中精力研究主要问题中因素或变量的影响；在此基础上根据理论建构目标，形成理论建构的综合性表达或待检验的假说；假说形成之后，这并不意味着其能够被直接运用或已经是一个好的理论，更为重要的环节是对理论进行检验。如果假说未能通过检验，还可以考虑该理论是否完全失败，或者是否需要修改或重新表述。需要特别指出的是，理论检验不能建立在价值判断的基础上，能够通过检验的理论才能指导研究或实践发展。

好的理论具有如下特征：第一，创新性。好的理论能够做出全新的不同于已有理论的解释，具有引导研究进入尚未开发领域的能力。第二，解释能力。好的理论能正确地解释该理论所针对的不同现象，并且解释范围越广泛越好。第三，可检验性。如果一个理论在任何情况下都是正确的，它就无法满足可检验性标准，即不满足波普尔的可证伪性（波普尔，2008），这样的理论反而不能成为好的理论。也就是说，理论只有存在错的可能性，才具有正确解释现实的潜力。第四，简洁性。好的理论本身能够精简表达，能使用最少量的理论描述来解释尽量多的事物。

第二节 研究与研究范式

一、研究

关于什么是研究，人们的普遍看法为：研究是系统性的调查、观察或解释。研究是一种系统性的调查以发现问题的答案(Burns,2000),或者是一种结构性的探索,使用科学的方法论来解决问题,产生新的可应用知识(Grinnel,1993)。《韦氏大辞典》(*Webster's Dictionary*)将研究定义为在某知识领域进行仔细、系统、耐心的学习与调查,以发现或确立事实或原则。《现代汉语词典》(第7版)则将研究定义为探求事物的真相、性质、规律等。

科学研究包括系统性的观察、分类及数据的解释等。一般性的推论或推理与科学研究在严谨性、可验证性、普遍性等方面存在差异。通过科学研究,人们得到关于事物的普遍规律、现象的科学解释。在社会科学领域,研究可以使人们发现与记录人类行为的普遍法则或规律,了解社会、世界运行的模式,人们基于此可以控制或预测事件的发生,为解决社会实际问题找出思路和办法。

科学研究可以采取唯理主义和实证主义两种思路。(1)唯理主义是依靠推理获取知识的方式,推理的方式有演绎法和归纳法。演绎法是从普遍性结论或一般性事理推导出个别性结论的推理方法。演绎推理的主要形式为三段论,即大前提、小前提和结论。大前提是一般性事理,小前提是论证个别事物,结论就是论点。用演绎法进行论证,必须确保前提是真实的,同时确保前提是结论的必要条件,这样才可以确保演绎推理得出的结论真实、可靠。例如,

大前提:市场监管严格时企业不会进行财务造假。

小前提:当前时期市场监管非常严格。

结论:当前时期的企业不会进行财务造假。

在以上三段论推理中,论证的形式是有效的,但大前提可能是错误的,因此结论是不可靠的。在演绎推理法中,演绎出的结论已经包含在前提中。在社会科学研究中,常常使用演绎法对研究假设进行演绎推理。利用演绎推理获得研究假设时要保证上述逻辑过程成立,需要查找和论证有关大前提与小前提的文献资料或证据支撑,在有充分证据支持大前提与小前提的情况下,才可以采取演绎法推出研究假设。

归纳法是通过将某种现象归纳产生结论的推理方法。归纳法可以分为完全归纳法和不完全归纳法。完全归纳法是在研究所有情况后得出一般性结论的推理方法。不完全归纳法是在研究特定事物情况后得出一般性结论的推理方法。就合理性而言,不完全归纳法的科学性低于完全归纳法。然而,在社会科学研究中,由于不可能对所有研究对象进行分析而得出结论,因此往往采用不完全归纳法。在社会科学研究领域,可以通过归纳法形成待检验的研究假设。例如,根据此前文献的研究发现或一些社会现象,我们发现一些有严苛内部监督机制的企业适应市场的灵活性较差、创新能力较弱,通过归纳可以形成如下研究假设:

假设:严苛的内部监督降低了企业的创新能力。

(2)实证主义对研究对象进行观察和感知,以获取有关研究对象的一系列事实描

述,进而获得相关知识。实证主义研究的关键在于观察和感知,在研究"为什么"之前必须知道"是什么"。然而,对于社会或自然中的许多事物或现象,人们往往并不是自觉的观察者,并不会自觉地留意身边的事情或现象。研究中观察至关重要,若能对观察对象、观察方式做出全面的规划,则观察和感知的效果势必大大提高,在此基础上创新知识的可能性将大为提升。

实证主义分为简单实证主义和复杂实证主义。简单实证主义认为没有感知到的就不可能成为知识,获得的知识都是直观和简单的知识。然而,仅仅运用感官或感知获得的知识可能是错误的。例如,人们从感官角度感知到太阳、月亮和星球都围绕地球运动,这其实并不符合实际。复杂实证主义不仅依靠直接观察和感知,还借助严格的研究手段进行检验,从而能够更科学地对研究对象进行观察和认识。实证主义研究中也需要将观察到的事实进行一系列的推理分析,以描述、解释、分析和预测研究对象的行为,同样是"大胆假设,小心求证"的过程。

二、研究范式

托马斯·库恩(Thomas Kuhn)在《科学革命的结构》(2004)中论述了范式(paradigm)的定义,认为范式是指:特定的科学共同体从事某一类科学活动所必须遵循的公认的"模式",它包括共有的世界观、基本理论、范例、方法、手段、标准等与科学研究有关的所有东西。也就是说,一个范式意味着一种世界观,一个范式是一种认识论立场,一个范式是一个专业领域成员之间的一组共同信念。所有的研究都基于一些基本的哲学假设,即什么是"有效的"研究,什么样的研究方法适用于研究等。研究范式将决定,如何解释观察结果,怎样选取研究问题,怎样解释研究结果,怎样进行研究,等等。因此,每个科研人员可选择使用自己的研究方法,但必须有一个清晰且为其他研究同行所接受的研究范式。

社会科学研究中主要研究范式包括实证主义范式和规范主义范式。实证主义范式始于一个假设,即"真理就在那里"。在本体论层面上,实证主义者假设现实是客观给定的,并且可以用独立于研究者及其工具的属性来衡量,即知识是客观可量化的。一般而言,实证主义就是自然科学研究取向,以实施结果为标准,验证与衡量理论或观点、假说的正确性,其研究方法是由个别到一般、由特殊到普遍的归纳思路,研究方法总体上是归纳性的。实证主义研究范式主要回答"是什么"的问题,一般能够得出在经验上可检验、可确证的研究结论。价值中立是实证主义研究范式的核心原则。

规范主义范式是在若干假定的前提下,依据事物的内在联系和逻辑关系,从纯理论角度演绎推导出结论。规范主义范式的出发点和基础是一定的价值标准、行为准则,它从理论上对研究对象进行纯粹的逻辑演绎,对社会现象或问题做出合理与否的判断,通常要给出"应该怎样""怎样才是合理的"的研究结论。然而,规范主义研究范式所得出的研究结论必须有逻辑和实证两方面证据的支持。

三、方法论与方法

自培根首创"方法论"这一术语以来，众多哲学家、科学家加入了方法论的讨论，并提出了许多著名论断，从而使关于方法论内涵的理解日益丰富。方法论是在关于方法的认识和理解深化的基础上产生的概念。目前人们普遍认为，方法论是各种方法的综合以及关于方法的基本理论，它以方法本身为研究对象，是关于方法本身的规律性知识体系。相对而言，方法则是运用特定手段的认识事物的活动过程。人们常认为"方法"是认识和改造世界的活动中所采取的方式、手段、途径等，是具体的做法或工具。例如，实证研究工作中，数据分析时采用的是参数检验还是非参数检验方法？科学方法则是通过系统观测而获取客观知识的方法。文艺复兴时期，人们发现当把信息集中在一起并加以客观研究时，通常会获得前所未有的结果，于是诞生了现代的科学方法。科学方法并非完美无缺，也不能不受限制地应用于各个领域，但科学方法是为人类知识库的更新和拓展做出最大贡献的一种求知方式（李怀祖，2007）。在此基础上，方法论是处理问题的一般途径和程序，是开展研究工作的基本原则、途径和程序，是有效的研究工作规范。方法论可以看作研究逻辑，人们运用这套逻辑能够提高研究工作的效率和质量。基于正确的方法论，方法才能得到科学合理的运用。掌握正确的方法论不仅可以提高研究工作的效率，辨析出一项研究工作的要点，把时间精力花在关键的地方，更重要的是可以将研究工作提高到更高水准。每个研究者可能有自己独特的具体方法或逻辑，但并不一定符合通用的规范和范式。因此，研究者需要通过系统学习，掌握通行的方法论（毛新述，2022），借此提升研究能力和研究水平。

在社会科学领域，经济学与管理学在研究方法论上有不同侧重。经济学研究一般是从逻辑推理、演绎再到实证研究，通过逻辑推理和演绎推导新的理论、探索新的思想，再通过实证研究检验或修正其理论。而管理学研究一般是从实证研究（案例研究、档案式研究、实地研究、实验研究等）上升到理论创新，通过实证研究发现新的客观事实，再进行理论创新。会计、财务或审计实证研究属于管理学研究的分支，其研究方法论的思想和方法同样具有管理学研究方法论的特点，相关研究中案例研究、档案式研究、实地研究、实验研究等方法相互竞争、相互补充，而且不同的研究方法和方法论在财务会计领域、财务管理领域、管理会计领域、审计领域和税收领域中各有侧重（吴溪，2021）。

第三节 实证研究的目标和特点

一、实证研究的目标

实证研究的目标主要包括描述现象、预测结果、阐明现象之间的因果关系和解释现象等。

描述现象在实证研究中最为普遍,也最为基础。它主要描述、分析社会现象发生的情况,可以对有关现象或变量之间的相关关系和描述统计关系进行分析,但是一般不对变量之间的因果关系进行分析。例如,研究在投资行为失败场景时,首先对所涉及的投资行为失败事件进行分类,然后对各类投资失败事件的严重程度和发生频率进行描述。

预测结果首先需要建立一系列变量之间的因果关系,然后根据变量之间的因果关系对结果变量未来的大小、数量和出现概率进行推断。例如,假设企业创新投入和未来销售数量或销售额之间有因果关系,则可以构建以销售数量或销售额为因变量(或被解释变量,后文不做区分,按习惯用词)、创新投入为自变量(或称解释变量,后文不做区分,按习惯用词)的回归方程,再运用回归方程对企业未来销售数量或销售额进行预测。

阐明现象之间的因果关系就是描述一些现象为什么会发生。例如,研究者想研究是什么因素导致管理层离职。根据现象的观察,研究者发现激励程度会影响管理层的离职意向。基于此,研究者可以设计实证研究或实验研究方案,探索激励程度是否对管理层的离职意向产生影响。

解释现象就是对现象为什么会发生进行解释。解释的前提是需要认清引起特定现象发生的原因。例如,为了分析管理层为什么会离职,除了激励因素,还可能要考虑管理层自身特征、外部环境吸引力和企业发展前景等因素。研究者应当对这些因素是否为管理层离职的原因进行分析。如果认清了引起管理层离职的原因,就可以对管理层离职行为进行解释。

描述现象、预测结果、阐明现象之间的因果关系和解释现象在实证研究中往往交织在一起。由于影响社会现象的因素众多,解释现象之间的关系往往需要从众多可能的影响因素中找出真正有因果关系的影响因素。当现有变量无法对发生的现象进行解释时,就需要在后续研究中探索新的能够对社会现象进行解释的因果关系。如果明确了变量之间的因果关系,就可以根据自变量对因变量进行预测。当然,无论是预测还是解释,都需要对现象进行描述。理论始终是在不断演进,科学研究总是在不断完善,面对不断出现的新问题,解释现象的工作需要不断地深化和优化。

二、实证研究的特点

考察人类科学的发展历史,可以发现自然科学获得了突飞猛进的发展,但社会科学并未取得同等地位的发展。社会科学的发展落后于自然科学有很多原因,其中最为根本的是社会科学研究的对象是社会现象,而社会现象具有一定的特殊性。会计、财务或审计研究的研究对象属于社会现象,从而表现出与社会研究类似的一些特点。

(一) 现象的复杂性

社会科学研究对象不仅包括客观环境因素,还涉及个人的心理和生理因素以及人际关系等社会因素。人们很难像自然科学那样在控制外界环境和影响因素的条件下研究社会现象,很难采用严格的实验方法和精确的观测手段研究社会现象。自然现象同质性强,自然科学家可以从对一滴水或一个物体的研究中概括出普遍适用的定律;而社会现象异质性突出,社会科学家不能通过对一个人或一个组织的研究得出普遍适用的结论。这意味着社会科学需要抽取更多的样本,并且研究结果的推广范围较小。

（二）现象的易变性

自然现象的规律性强,自然科学往往能由此做出长期预测;社会现象受多重因素的影响,规律性弱,社会科学不可能像自然科学那样做出长期预测。科学家能预测出日食出现的准确日期,却无法准确地预测未来的股价变化。在人类社会中不存在永恒的、普遍适用的社会规律,社会规律只适用于一定的历史时期和一定的社会条件。因此,社会科学理论的适用期较短,适用范围也有限。

（三）研究成果的易受干扰性

贝尔纳指出:社会科学的落后主要不是由于研究对象具有一些内在差别或仅仅是复杂性,而是由于统治集团的强大的社会压力阻止对社会基本问题进行认真的研究(贝尔纳,1982)。社会科学研究往往更容易受到研究者的阶层地位、政治倾向、文化观念、宗教信仰、知识结构和时空环境等因素的影响。虽然绝大多数社会现象是不以认识主体的意志为转移的,但主体的感受性、判断力、价值观在整个研究过程中的影响显然要比在自然现象研究过程中要大得多。由于研究者的介入,被研究者往往自觉或不自觉地改变自己的行为方式。在某些情形下,被研究者还会参与研究过程本身,这就使得研究过程更加复杂。

三、实证研究成果的检验标准

任何科学的前提或基本假设是,它的研究对象是有规律可循而不是杂乱无章或偶然的。具体到社会现象,一些社会规律可能微不足道,似乎每个人都知道,但要弄清楚其背后的内在逻辑却并不容易。一些人为干扰因素会对社会规律产生影响,有的社会规律被某些人有意识地加以改变。这些都可能导致社会现象的特殊性,但社会现象仍然有一定的规律可循。大量的、正式的社会规范直接造就了社会现象的规律性。除了正式规范,还有部分社会规范在无形中让社会行为产生规律性。人本身的一些特点也使社会现象呈现一定的规律性;社会科学研究的目的就在于寻找社会现象的规律性,类似地,会计研究的目的就在于寻找会计运行及其后果方面的规律性。

社会科学研究所探寻的社会规律性体现为统计意义上的规律性,即总体的规律。社会科学研究所关注的是由许多个体组成的社会总体的行为倾向或发展趋势,而不是个体行为的规律性。社会科学所研究的是一般规律。一般规律对整体而言是正确的,而对个体而言可能是错误的。因此,社会科学研究所发现的社会规律代表的是概率模式,不需要百分之百地反映研究个案;反例的存在说明社会规律不是百分之百的正确,但这也并不能说明所发现的社会规律并不成立。同样,会计研究所得到的总体规律也具有这样的特征。

高质量的科学研究成果是人们在研究和探索人类社会现象的本质及其发展规律的实践过程中创造出来的具有一定学术价值、社会效益或经济效益的成果,是研究者聪明才智的结晶。那么,会计研究成果能否产生一定的学术价值、社会效益或经济效益?这需要考察其是否满足可重复性、可公开性等标准。可重复性是指在相同条件下,对同一被观察对象进行连续多次研究所得结果之间的一致性。其主要表现为:相同的研究者在同样的研究环境下,不同的研究者在同样的研究环境和研究方法下,对同一对象进行研究所得到的某一结果是可以重复实现的。研究成果的可重复性,成为检验科学研究成果的科学性的一个重要标准。创造科学知识是一项公开的活动,科学研究成果需要通过各种形式公开,供全社会享有和使用。如果研究成果不予以公开,就没有办法在实践领域检验它的效果,研究者之间也无法进行交流探讨,研究成果也不能被全面、深入地认识,甚至得以修正。

思考与练习

1. 实证研究中的理论来源包括哪些?
2. 为什么实证研究会成为会计、财务研究的主流研究范式?
3. 理论为什么会存在兴衰更替?
4. 实证研究成果有用的检验标准是什么?
5. 科学、知识、理论与研究的关系是什么?

参考文献

贝尔纳,1982.科学的社会功能[M].陈体芳,译.北京:商务印书馆.
波普尔,2008.科学发现的逻辑[M].查汝强,等译.杭州:中国美术学院出版社.
布莱克本,2021.真理[M].李主斌,译.北京:生活·读书·新知三联书店.
康德,2003.自然科学的形而上学基础[M].邓晓芒,译.上海:上海人民出版社.
库恩,2004.科学革命的结构[M].金吾伦,译.北京:北京大学出版社.
李怀祖,2007.管理研究方法论[M].4版.西安:西安交通大学出版社.
毛新述,2022.实证研究方法论[M].北京:中国人民大学出版社.
诺奇克,2016.合理性的本质[M].葛四友,陈昉,译.上海:上海译文出版社.
吴溪,2021.会计研究方法论[M].3版.北京:中国人民大学出版社.
Burns R, 2000. Introduction to Research Methods[M]. 4th. London: SAGE Publications Ltd.
Grinnel M R J, 1993. Social Work Research and Evaluation[M]. 4th. Illinois: F. E. Peacock Publishers, Inc.

第二章
CHAPTER 2

实证研究的基本过程

在了解了实证研究的基本概念后,我们来探讨实证研究的基本过程。我们将按照确定选题、形成假设、定义变量、收集与分析数据、撰写研究成果的步骤逐一展开。除此之外,我们还会对实证研究过程中涉及的研究计划书、注意事项和常用研究软件做大致介绍。

第一节 研究循环过程

会计、财务或审计学研究本质上属于社会科学,其研究方法、体系、过程等与其他社会科学研究类似。社会学研究通过人们自觉认识社会经济运行过程总结出规律,并使之系统化。社会学家沃尔特·华莱士(Walter Wallace)在其名著《社会学的科学逻辑》(1971)中提出了社会科学研究的基本逻辑模型"科学环"(见图 2.1),认为社会科学研究是一个从理论到观察或从观察到理论的永不停止的循环。正是这一周而复始、无限循环的过程,使人类对社会的认识不断深化,相关理论和知识也不断地累积和发展。

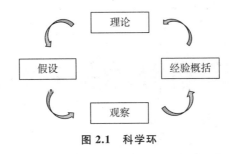

图 2.1 科学环

"科学环"意味着科学是一个理论与研究之间不断相互作用的、反复循环的、螺旋上升的过程。在"科学环"中,研究者有两个研究起点:第一,从现有理论出发,经由逻辑演绎形成假设,接着围绕假设收集相关经验资料,通过分析资料形成经验概括,进而支持、反对或修改初始的理论,乃至提出新的理论;第二,从现实状况或资料收集出发,经由分析形成经验概括,进而形成理论,然后利用理论对初始经验资料进行说明和解释。这样,理论与研究是永恒循环的两个相对独立的组成部分,理论鼓励人们进行可用来证实或反驳它的研究,而研究成果被用来证实、否定或修改这一理论,乃至提出新的理论。

根据"科学环"模型,科学研究的路径可以从理论开始,由理论形成假设,针对假设进行观察,再基于观察阶段收集到的资料形成概括,然后通过经验概括检验假设,进而充实理论或者修改理论,推动理论的升华。有时科学研究也可以从实践或现象的观察开始,通过实践或现象的观察形成可描述的经验,并将其上升到理论层面,然后基于理论做出可以通过经验或事实验证的预测,在此基础上利用观察所获得的事实进行检验。科学知识正是在这样一种循环往复、永无休止的过程中逐渐积累起来的。

第二节 实证研究步骤

实证研究是为了加深对现实运行过程或后果的理解,因此实证研究必须满足一些基本的步骤要求,使得研究结论可信、可靠。当然,不同研究的具体步骤细节可能有所不同。

第一步，确定选题

确定研究课题是研究的第一步，也是最为关键的一步。高质量的选题有助于获得高质量的研究成果；相反，当一项选题意义不大，即便投入再多的研究精力，也难以获得高质量的研究成果。研究课题的选择一定程度地决定着整个研究工作的成败，决定着研究成果的好坏优劣。因此，我们应高度重视选题，要理解它是整个研究过程具有战略意义的首要环节。

刚刚开始学术研究的人员常常可能会想，所选择的课题是否符合研究趋势，是否正统，是否具有很好的研究前景。其实，历史上总有人去探索其他人认为毫无学术价值的领域，而这样的探索常常成为研究领域中大有作为的机遇，当前很多研究领域在很大程度上就是由此开拓形成的。如果过去人们没有冒险挑战看起来非正统的研究课题，现在就不会有如此丰富的研究局面。因此，在选择研究课题时，研究者不要过分担忧研究目标是否符合主流或是否正统。此外，在选择研究课题时非常重要的一个因素是，在研究的整个过程中研究者能否保持充分且持续的研究兴趣。如果研究者有充分的研究兴趣，并保持后续持续的时间和精力投入，那么其大概率会获得好的研究成果。

研究者可以从现实社会存在的大量相关现象、问题中，根据不同兴趣、动机确定具体的研究范围，将最初比较含糊、笼统、宽泛的研究领域具体化、精确化，转化为有价值、有新意又切实可行的研究问题。当然，对于研究者来说，选择一个前景良好的研究课题并非一件简单的事。选题的灵感通常来自现实经济社会生活、个人生活经历或各种文献资料。现实经济社会生活是各种研究课题的最主要、最丰富的来源，但是，由于人们生活在其中，对各种现象或事件常常司空见惯、熟视无睹，很多有价值的潜在选题就被忽视了。因此，我们应培养观察力和想象力，要善于观察、勤于思考，从生活中发现值得研究和探讨的问题。许多有创造性的研究课题就是从现实经历中获得灵感而发现的。研究者身边发生的一件事、与朋友的一次讨论、参加的一次活动，都可能成为发现一个值得研究的课题的机遇。更为重要的是，很多时候获得研究课题的灵感来自阅读学术著作、学术论文，从学术著作、论文中，我们不仅能了解相关研究领域的前沿所在，还能发现可供研究的问题，能获知相对全面的研究背景和理论。在阅读现有相关文献的过程中，一定要秉持批判性思维，去审视、提问、评论和怀疑一些现存的观点或研究，由此为产生新的研究课题提供可能。

在确定研究课题时，研究者还要考虑课题的理论意义或现实意义。理论意义是指通过课题的研究能够解决或有利于解决相关研究领域需要解决或争论较大的重要课题，如学科前沿的重大理论问题、疑难问题、热门问题。当所选择研究课题此前没有文献研究过时，它就具有创新性。判断课题选择是否具有创新性，应该投入时间阅读相关文献，了解最新学术动态,弄清所要研究的课题是否已有人研究过,判断前期相关研究是否具有不同的研究结论或存在争论,判断该项研究是否有助于推动关于相应研究领域的理解。现实意义是指能满足社会的现实需要、能解决实际问题,对社会实践具有推动作用,对社会产生较大、较深远的影响。在评价课题的理论意义或现实意义与价值时,我们应该具有较长远的视野,基于历史或未来发展趋势进行综合考虑。

特别需要注意的是,实证研究选题的逻辑起点常常是实实在在的问题。也就是说,实证研究选题基本上是问题导向的,例如关于会计运行事实的问题,关于会计变量关系的问题,关于使用会计信息的价值取向的问题,关于会计准则制定的问题,等等。此外,在确定会计研究选题时,研究对象并非只局限于会计运行的事实、会计记录或报告以及相关的资料或信息。会计运行中的对象通常是"人"或人所形成的组织,而不是一般的自然物体,会计运行过程不可避免地受到人或人所处组织的影响。因此,我们在确定选题时,考虑人或人所在组织的影响往往能够极大地拓展所确定选题的视野。

在确定研究课题时,需要判断所选择的课题是否具有可行性。可行性包括题目本身的可行性和课题研究中具体操作的可行性。研究者需要考虑研究力量、经费、资料等方面是否充足或可获得,当经费和研究者的能力有限时,能否得到必需的帮助。特别地,实证会计研究涉及大量的数据、资料收集,特别是当需要手工收集数据、资料时,需要考虑数据、资料收集的可行性,收集过程中的成本因素等。只有所选择的研究课题可行或成本允许,才能继续推进课题的研究;否则,难以完成相应的研究课题。

总的来说,研究课题的确受到许多因素的影响,如研究者个人的理论素养、生活阅历、研究兴趣、观察角度、所处环境、客观条件等。研究课题的选择应该把学术兴趣和个人兴趣有机结合起来,有效地把自己的经历与研究结合起来,需要思考什么是让自己感兴趣的,需要将选题建立在对相关领域知识、前期研究成果以及自身研究能力基础之上,需要确定所选择的研究是可行的。

第二步,形成假设

每一项实证研究都必须有一个清楚阐明的、以假设形式提出的研究对象。科学研究要求"大胆假设,小心求证",科学研究往往以假设为起点,而假设是在研究之前提出的待检验的命题。作为对所要研究问题的尝试性回答,假设往往来自对理论的演绎推理,或者对经验的归纳总结,或者对现象的观察。实证会计研究中需要提出假设,陈述假设的形式往往可以归结为两个(或多个)变量之间的关系,然后对所提出的假设进行检验。

假设的提出应该以明确的概念为基础,以一定的理论为基础,有经验或事实作为支撑。所谓概念,是指综合概括同一类事物或现象的抽象名词。概念具有不同的抽象层次,抽象层次越高,其覆盖面就越大;反之,其覆盖面就越小。而且,实证会计研究由于具有特定的社会属性,其假设的演绎或提出需要基于一定的社会制度背景——这也是我们在阅读文献过程中常常发现文章含有制度背景内容的原因。

假设通常以变量语言表述,其必须是可检验的。一般来说,假设有如下陈述方式:(1)条件式陈述表达,即"如果 A,则 B",或者"只要 A,就 B"。比如,研究企业经理分红激励计划与盈余管理(以操控性应计利润进行量化)之间的关系,可以提出假设:"若企业存在针对经理的分红激励计划,则当期企业的操控性应计利润较高。"这类条件式研究假设一般可以用来说明两个变量之间的因果关系,但是在实证研究中如果没有很好地对因果关系进行有效的识别,则研究过程中发现的二者关系可能只是相关关系。(2)差异式陈述表达,即"A 不同,B 也不同"。例如,同样针对经理激励方案与企业盈余管理之间的关系,是研究"经理激励方案内容不同"与"盈余管理"之间的关系,假设可以陈述为:"经理激励方案中基于业绩的报酬占比越高,企业的盈余管理程度越高。"文献中,假设陈述前一般有一个字母"H",为英文单词 hypothesis 的首字母。

第三步,定义变量

对于特定的概念,实证研究中一定会遇到如何将其操作化的问题。一般来说,抽象程度越高的概念越不容易被操作化,抽象程度越低的概念越容易被操作化。比如,像会计信息的可比性、可靠性、稳健性等概念就比会计盈余、财务杠杆等概念更加抽象,实证研究中也越难以操作化。变量是对概念的具体化,研究中所使用的概念通过变量进行具体操作。变量往往有具体的测量值或明显的区分,它在经验层次上表明了现象在程度、等级、数量和类别上的变化状态。绝大多数研究都要通过变量对研究对象加以量化,无法观察和测量的事物无法进入科学研究领域。例如,衡量会计人员的文化程度时,"文化"这一概念是抽象的,但是可以通过文化程度的差异对"文化"这一概念进行有效量化,实证研究中做"高中、大专、本科、研究生"等类别的划分,由此对文化程度进行量化。回顾实证会计研究的发展历史,可以发现数十年来会计研究科学化的主要表现之一就是不断改进主要变量的测量方法。例如,针对盈余管理程度的衡量,先后出现了 Jones 模型(Jones,1991)、修正 Jones 模型(Dechow et al.,1995)、DD 模型(Dechow and Dichev,2002)、McNichols 模型(McNichols,2002)等。

第四步,收集与分析数据

本阶段在收集数据、资料的基础上进行分析并得出研究结论。研究数据、资料可能来自不同的途径,既包括通用数据库,如 CSMAR、Wind、CCER,也包括研究者人工收集或利用软件爬取的数据或资料;既有结构化的数据,也有非结构化的数据。不同的数据、信息的处理方式存在较大差异。举例来说,如果研究者对财务报告文本或公司信息披露文本感兴趣,打算对这些非结构化的文本信息进行文本分析,那么在具体研究这些对象之前需要花费大量时间处理和理解这些文本信息。有时不只是研究者亲自分析这些文本,还有可能需要其他人的帮助。

数据分析的结果用于检验假设。在收集数据、信息之前不可能分析资料,但需要考虑数据分析中检验假设时的数据利用方式。若对整个研究过程有充分理解,则有助于资料、数据等的收集,也有助于降低研究过程中不必要的重复工作。从这一角度看,研究是一个由互相依赖的相关步骤组成的体系。

第五步,撰写研究成果

根据数据、资料的分析结果得出研究结论,在此基础上可以进行研究报告或论文的撰写工作。研究成果的写作对一项高质量研究而言至关重要。全世界有数以万计的科研工作者,各种新的发现、发明、创造、成果不断涌现、更新,若想从中脱颖而出,及时地写出思路清晰、结构严谨、论证有力、文笔流畅、言简意赅的论文或报告就显得极为重要。现实中存在大量有重大价值或意义的研究,但由于写作质量不高,研究成果不能发表,不为学界或社会所认可,这一现象在社会科学研究领域尤其普遍。因此,我们需要通过经常性的写作训练,提高研究报告或论文的写作质量,为顺利推介或发表相关研究成果奠定基础。

第三节 研究计划书

研究者常常需要针对即将展开的研究项目撰写研究计划书(research proposal),特别是当一项研究较为复杂或需要针对该研究立项以获得研究经费支持的时候。在确定选题并提出明确的研究假设后,研究者还需要对整个研究过程做出切实可行的、完整的规划和研究设计,以指导下一阶段的数据、资料收集工作。整个过程可以通过研究计划书的方式呈现出来。研究计划书有助于完成研究目标。根据具体的研究课题大小、难易程度等的不同,研究方案的设计可繁可简。一般而言,研究方案大致包括如下内容:研究课题的背景,研究课题的意义,研究问题的表述,研究方案的内容,资料的收集和分析方法等。

首先,在写作研究计划书时,需要对研究课题的背景、意义、目的、任务进行必要的说明,这些说明有助于研究者对研究课题的动机、意图和方向等有明确的了解,对研究目的和意义有统一的认识,从而在研究开展过程中能够保持行动方向的准确性。

其次,在研究方案中,需要对研究内容、研究类型、研究对象、理论假设进行说明。研究内容是研究课题的细化,直接决定着研究者关注什么、不关注什么。研究类型中应说明研究是探索性的、描述性的、解释性的,还是理论性的,或者是应用性的,等等。

再次,在研究方案中,需要对数据或资料获取进行充分的说明。例如,根据研究课题的要求,拟订数据采集计划;规模较大的数据调查计划,还可能需要计划好数据采集团队的安排。资料收集方法主要有查阅文献、查询数据库、问卷调查、观察、访谈等。任何一种资料收集方法都有其优点和缺点,不可能适用于所有的研究课题或研究领域,在具体研究中可以采取多种资料收集方法,不同的资料收集方法可以互相补充、相互验证,并有助于克服单一方法的局限性。

最后,在研究方案中,需要对资料或数据分析方法进行必要的说明。不同的研究目的、研究类型要求不同的资料、数据分析方法。例如,定性分析方法或定量分析方法,定量分析方法又包括单变量分析、多变量回归分析、因素分析、社会网络分析等具体方法。

第四节 实证研究中的注意事项

一、研究成果的可复制性

在开展每一项研究时,研究者需要考虑研究成果的可复制性。研究成果的可复制性是研究质量的重要体现。在研究成果最终报告之前,最好将研究过程重做一遍,以此表明研究结果并非偶然或巧合。如果研究重复得很精确,特别是使用了不同的样本,那么研究结果的第二次证实就会进一步表明假设检验结果是可信的。当然,对于实证研究而言,由于在研究过程中选取了可能获得的最大样本量,因此一般不会使用不同的样本进行复制检验,可以基于此前同样的步骤,重新处理相同样本并获得一致的研究结果。对一项研究成果的重复,称作复制。如果一项研究能够被他人复制,该研究成果就值得信任。尽管使一项研究可以复制是如此重要,但是目前一些研究成果在可复制性方面的表现并不令人满意,甚至出现一些研究成果不能被同行复制出同样结果而被期刊撤稿的情况。

复制研究成果对于新进研究人员学习实证研究方法论也是非常重要的。对前人的经典研究成果进行复制有助于了解实证研究中的数据、变量,掌握基本分析过程,还有助于在复制过程中发现新的研究课题。因此,复制前人经典研究成果是学习实证研究方法论必须经历的过程。

二、研究时间和进度管理

研究过程中普遍面临的问题还有,如何有效地管理时间和研究进度。研究者提出研究课题后,需要在整理资料、收集数据、分析数据、撰写研究报告时进行有效的时间管理;然而,很多时候研究者在时间和进度管理上面临较大困难。当独立开展相关研究项目时,研究者会发现按时推进、完成该项研究是一项巨大的挑战。如果研究是以团队合作的方式进行,那么研究团队经常会发现在时间管理、进度安排、团队协作等方面都存在问题,最终导致研究项目难以按时完成。因此,加强研究过程的时间管理、进度调控以及团队协作对于成功达成研究目标至关重要。

研究项目通常需要大量的时间投入,即便只是确定研究课题也需要大量的时间投入,因此确定研究课题是研究过程中时间或进度管理的开始。在平时的研究积累过程中,研究者可以思考如何为下一个研究课题的确定打下基础,遇到有关联的研究文献或资料时应积极考虑如何延伸至下一个研究项目。在确定研究课题之后,需要针对资料整理、数据收集与处理计划好时间和进度。实证研究中的数据收集和处理非常耗时,往往需要反复测试。在数据处理完成之后,研究成果的写作也需要耗费大量时间,甚至很多人认为实证研究过程中耗时最长的是研究成果的写作和反复打磨,因此研究者应当提前规划好研究成果的写作或打磨方面的时间安排。由于大多数研究以团队协作的方式进行,研究过程中要求团队成员紧密合作,在项目期间经常会面,一起讨论想法和进度,推动研究项目的进展,借此也可以减轻孤立无援之感,而团队成员之间的会面、沟通与交流最好能够预先予以安排。

第五节 实证研究的常用软件

当前实证会计、财务或审计研究中常用的软件包括 Stata、R 语言、SAS、Python 等,下面对这些软件的主要特点进行介绍。本书后面章节中会涉及相关软件编写的程序。需要指出的是,本书主要讲解实证研究中的方法论问题,并非主要讲解这些软件的使用方法,读者可以自学相关软件的使用方法。

一、Stata

Stata 是 STATA 公司开发的统计程序,在经济学、管理学、社会学、政治学及医学领域被广泛使用。Stata 的主要功能包括数据管理、统计分析、图表、模拟、自定义编程等。Stata 软件的用户界面友好,具有强大的编程语言能力,并且可以实时更新最新功能。Stata 拥有丰富的网络资源,STATA 公司在其官方网站提供大量的网络资源以及各种常见问题的解答,为使用者提供了强大的信息和相关知识的支持。

二、R 语言

R 语言是科学计算的强大工具包,是免费、开源的软件。R 语言最初由新西兰奥克兰大学的 Ross Ihaka 和 Robert Gentleman 开发,现在由"R 开发核心团队"负责深度开发。R 语言擅长统计分析,提供强大的数据处理和分析技术。R 语言具有强大的绘图功能。R

语言的交互式数据分析功能强大且灵活,在金融领域数据统计与计算方面能力突出,在数据挖掘和机器学习领域功能也十分强大。R语言更新速度很快,扩展性功能很强,R社区由全球大量维护者共同维护,几乎每天都有用户为R社区贡献新的方法和计算案例。

三、SAS

SAS(statistical analysis system)是模块化、集成化的大型应用软件系统。SAS由数十个专用模块构成,功能包括数据访问、报告编制、运筹学方法、数据储存及管理、应用开发、图形处理、数据分析、计量经济学与预测等。SAS系统主要完成以数据为中心的四大任务,即数据访问、数据管理、数据呈现和数据分析。SAS编程语句简洁、短小,通常只需很短的几句语句即可完成一些复杂的运算。

四、Python

Python是结合解释性、编译性、互动性和面向对象的脚本语言。Python语言由荷兰国家数学和计算机科学研究所的Guido van Rossum设计。Python易于学习且易于阅读和维护,同时具备非常活跃的社区贡献者。这些贡献者们包括不同领域的科学家或数据工作者,他们为Python提供了众多易于使用的软件包,使得初学者使用复杂功能也能较容易上手。Python广泛应用于Web网络开发,提供丰富的模块支持socket编程,能方便快速地开发网络服务程序。Python支持最新的XML技术,支持数据库编程,其ORM框架使得操作数据库非常方便。Python有优秀的Django、Tornado、Flask等Web开发框架,还有众多的开源插件的支持。Python内置对操作系统服务的接口,使其成为编写可移植的维护操作系统的管理工具和部件的理想工具。Python在网络爬虫方面功能强大,在文本处理方面提供的re模块能支持正则表达式,还提供SGML、XML分析模块。Python图形处理功能强大,有PIL、Tkinter等图形库支持。Python的多媒体应用场景丰富,广泛应用于游戏、人工智能、大数据分析、机器人等领域。

思考与练习

1. 实证研究过程与规范研究过程有何不同?
2. 利用Stata或SAS进行初步的数据处理。
3. 如何进行假设演绎或推导?
4. 如何将研究中的概念转化为可操作的变量?
5. 如何有效地提升写作能力?

参考文献

Dechow P, Dichev I, 2002. The quality of accruals and earnings: The role of accrual estimation errors[J]. The Accounting Review, 77(Supplement): 35-59.

Dechow P, Sloan R, Sweeney A, 1995. Detecting earnings management[J]. The Accounting Review, 70(2): 193-225.

Jones J, 1991. Earnings management during import relief investigations[J]. Journal of Accounting Research, 29(2): 193-228.

McNichols M, 2002. The quality of accruals and earnings: The role of accrual estimation errors: Discussion[J]. The Accounting Review, 77(Supplement): 61-69.

Wallace W, 1997. The Logic of Science in Sociology[M]. New York: Aldina Degruyter.

第三章
CHAPTER 3

选 题

　　一个好的选题是研究成功的一半,确定选题在整个研究过程中极为重要。爱因斯坦曾经说过一句名言:"提出一个问题比解决一个问题更重要,因为解决问题也许仅仅是一个数学上或实验上的技术而已,而提出新问题、新的可能性,从新的角度去看旧的问题,都需要创造力和想象力,而且标志着科学的真正进步。"在实证研究中,选题可能来自对社会、市场或实践现象的观察,可能来自对某些个体案例的关注或思考,也可能来自在此前相关文献阅读基础上的升华、提升或拓展。

第一节 何为好的选题

从研究的领域到研究的选题,是一个不断缩小和明确研究任务的过程。研究所选择的问题提得好不好,不仅在于文字表达,更在于研究任务的选择。那么,什么是好的选题呢?

好的选题应该是具体、明确而重要的问题。研究中提出一个明确的好问题,比给一个普通的问题以好的解释更为重要。选题应该是开宗明义,而非笼统模糊,让人捉摸不透的问题。刚刚踏入研究领域的研究者在提出研究问题时常常存在误区,例如没有明确而具体的研究问题,或者有多个研究问题,或者在行文过程中研究问题发生变化,等等。在确定感兴趣的研究领域之后,研究者应该不断地深挖,关注更小的方面。例如,如果你的研究兴趣是初次股票发行(initial public offering, IPO),缩小到"IPO 与公司代理之间的关系"已经往前走了一步;然后,你又关注到"IPO 与公司创始人特征之间的关系",进而思考"为什么具有某种特征的公司创始人更可能进行 IPO?""资本市场对于具有某种特征创始人的公司 IPO 会给予什么样的反应?"等问题。此时,你的研究已经从宽泛的选题领域过渡到具体的问题了。虽然选题的确定和问题的提出都是非常主观的,取决于研究者自身的理解,但研究者不能回避思考和说明所选择的问题为何重要。研究问题的重要性主要包括理论和实践两个方面,一项好的研究应该两者兼具。当然,我们并不否认有一些开创性的研究更注重理论层面的重要性,也有一些研究更关注实践层面的重要性。

好的研究问题通常以"为什么"(why)的形式出现,因为科学的本质在于探求事物发展的客观规律。刚刚进入研究领域的研究者所开展的研究项目常常可能忽略"为什么"的问题而总是思考"怎么办"(how)的问题。因此,研究者在研究中可以通过"问句"的形式将自己的研究问题写下来,以随时提醒自己所研究的问题。

第二节 基于现象观察的选题

实证研究的目的在于解释经济、社会、市场或实践现象,从社会、市场或实践现象中寻找问题,探索哪些社会、市场或实践现象缺乏有效的解释,并基于所得到的研究结果进一步指导实践。要做到这一点,首先需要识别社会、市场或实践现象,在识别现象之后从恰当的角度切入进而展开相关研究。在观察社会、市场或实践现象时,最重要的是关注社会、市场或实践现象的变化,既包括纵向的变化,也包括横向的变化。纵向的变化就是随着时间推移而产生的变化,比如过去是怎样的,现在变成什么样;横向的变化就是随着空间的变化而产生的变化,比如同一时期不同社会群体、市场组成部分、实践部门是否有不同的反应或表现。研究者一定要注重观察社会、市场或实践现象的变化,因为变化即意味着新现象,而新现象就会产生新问题。

为了说明如何基于社会、市场或实践现象进行选题,我们以盈余公告后价格漂移(post-earnings announcement drift,PEAD)效应的研究为例。PEAD效应是资产定价和资本市场效率研究中最重要的市场异象之一。实际盈余高于预期盈余,表明这是一个好消息,能给股价带来正面效应;实际盈余低于预期盈余,表明这是一个坏消息,股价往往会承受下行压力。根据有效市场假说,实际盈余公告时股价应立即反应,盈余公告之后股价就不应继续发生反应。然而事实上,盈余公告后正面效应或者负面效应对股价的影响并不会一蹴而就,而往往会持续很长时间,有时长达一个季度或者半年,股价在盈余公告后进一步漂移的现象就是PEAD效应。

PEAD效应最早由Ball and Brown(1968)发现,他们的研究表明未预期盈余的股票价格在盈余公告后3个月会出现明显的正向漂移,未预期亏损的股票价格在公告后3个月会出现明显的负向漂移,具体如图3.1所示。

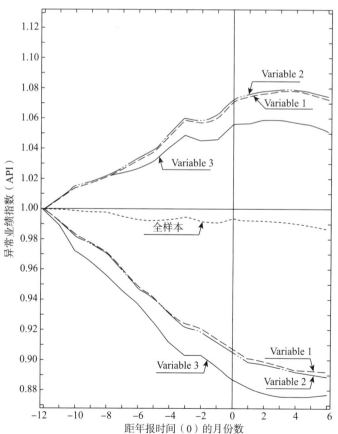

图 3.1　不同投资组合的异常业绩指数

资料来源:Ball and Brown(1968)。

自 Ball and Brown(1968)之后,许多文献对 PEAD 的存在性及普遍性进行了一系列研究,这些研究所针对数据的颗粒度越来越细,比如从月度数据到周度数据,再到日高频数据;研究所关注的资本市场也从美国的纽约证券交易所延伸到澳大利亚、欧洲、非洲等,所得到的结果基本一致(Foster,1977;Brown and Pope,1995)。研究的内容与关注点也在拓展。例如,从研究未预期盈余与超额收益率之间的方向关系到数量关系的拓展。Beaver et al.(1979)研究了未预期盈余与超额收益率之间的关系,发现未预期盈余变动幅度越大,平均超额收益率越大。Sojka(2018)回顾了自 PEAD 效应被发现以来 50 年的相关研究,系统梳理了 PEAD 效应的相关证据,发现了 PEAD 广泛存在于各个时间区间和各个股票市场,具有持续性、显著性和普适性的特点。

那么,为什么会存在 PEAD 呢?有果必有因,过去很多文献探索了 PEAD 存在的原因。较早期的文献分析认为可能是由于 CAPM(资本资产定价模型)计量的超额收益存在不完全性或估计偏差,导致研究中无法根据风险全面调整原始收益率。也有文献把 PEAD 效应归因于数据处理和研究过程不恰当(Ball,1978;Dyckman and Morse,1989;Fama,1998)。一些文献从风险角度展开分析,认为 PEAD 效应的存在可能是源于承担了某些未知的风险,即高未预期盈余公司的风险更高,低未预期盈余公司的风险更低。Bernard and Thomas(1989)研究了包括市场 Beta 系数、经济增长、通货膨胀、信用风险和利率风险等一系列风险因子,发现无论是单个因子还是作为整体,均无法解释 PEAD 效应。此后,更多的文献在各个国家和各个时期均发现 PEAD 现象存在,说明 PEAD 效应并非由偶然因素导致。

后续大量文献跟进,研究了 PEAD 现象存在的原因,截至目前相关主流文献认为主要有两种原因:投资者反应不足和投资者交易套利限制。

第一,由于投资者注意力有限,投资者无法及时对盈余信息做出反应,从而引发价格对信息的反应不足。例如,Hirshleifer et al.(2009)从有限注意力的角度解释了为什么投资者会对未预期盈余反应不足。由于投资者的大脑能同时接收和处理信息的数量是有限的,当信息量很大时,他就会有选择地应对这些信息。也就是说,投资者同时面临较多的信息时会受到信息干扰,难以同时将信息消化和转化成决策,使得反应不足更加明显,从而导致更强的 PEAD 效应。DellaVigna and Pollet(2009)将所有交易日划分为星期五和其他日期,由于周末休市两天,投资者在星期五时往往会心不在焉,接收和处理新信息时可能会分心,因此对盈余披露事件的反应敏感性不如在其他日期。正是因为投资者对在星期五披露的盈余反应不足,公告公司股价在后续会产生更加明显的 PEAD 效应。测试结果确实也发现,相比于其他日期,星期五的盈余公告对市场的冲击效应更小,成交量会减少 8%,价格变动(即投资者的反应)会少 15%;在之后的交易日,投资者逐渐吸收星期五的公告信息,价格变动会比平时多 70%,呈现出更强的 PEAD 效应。

第二,由于证券市场交易成本和套利风险的存在,即使发现了有利可图的信息,投资者也并不会采取行动推动价格变化,从而导致 PEAD 现象。例如,Bhushan(1994)从交易成本等角度,研究为什么 PEAD 效应持续存在。交易成本的存在会阻碍聪明投资者从 PEAD 效应中获利。证券交易成本包括直接发生的买卖价差和交易费用,也包括间接产生的冲击成本和机会成本。Bhushan(1994)使用股票价格和成交额来度量交易成本,研究交易成本和 PEAD 效应的关系。买卖价差和股票价格有关,股票价格越高,价差成本越低。固定交易费用也和股票价格有关,股票价格越低,交易费用越高。冲击成本和成交量有关,成交量越大,流动性越好,交易委托越容易成交,对市场的冲击越小。根据上述逻辑,实证结果发现,PEAD 效应和股票价格、成交量负相关,即交易价格越低(成交量越小)的股票,PEAD 效应越明显。这些现象背后的逻辑是:成交价格低或者交易不活跃的股票,交易成本会比较高,从而阻碍专业投资者的套利行为,使得 PEAD 异象难以被消除。Ng et al.(2008)从微观结构角度入手,探讨交易成本对 PEAD 效应的存在性和持续性的作用机制。交易成本越高的股票,聪明投资者的套利成本越高,套利活动也就越少,导致价格对盈余信息的反应越慢,观察到的现象就是价格对新信息反应不足,即存在明显的 PEAD 现象。

第三节　基于案例分析的选题

一个好的选题可能来源于对某一案例的深度关注。通过对案例的深度思考,探索其中可能存在的逻辑链条,思考其中可能存在的理论或选题,有利于为选择一个好的实证研究题目打下基础。以公司治理研究领域为例,蔡宁等(2015)的案例研究为该领域实证研究题目的选择提供了范例。董事会制度是现代公司治理的核心,根据主流文献的研究结果,董事会在公司治理中主要发挥监督与咨询功能。研读蔡宁等(2015)基于尚德电力公司董事会治理功能的案例研究,有助于我们在此前主流研究文献的基础上获得有价值的选题。

尚德电力曾是太阳能行业世界范围内的领先企业,2010 年度销售收入为 29 亿美元、净利润为 2.38 亿美元。作为在美国主板上市的首个中国民营企业,尚德电力曾创下 4 亿美元的 IPO 融资纪录。2001 年,施正荣创立无锡尚德,从事光伏电池与组件生产。2005 年,施正荣在英属维尔京群岛注册成立 100%控股无锡尚德的尚德电力公司,2005 年 12 月 14 日尚德电力在美国纽约证券交易所上市,成为中国首家在纽约证券交易所上市的民营高科技企业,融资额约为 4 亿美元。上市当天收盘价为 21.2 美元/股,施正荣所持股份(46.8%)的市场价值约为 14.29 亿美元。一年之后,尚德电力的股价达到 40 美元/股以上,施正荣也以 23 亿美元的财富成为 2006 年的中国首富。2007 年 12 月 26 日,尚德电力股价达到历史最高点(88.35 USD/ADR),公司市值超过 154 亿美元,施正荣个人财富达到 50 亿美元。

尚德电力的产品在世界各地深受青睐,被广泛应用到通信、广电、交通、石油、照明等行业。尚德电力积极参与和承建了世界银行项目、西部光明工程项目和 2008 年北京绿色奥运工程(奥运会主体育馆鸟巢太阳能电力供应商),其卓越的生产能力和产品品质得到了国内外市场的一致好评。尚德电力在致力于光伏产业链的国产化、中国光伏大规模发展的同时,努力加快第二代多晶硅薄膜太阳能电池大规模产业化研究的步伐,以保持在光伏行业内的技术领先地位。尚德电力的主要竞争对手为日本的夏普和京瓷,以及德国的Q-cells。

然而,尚德电力2011年年报显示,公司资产负债率约为80%,其中短期借款、可转换票据等债务接近23亿美元;2012年9月22日,因公司股价连续低于1美元/股被纽约证券交易所停牌;2013年3月20日,无锡市中级人民法院裁定尚德电力破产重整;2014年4月7日,顺风光电收购无锡尚德议案正式通过。一个曾经全球行业领先的企业,从2005年年底上市、市值最高超过150亿美元,到2014年4月被顺风光电以30亿元人民币的低价收购,尚德电力的巨变不禁使人唏嘘不已。公司所属行业为朝阳产业,发展过程中受到各级政府的大力支持,公司产能和产品质量在全球居于领先位置,如此优秀的一家企业如何在短短数年间迅速衰落?其中原因是什么?公司治理结构出了什么问题?居于公司治理"中枢神经"位置的董事会在这一巨变中扮演了什么角色,是否发挥了作用?

蔡宁等(2015)在案例分析中比较了纽约证券交易所《IPO指引》(IPO Guide)和《上市公司手册》(Listed Company Manual)中的"公司治理规则"与我国《公司法》《证券法》《上市公司章程指引》《关于在上市公司建立独立董事制度的指导意见》(以下简称"指导意见")及《上市公司治理准则》中的"公司治理规则"等要求,结果发现尚德电力的董事会在形式上可以称得上是完美的,甚至是典范的。董事会规模维持在5—7人,董事会中除施正荣兼任董事长和CEO以及1~2名内部董事外,其余均为独立董事,独立董事占比高达60%左右。董事都拥有良好的学历背景,均有学士以上学位,其中硕士4人,博士3人,大部分董事有"海归"背景。董事会是完美的国际化董事会,董事国籍包括澳大利亚、美国和中国。从前期工作经历与相应的从业背景看,董事中有技术、管理、投资等多种高级专业人才,涉及的行业从传统的石油能源到最新的替代能源光伏产业。董事职业包括科研和管理类,多数董事曾担任中高层管理职务。尚德电力的董事会内部结构完全按照监管机构或标准化的治理指引设计,自2005年起,尚德电力分别设置了审计委员会、薪酬委员会和提名委员会,除上市当年施正荣在审计委员会担任职务外,所有下设委员会均由独立董事构成,而且审计委员会还有一名财务专家独立董事。如此完美的董事会架构在尚德电力迅速衰落的过程中却没有发挥应有的作用。

蔡宁等(2015)在尚德电力的案例分析中认为,公司失败的直接原因包括关联交易、决策失误、管理层失察。首先,从2006年年底起,施正荣开始在尚德电力之外构建关联方,通过关联交易将尚德电力的利益输送给关联方。其次,尚德电力在经营过程中出现了重大决策失误,一是与MEMC签订长达10年的供应合同而后毁约,产生超过2亿美元的损失;二是投资薄膜太阳能领域产生重大损失。最后,管理层在重大担保事项中失察,导致严重损失。2012年7月30日,尚德电力公告称:"公司正在对一项与投资环球太阳能基金(Global Solar Fund,GSF)相关的担保物权进行调查。根据最新调查结果,尚德电力预计与该担保物权相关的抵押物可能不存在,公司可能是欺诈受害者。"在出现上述问题的过程中,尚德电力董事会未能尽到其针对股东所承担的"信托责任"(fiduciary duty),缺乏足够甚至起码的"忠诚义务"(duty of loyalty)和"谨慎义务"(duty of care)。

从公司治理建立的初衷看,规范、有效的董事会应当能够在事前有效阻止至少减缓上述行为的发生,包括对重大交易特别是重大关联交易进行审查,确保关联交易不会损害上市公司的利益;履行基本的审查程序,对GSF反担保的担保品进行审查,可以非常容易发现担保品的真实性,帮助尚德电力的股东规避损失;对公司的重大决策项目进行审查,包括与MEMC公司的长期合同、薄膜太阳能技术项目等;在外部监管机构已经发出警示的情况,董事会仍未做出有效的反应。从2006年起,纽约证券交易所就MEMC合同、GSF投资与担保物权等事宜,发出近10次的询问函,但尚德电力董事会始终没有给予足够的重视。

基于以上案例分析过程,蔡宁等(2015)引出了理论上的探索和思考,"完善"的董事会制度是否必然带来理想的治理效果?尚德电力失败的主要原因为不合理的关联交易、重大错误决策、管理层失察等,但尚德电力又拥有完美的董事会架构,于是他们提出了"董事会之谜":董事会能否有效发挥监督和决策作用?董事会究竟发挥什么样的作用?这一案例分析引人深思,展示了如何突破主流研究框架的桎梏,开拓新的研究主题。

在蔡宁等(2015)案例分析的基础上,可以引入关于董事会是否有效,特别是从何种视角研究董事会是否有效的研究主题:标准、完备的董事会架构为什么没有发挥作用?只通过董事会架构能区分好的董事会和坏的董事会吗?如何寻找更加有效的观察董事会职能的视角?可否通过董事会的具体行为、决策过程去寻找董事会能否发挥有效治理功能的证据?可否有效打开董事会决策的"黑箱"?基于此,新的研究思路打开了,选题视角也多样化了。

与蔡宁等(2015)案例分析相呼应,近年来,一些实证研究文献开始尝试打开董事会决策的"黑箱",将关注点聚焦于董事会内部运作过程,通过董事的具体履职行为探究董事会的治理功能状况(Samra-Fredericks,2000;Zona and Zattoni,2007)。例如,Samra-Fredericks(2000)利用公司董事与高管之间的交谈录音资料,考察董事的决策过程和治理功能。Schwartz-Ziv and Weisbach(2013)通过董事会备忘录,分析董事会决策过程及独立董事在其中扮演的角色。由于我国是目前为止世界唯一在证券市场监管制度中要求公开披露董事会中独立董事意见的国家,一些文献利用我国独立董事在董事会中发表的意见来考察独立董事的实际治理效果,例如独立董事在何种情况下会说"不必监督公司内部人",独立董事发表的意见能否有效降低公司代理成本等(叶康涛等,2011;Tang et al.,2013;Jiang et al.,2016;Ma and Khanna,2016)。

第四节 基于文献阅读的选题

> 读你千遍也不厌倦
> 读你的感觉像三月
> 浪漫的季节
> 醉人的诗篇
> 唔
> 读你千遍也不厌倦
> 读你的感觉像春天
> 喜悦的经典
> 美丽的句点
> 唔

资料来源:歌曲《读你》,作词:梁弘志;作曲:梁弘志。

研究者在确定选题之前需要大量阅读相关领域的文献,尤其是经典文献,以及最新、最重要的文献。在阅读文献的过程中,研读者应明确该领域内的研究者们提出了哪些关键议题(issue),做出了哪些经典解释(theory)。在对该领域有了整体的了解后,研究者还要反思相关领域内有哪些问题尚未解决,有哪些解释存在缺陷,系统梳理文献中相关问题的研究脉络和思路,分析相关问题的未来拓展空间,探索哪些方面还需要进一步深化,由此挖掘可能的研究机会,进而确定下一步的选题。

为了说明通过文献梳理获取选题的思路,此处以 Fich and Shivdasani(2007)的研究为例。Fich and Shivdasani(2007)探讨了公司财务造假对董事声誉的影响。此前的文献研究表明财务造假通常会对公司价值产生重大不利影响。Karpoff et al.(2008)研究发现,揭露和惩处财务造假过程中公司价值会受到显著负面影响,揭露财务造假的触发事件(例如内部人举报、投资者集中关注等)公告导致平均日超额收益率为-25.24%,针对财务造假的集体诉讼将导致公司价值产生-7%的超额收益率,监管机构针对公司财务造假进行正式调查引致的平均超额收益率为-14.4%。总体而言,财务造假将导致公司价值平均下降41%。针对财务造假公司的直接监管罚款可能只占公司因财务造假导致的价值损失的小部分,而公司价值下降的主要原因是公司声誉受损,这种声誉受损导致的公司价值下降还体现为未来公司可能面临更高的融资成本等。

在此之前关于董事个人层面的研究文献中,根据声誉假说(Fama,1980;Fama and Jensen,1983),勤勉尽责的董事会建立良好的监督声誉,将获得额外的董事会席位;未能勤勉尽责的董事的声誉将下降,其在其他董事会任职的机会将减少。这些任职机会的减少形成董事承担的个人成本,因为任职机会可能与持有股份、限制性股票和期权奖励直接相关(Yermack,2004)。因此,根据声誉假说,财务造假公司中外部董事会因声誉受损而遭受个人损失。

然而,此前关于公司欺诈、法律诉讼等引发董事声誉变化的研究证据并不一致。Agrawal et al.(1999)研究发现,在公司发生欺诈之后,CEO 和外部董事的收入保持不变。Helland(2006)研究发现,公司在经历集体诉讼后,其外部董事实际上可以增加在其他公司的任职机会。Srinivasan(2005)研究发现,财务重述公司中外部董事特别是审计委员会成员表现出大量更替的现象,但是这些财务重述公司的外部董事所拥有的其他董事会席位仅小幅下降。

声誉对董事任职机会的实际效应可能会更加复杂。Hermalin and Weisbach(1998)分析认为,董事会和 CEO 之间存在权力斗争,一些 CEO 可能更喜欢监督不力的外部董事,这些监督不力的外部董事更有利于公司管理层实施欺诈行为、获得额外津贴或进行其他破坏公司价值的活动。一方面,由于有应对诉讼等方面的经验,曾在被起诉公司中任职的外部董事可能是其他董事会的理想人选。Helland(2006)研究发现,"友善型"董事、有法律经验的董事更可能获得其他公司的席位。另一方面,如果公司被起诉,董事就可能考虑降低其由此而承担的法律诉讼成本,这将导致其辞去其他公司的职位以更好地应对公司的诉讼问题。

基于上述文献分析可以看出,此前研究普遍认为财务造假会给投资者、公司价值带来重大损失,即公司因财务造假而承担巨大的声誉成本。然而,对于财务造假公司外部董事的声誉成本,此前知之甚少。Fich and Shivdasani(2007)研究了如果外部董事任职的公司被指控财务造假,他们是否会因此而受到声誉惩罚。利用依据美国《1934 年证券交易法案》第 10(b)-5 条的规定而被指控财务造假进而面临股东集体诉讼的公司样本,Fich and Shivdasani(2007)虽然没有发现诉讼之后被起诉公司董事会中的外部董事出现轮换,但这些外部董事所担任的其他公司董事职位数目急剧减少。平均而言,被起诉公司的外部董事所担任的其他公司董事的兼职职位减少约 50%,并且 96% 的外部董事在诉讼后三年内至少失去一个董事兼职职位。此外,通过对美国证券交易委员会随后执法行动或诉讼后和解金额进行分析,Fich and Shivdasani(2007)发现严重的财务造假案件中董事兼职的职位数目的减少幅度更大。

如何理解财务造假之后董事兼职的职位数目会减少?Fich and Shivdasani(2007)检验了三个假说。声誉假说认为,如果外部董事的公司涉及财务造假行为,他们将以董事职位减少的形式承担个人成本。内生假说认为,董事会的结构和组成是由公司治理结构的内在需求决定的,反映公司的监督和经营环境需求。根据内生假说,诉讼可能表明公司处于容易发生财务造假的环境,这要求外部董事花费更多的时间来监督这家公司,因此董事需要减少在其他公司担任的董事职位。法律责任假说认为,外部董事在诉讼后需要减少董事职位,由此降低自身未来面临的法律风险。

研究结果表明,在提起诉讼时,董事兼职的关联公司经历了显著的负向异常收益,这一发现与上述三个假说一致。当进一步分析公司面临财务造假诉讼的概率时,研究发现了支持内生假说的证据。Fich and Shivdasani(2007)通过联立方程检验发现,容易受到财务造假诉讼的公司也更有可能聘任曾经历财务造假诉讼的董事,由此表明公司董事会的构成具有内生性;Fich and Shivdasani(2007)还发现,曾经历诉讼的董事的存在也增大了公司面临财务造假诉讼的可能性,这一发现与声誉假说(认为由此类董事监督带来的声誉较差)一致。

为什么被诉讼公司的董事会失去董事职位?Fich and Shivdasani(2007)进一步研究了被起诉公司的董事从关联公司董事会离职的方式。公司因财务欺诈而被起诉的可能性越大,董事越有可能失去在其他关联公司中的董事职位,这表明董事职位数目减少的部分原因是外部董事希望降低未来的法律责任风险。Fich and Shivdasani(2007)利用Gompers et al.(2003)公司治理指标,研究发现被起诉公司的外部董事更有可能离开拥有强大公司治理能力的公司。此外,事件研究分析发现,投资者对这些外部董事离职持积极态度。

总体而言,Fich and Shivdasani(2007)的研究证据支持声誉假说,同时也支持内生假说和法律责任假说,无论哪种假说都能解释外部董事职位的变化现象,被指控欺诈公司的外部董事都会受到惩罚,董事职位的减少表明这些外部董事的收益在诉讼后显著减少,大致估计失去董事职位所导致的价值减少约100万美元。

Fich and Shivdasani(2007)的研究结果还与董事在财务欺诈中责任承担的相关法律制定等争论直接相关。例如,《萨班斯-奥克斯利法案》第305条授予美国证券交易委员会权力,如果董事违反《1934年证券交易法案》第10(b)条的欺诈规则,就可以禁止他们担任公司董事。Fich and Shivdasani(2007)的研究结果表明,由于董事所处的人力资本市场对董事声誉资本表现出高度的敏感性,上述法律监管的有效性或实际贡献可能比预期的要小得多。

第五节 选题过程中的注意事项

一、在研究兴趣中选题

确定选题时首先要思考你的兴趣所在。考虑研究题目的一个好方法就是从你在本领域的个人爱好出发。询问自己什么样的研究领域能让你最感兴趣。举例来说,你平时关注哪些社会经济现象?其中的会计或财务问题是哪些?平时阅读哪些方面的研究文献?哪些类型或领域的研究文献最容易引发你的研究兴趣?兴趣与好奇心是走向成功的基础。只有有了兴趣,才会产生想象力。爱因斯坦认为:想象力甚至更重要,因为知识是有限的,而想象力概括着世界上的一切,推动着进步,并且是知识进步的源泉。严格来说,想象力是科学研究中的内在因素。如果能将研究方向与自身研究兴趣结合起来,往往可以发现较理想的选题。

二、选题的创新性

选题时要考虑当前研究的发展情况,所选择的研究题目应该有所创新。树立学术创新意识是选题的根本。创新是科研工作的灵魂,其关键是学术思想的创新。所选的课题应是前人或他人尚未进行的,但在研究刚刚起步的阶段,这一点很难做到。研究生在修读学业期间,应从"继承性发展"着眼,把视线瞄准前人或他人曾经做过的研究,在此基础上提出新问题或新理论,深入研究以发展与补充该课题。要想避开那些已经被研究透彻的话题,最重要的是掌握相关领域的最新发展情况,包括研究文献与实践发展。例如,可以关注截至目前的研究文献最新发展状况,会计技术方面最新发展情况,会计准则制度或政府政策近年来的变化,社会对会计或财务现象的态度变化等,以及这些变化和发展对一个本来已被研究透彻的产业或机构的影响等。

三、选题过程中的良好沟通

在开展研究项目的早期,研究生就应该与导师交换意见,以获得导师关于所选研究主题的意见或建议,也可能获得该选题在研究过程中数据、资源等方面的支持。很多研究生感觉自己的想法还不太成熟,于是没有及时与导师沟通,这将使其在研究中走很多弯路。一旦确定了研究主题范围并与导师进行了较为深入的讨论,就要下功夫拓展所选择的研究问题,实施所确定的研究计划,并且在研究过程中定期与导师沟通研究进展,反馈遇到的困难和障碍。

除了与导师沟通,研究生还可以在研究过程中与熟悉的研究者,特别是资深研究者保持沟通,请教研究中遇到的难题,切忌在研究中将自身封闭起来。

四、研究题目的表述

关于一个表述是否为好的题目表述,目前并没有一个确切的标准,但是梳理此前期刊特别是较高质量期刊中文章的题目表述,我们可以总结出以下特征:一是题目不宜太长(太长表明作者缺乏概括能力和抽象能力),要求精炼、简洁,力求达到"多一个字太长,少一个字太短"的程度。二是核心概念或词汇不宜过多,最多两个,最好一个。核心概念超过两个,文章到底研究什么就会非常难以把握;而且,概念太多以致通篇很可能就是在解释概念,实质性的内容就会被冲淡。三是表达要精准,题目如果引起歧义或者模糊不清,那么在写作时很可能出现跑题现象。

第六节 一些重要期刊的选题情况

本节统计了 2000 年以来会计研究领域国内外顶级期刊的选题情况,包括《会计研究》《审计研究》《经济研究》《管理世界》、The Accounting Review(TAR)、Journal of Accounting Research(JAR)和 Journal of Accounting and Economics(JAE)等。

图 3.2 和图 3.3 分别展示了中文期刊和英文期刊文章题目特征①。从图中可以看出,在题目上中文期刊与英文期刊以及不同期刊之间既有区别又有相同之处。其中,中文期刊带有副标题的文章数明显较多,而因破折号"——"在英文中较少使用,几乎没有英文文献带有副标题。在中文期刊中,《会计研究》的文章题目均没有使用疑问句。在会计研究领域三大英文顶级期刊中,各类特征题目的分布几乎一致。

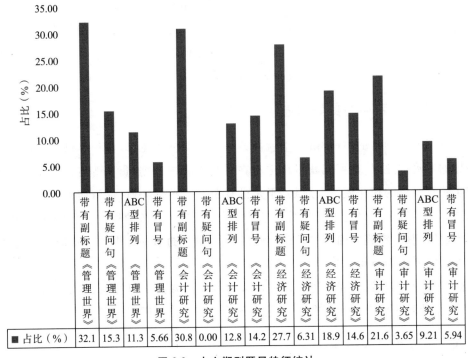

图 3.2 中文期刊题目特征统计

从图 3.4 和图 3.5 关于文章题目字符数情况的箱型图可以看出,中文期刊的文章题目字符数平均为 20 个左右,部分会议论文综述题目的字符数较多,达到 60 个以上。英文期刊的文章题目长度十分相似,均为 10 个单词左右。这说明各期刊文章题目的字数偏好基本一致,大多数作者均能够用 20 个字符或 10 个单词清晰地表述自己文章的核心内容。

---

① 题目特征的统计,主要根据题目中的标点符号判定,可能存在误差。

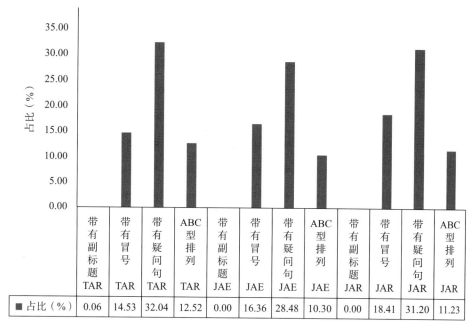

图 3.3　英文期刊题目特征统计

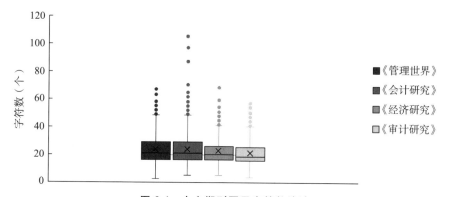

图 3.4　中文期刊题目字符数统计

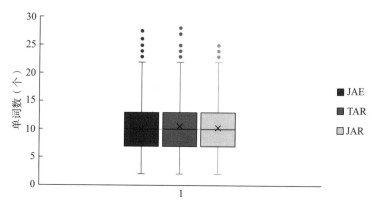

图 3.5　英文期刊题目单词数统计

从图3.6和图3.7的词云状态来看，这些期刊文献选题主要集中于内部控制、公司治理、公允价值、审计质量、会计信息质量、信息披露、风险管理、产权性质、企业社会责任、企业创新、资本市场、价值相关性、股权激励、企业并购等方面。图3.8是对高频选题方向的大致划分①，包括：公司治理方面，具体有独立董事、董事声誉、股权分置改革、委托代理、股权激励、管理层权力、控股股东等；信息披露方面，具体有对信息透明度、信息不对称、分析师预测的分析等；会计信息质量方面，具体有会计信息的稳健性、真实性、可比性等信息质量特征；资本市场方面，具体有股价同步性、市场反应、低延时交易、股价崩盘、投资者保护等；审计方面，具体有审计质量、审计收费、审计师声誉和独立性等；企业风险方面，具体有对财务风险、融资约束、经营风险、风险管理、风险承担等的分析等。

图3.6 《会计研究》核心词词云

图3.7 JAE核心词词云

---

① 根据《会计研究》2000—2022年前100高频关键词分类归并得出。

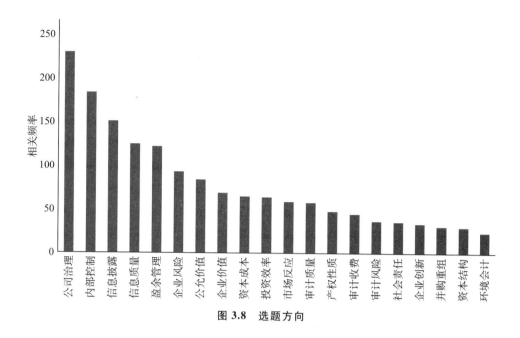

图 3.8 选题方向

思考与练习

1. 观察资本市场现象,试拟定研究题目,论述研究题目的创新性。
2. 在最新顶级期刊文章中寻找你感兴趣的文章,分析其选题的动因。
3. 分析中文、英文顶级期刊论文选题的相同点和不同点。
4. 查找五篇先后发表的关联顶级期刊论文,分析其选题的逻辑关系。
5. 针对你感兴趣的案例展开分析,尝试从中开发出研究题目。

参考文献

蔡宁,董艳华,刘峰,2015.董事会之谜:基于尚德电力的案例研究[J].管理世界(4):155-165.

叶康涛,祝继高,陆正飞,等,2011.独立董事的独立性:基于董事会投票的证据.[J]经济研究,46(1):126-139.

Agrawal A, Jaffe J F, Karpoff J M, 1999. Management turnover and governance changes following the revelation of fraud[J]. Journal of Law and Economics, 42(1): 309-342.

Ball R, 1978. Anomalies in relationships between securities' yields and yield-surrogates[J]. Journal of Financial Economics, 6(2/3): 103-126.

Ball R, Brown P, 1968. An empirical evaluation of accounting income numbers[J]. Journal of Accounting Research, 6(2): 159-178.

Bearver W H, Clark R, Wright W, 1979. The association between unsystematic security return and the magnitude of earnings forecast errors[J], Journal of Accounting and Economics, 17(2): 316-340.

Bernard V L, Thomas J K, 1989. Post-earnings-announcement drift: Delayed price response or risk premium[J]. Journal of Accounting Research, 27(Supplement): 1-36.

Bhushan R, 1994. An informational efficiency perspective on the post-earnings announcement drift[J]. Journal of Accounting and Economics, 18(1): 45-65.

Brown S J, Pope P F, 1995. Post-earnings announcement drift: Market inefficiency or research design biases[Z]. Working Paper.

DellaVigna S, Pollet J, 2009. Investor inattention and friday earnings announcements[J]. Journal of Finance, 64(2): 709-749.

Dyckman T R, Morse D, 1989. Efficient Capital Market and Accounting[M]. New Jersey: Prentice Hall Inc.

Fama E F, 1980. Agency problems and the theory of the firm[J]. Journal of Political Economy, 88(2): 288-307.

Fama E F, Jensen M C, 1983. Separation of ownership and control[J]. Journal of Law and Economics, 26(2): 301-325.

Fama E F, 1998. Market efficiency, long-term returns, and behavioral finance[J]. Journal of Financial Economics, 49(3): 283-306.

Fich E M, Shivdasani A, 2007. Financial fraud, director reputation, and shareholder wealth[J]. Journal of Financial Economics, 86(2): 306-336.

Foster G, 1977. Quarterly accounting data: Time-series properties and predictive-ability results[J]. The Accounting Review, 52(1): 1-21.

Gompers P A, Ishii J L, Metrick A, 2003. Corporate governance and equity prices[J]. Quarterly Journal of Economics, 118(1): 107-155.

Helland E, 2006. Reputational penalties and the merits of class-action securities litigation[J]. Journal of Law and Economics, 49(2): 365-395.

Hermalin B, Weisbach M, 1998. Endogenously chosen boards of directors and their monitoring of the CEO[J]. American Economic Review, 88(1): 96-118.

Hirshleifer D, Lim S, Teoh S, 2009. Driven to distraction: Extraneous events and underreaction to earnings news[J]. Journal of Finance, 64(5): 2289-2325.

Jiang W, Wan H, Zhao S, 2016. Reputation concerns of independent directors: Evidence from individual director voting[J]. Review of Financial Studies, 29(3): 655-696.

Karpoff J M, Lee D S, Martin G S, 2008. The cost to firms of cooking the books[J]. Journal of Financial and Quantitative Analysis, 43(3): 581-611.

Ma J, Khanna T, 2016. Independent directors' dissent on boards: Evidence from listed companies in china[J] Strategic Management Journal, 37(8): 1547-1557.

Ng J, Rusticus T, Verdi R, 2008. Implications of transaction costs for the post-earnings announcement drift[J]. Journal of Accounting Research, 46(3): 661-696.

Samra-Fredericks D, 2000. Doing "boards-in-action" research: An ethnographic approach for the capture and analysis of directors' and senior managers' interactive routines[J]. Corporate Governance: An International Review, 8(3): 244-257.

Schwartz-Ziv M, Weisbach M S, 2013. What do boards really do? Evidence from minutes of board meetings[J]. Journal of Financial Economics, 108(2): 349-366.

Sojka M, 2018. 50 years in pead research[Z]. Working Paper.

Srinivasan S, 2005. Consequences of financial reporting failure for outside directors: Evidence from accounting restatements and audit committee members[J]. Journal of Accounting Research, 43(2): 291-334.

Tang X, Du J, Hou Q, 2013. The effectiveness of the mandatory disclosure of independent directors' opinions: Empirical evidence from China[J]. Journal of Accounting and Public Policy, 32(3): 89-125.

Yermack D, 2004. Remuneration, retention, and reputation incentives for outside directors[J]. Journal of Finance, 59(5): 2281-2308.

Zona F, Zattoni A, 2007. Beyond the black box of demography: Board processes and task effectiveness within Italian firms[J]. Corporate Governance: An International Review, 15(5): 852-864.

第二部分
计量工具基础

第四章 讨论经典线性回归模型，讲解回归分析、最小二乘法、假设检验的基本原理等。

第五章 在经典线性回归模型的基础上，针对基本假设前提的违背和应对问题展开讨论，内容涉及异方差、自相关、多重共线性、内生性等方面。

第六章 探讨面板数据模型，介绍常见的面板数据模型以及估计方法，讨论动态面板数据的处理方法、面板数据模型设定的检验方法等。

第四章
CHAPTER 4

经典线性回归模型

　　理解经典线性回归模型及其估计和检验方法对掌握实证研究方法论是非常重要的。在本章中,我们将具体介绍实证会计研究中常用的基本统计学理论和方法,包括何为回归分析、如何运用最小二乘法进行线性回归,以及如何使用假设检验评估回归系数的显著性和整个回归模型的拟合优度,借此搭建起经典线性回归模型的基本框架。

第一节 回归分析法

一、回归分析的概念

在社会、经济领域,我们常常想知道当个人的收入增长时,其消费会如何变化;当公司的盈余发生变化时,公司股价和管理层薪酬会如何变化。也就是说,我们想获知收入与消费、盈余与股票收益率、业绩与薪酬等变量之间的关系。假定公司的盈余(用每股收益 EPS 衡量)和股票收益率(RET)的关系可用以下函数表示:

$$\text{RET} = f(\text{EPS}) \tag{4.1}$$

假定可以收集 n 家上市公司的股票收益率和盈余数据($\text{RET}_i, \text{EPS}_i$),$i = 1, 2, \cdots, n$,那么可以得到如下关系:

$$\text{RET}_i = f(\text{EPS}_i), i = 1, 2, \cdots, n$$

因此,未知的盈余—收益关系 $f(\text{EPS})$ 可以用数值逼近的方法,利用收集到的数据模拟得出。然而,由于从观测到的数据中可能会发现业绩相同公司的股票收益率存在很大差异,因此观测到的数据不满足上述模型的条件,数值逼近方法不能用来求解上述盈余—收益函数。

为了解决上述问题,一个简单的方法是假定观测到的数据有误差,即

$$\text{RET} = f(\text{EPS}) + \mu$$

式中,μ 为误差项(error term)或干扰项(disturbance term)。在引入误差项后,对业绩相同但公司股票收益率存在很大差异的现象进行解释就成为可能。比如,尽管不同的公司具有相同的盈利能力,但是公司的规模(SIZE)和所处行业(IND)不同,由此公司股票收益率不同。在这种情况下,可以在模型 $\text{RET} = f(\text{EPS})$ 中加入 SIZE 和 IND 变量,即

$$\text{RET} = f(\text{EPS}, \text{SIZE}, \text{IND})$$

上述模型允许在控制公司规模和行业的情况下考察盈余—收益关系,以消除误差项 μ 的影响。遗憾的是,对于同行业和同规模的公司,在盈利能力相同的情况下,公司股票收益率仍然存在差异。或许我们可以控制更多的因素,如审计师意见、独立董事比例等,但通常不能穷尽控制所有影响股票收益率的因素。此外,有些因素(如公司的声誉)会影响公司股票收益率,但很难测度,因而只能将这些因素(即遗漏变量,omitted variable)包括在误差项 μ 中。再比如,由于公司披露的盈余并不代表其实际盈利能力,收集的 EPS 数据存在计量误差(measurement error),这些计量误差同样包含在误差项 μ 中。然而,由于 μ 无法观测,不能使用数值技术进行模拟,只能通过统计和计量方法予以解决,因此对误差项的处理构成计量分析中最重要的内容。我们将这种通过统计方法来研究变量之间关系的方法称为回归分析(regression analysis)。

$$Y = f(X) + \mu \tag{4.2}$$

当 X 为单变量时,我们称模型(4.2)为简单回归模型;当 X 为多变量时,我们称模型(4.2)为多元回归模型。

当函数形式 $f(X)$ 相对于待估参数为线性时,我们称之为线性回归模型;当函数形式 $f(X)$ 相对于待估参数为非线性时,我们称之为非线性回归模型。

二、回归分析与相关分析的联系和区别

(一) 回归分析与相关分析的联系

相关分析是回归分析的前提和基础。但是,如果回归分析没有说明现象之间是否存在相关关系,没有对相关关系的密切程度做出判断,那么回归分析是没有意义的。

回归分析是相关分析的深入。仅仅说明现象之间具有密切关系是不够的,只有通过回归分析来确定回归方程并进行回归预测,相关分析才更有意义。

(二) 回归分析与相关分析的区别

相关分析不考虑变量的因果关系,不区分因变量和自变量。相关分析中的因变量和自变量都必须是随机变量。

回归分析要先根据研究目的来确定因变量和自变量,其中因变量是随机变量,而自变量是给定的或可控制的。

(三) 回归分析与相关分析应注意的问题

第一,现象间内在的本质联系是由事物的客观规律决定的,是由经济学、管理学、财务学等实质性科学揭示出来的。回归分析与相关分析并不能像实质性科学那样揭示事物之间的本质联系。对于没有内在联系的现象,仅仅根据数据进行回归分析和相关分析,就可能是一种伪相关或"伪回归",不但没有实际意义,而且会导致荒谬的结论。比如,儿子出生后,在庭院里种了一棵树。儿子越长越高,树也越长越高。如果利用每年儿子身高和树高度的数据进行统计分析,必然是显著正相关。但事实上,儿子的成长和树的生长并没有内在联系,更没有因果关系。所以,我们应当在定性分析的基础上进行回归分析和相关分析。

第二,回归方程是根据样本数据得到的,只有在样本范围之内才是有效的。如果超出样本范围,回归方程就可能没有意义。所以,回归方程一般只适用于内插预测,不适用于外推预测。比如,只有在一定范围之内,施肥量和农作物产量才具有正相关关系。施肥量超过一定的限度,农作物产量不但不会增加,反而会减少。

第三,要注意社会经济现象的复杂性和多变性。与自然现象相比,社会经济现象不仅更复杂,而且更多变。根据有限的样本和过去的数据得出的结论,不具有普遍适用性。

第二节 最小二乘法

一、普通最小二乘法

回归分析的主要目的,是根据样本回归函数(SRF)来估计总体回归函数(PRF)。样本回归函数(SRF)可以写成式(4.3),总体回归函数(PRF)可以写成式(4.4)。

$$Y_i = \hat{\beta}_1 + \hat{\beta}_2 X_i + \hat{\mu}_i \tag{4.3}$$

$$Y_i = \beta_1 + \beta_2 X_i + \mu_i \tag{4.4}$$

因为在样本回归函数(SRF)中,

$$\hat{Y}_i = \hat{\beta}_1 + \hat{\beta}_2 X_i$$

所以,

$$Y_i = \hat{Y}_i + \hat{\mu}_i$$

经典线性回归模型(CLRM)假定干扰项 μ_i 的均值为零,即

$$E(\mu_i \mid X_i) = 0$$

在总体回归函数(PRF)中,

$$E(Y_i \mid X_i) = \beta_1 + \beta_2 X_i$$

所以,

$$Y_i = E(Y \mid X_i) + \mu_i$$

普通最小二乘法(OLS)要求在 $\sum \hat{\mu}_i^2$ 最小时,求 $\hat{\beta}_1$、$\hat{\beta}_2$ 的值。

$$\sum \hat{\mu}_i^2 = \sum (Y_i - \hat{Y}_i)^2 = \sum (Y_i - \hat{\beta}_1 - \hat{\beta}_2 X_i)^2$$

$\sum \hat{\mu}_i^2$ 是 $\hat{\beta}_1$ 和 $\hat{\beta}_2$ 的函数,即

$$\sum \hat{\mu}_i^2 = f(\hat{\beta}_1, \hat{\beta}_2)$$

通过求偏导数,建立联立方程:

$$\begin{cases} \dfrac{\partial(\sum \hat{\mu}_i^2)}{\partial(\hat{\beta}_1)} = -2 \sum (Y_i - \hat{\beta}_1 - \hat{\beta}_2 X_i) = 0 \\ \dfrac{\partial(\sum \hat{\mu}_i^2)}{\partial(\hat{\beta}_2)} = -2 \sum (Y_i - \hat{\beta}_1 - \hat{\beta}_2 X_i) X_i = 0 \end{cases}$$

整理得:

$$\begin{cases} \sum Y_i = n\hat{\beta}_1 + \hat{\beta}_2 \sum X_i \\ \sum Y_i X_i = \hat{\beta}_1 \sum X_i + \hat{\beta}_2 \sum X_i^2 \end{cases}$$

这组联立方程称为正态方程(normal equations)。解得:

$$\hat{\beta}_2 = \frac{\sum (X_i - \overline{X})(Y_i - \overline{Y})}{\sum (X_i - \overline{X})^2} = \frac{\sum x_i y_i}{\sum x_i^2}$$

其中,
$$x_i = X_i - \overline{X}, \quad y_i = Y_i - \overline{Y}$$

$$\hat{\beta}_1 = \overline{Y} - \hat{\beta}_2 \overline{X}$$

二、正态性假定下 OLS 估计量的性质

正态性假定的理论依据是中心极限定理。在某些条件下,即使原来并不服从正态分布的一些独立的随机变量,当随机变量个数无限增加时,它们之和的分布也趋于正态分布。

在正态性假定下,OLS 估计量 $\hat{\beta}_1$、$\hat{\beta}_2$ 和 $\hat{\sigma}^2$ 有如下统计性质:

(1) 它们是无偏的,$\hat{\beta}_1$、$\hat{\beta}_2$ 和 $\hat{\sigma}^2$ 的期望值就是真值,即

$$E(\hat{\beta}_1) = \beta_1 \qquad E(\hat{\beta}_2) = \beta_2 \qquad E(\hat{\sigma}^2) = \sigma^2$$

(2) 它们是有效的,即有最小方差。

(3) 一致性。随着样本容量无限增大,估计量收敛于真值是一个概率接近于 1 的事件,估计量将收敛到它们的真值。

(4) $\hat{\beta}_1$ 是正态分布的,即 $\hat{\beta}_1 \sim N(\beta_1, \sigma^2_{\hat{\beta}_1})$。

根据正态分布的性质,设随机变量 $X \sim N(\mu, \sigma^2)$,$Y = (X-\mu)/\sigma$,则 $Y \sim N(0,1)$,可以定义:

$$Z = \frac{\hat{\beta}_1 - \beta_1}{\sigma_{\hat{\beta}_1}} \sim N(0,1)$$

(5) $\hat{\beta}_2$ 是正态分布的,即 $\hat{\beta}_2 \sim N(\beta_2, \sigma^2_{\hat{\beta}_2})$。可以定义:

$$Z = \frac{\hat{\beta}_2 - \beta_2}{\sigma_{\hat{\beta}_2}} \sim N(0,1)$$

另外有

$$\sigma^2_{\hat{\beta}_2} = \frac{\sigma^2}{\sum x_i^2}$$

$$\frac{(n-2)\hat{\sigma}^2}{\sigma^2} \sim \chi^2(n-2)$$

三、Stata 相关命令

OLS 为实证研究中最基础也是最常用的一种回归方法,下面使用 Stata 自带数据集对

OLS 回归命令进行简单介绍。

假设我们需要研究汽车价格与车体重量之间的关系,可以进行以下操作[①]:

sysuse auto,clear　　// 导入 Stata 系统自带数据
reg price weight　　// 对 price(被解释变量即因变量)和 weight(解释变量即自变量)进行回归
reg price weight length gear_ratio foreign　　// 对 price 和 weight 进行回归,并加入控制变量 length、gear_ratio 和 foreign

第三节　假设检验法

一、经济含义检验

经济含义检验主要是检验模型参数的估计量是否有经济意义。其表现为检验所求得的参数估计值的符号与大小是否合理,是否与人们根据经验和经济理论所设定的期望值相符合。若不符,则要查找原因并采取必要的修正措施,重新建立模型。

比如,在消费函数" $Y=\beta_1+\beta_2 X$ "中,Y 代表居民人均消费支出,X 代表居民人均可支配收入,根据经济学常识,上述消费函数中的参数 β_1 应大于 0,β_2 应大于 0 小于 1。那么,只有当回归结果的 β_1 和 β_2 都通过经济含义检验,该回归结果才有意义。

（一）拟合优度检验

拟合优度即判定系数 r^2（双变量情形）或 R^2（多变量情形）。判定系数的计算原理和方法如图 4.1 所示。

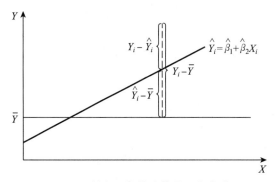

图 4.1　判定系数的计算原理和方法

$$Y_i - \bar{Y} = (Y_i - \hat{Y}_i) + (\hat{Y}_i - \bar{Y})$$

$$\sum (Y_i - \bar{Y})^2 = \sum (Y_i - \hat{Y}_i)^2 + \sum (\hat{Y}_i - \bar{Y})^2 + 2\sum (Y_i - \hat{Y}_i)(\hat{Y}_i - \bar{Y})$$

---

① 说明:程序中 // 后斜体文字内容为对前述程序的注释,非程序内容,不予输入。

因为
$$\sum (Y_i - \hat{Y}_i)(\hat{Y}_i - \overline{Y}) = 0$$
所以
$$\sum (Y_i - \overline{Y})^2 = \sum (Y_i - \hat{Y}_i)^2 + \sum (\hat{Y}_i - \overline{Y})^2$$
令：
$$\text{TSS} = \sum (Y_i - \overline{Y})^2$$
$$\text{ESS} = \sum (\hat{Y}_i - \overline{Y})^2 = \sum \hat{y}_i^2$$
$$\text{RSS} = \sum (Y_i - \hat{Y}_i)^2 = \sum \hat{u}_i^2$$
则有：
$$\text{TSS} = \text{ESS} + \text{RSS}$$
$$\frac{\text{ESS}}{\text{TSS}} + \frac{\text{RSS}}{\text{TSS}} = 1$$

定义：$r^2 = \text{ESS/TSS}$ 或 $1-\text{RSS/TSS}$。

那么，r^2 测度了在 Y 的总变化中由回归模型解释部分所占的比例，$0 \leq r^2 \leq 1$。r^2 越大，说明模型的拟合度越好，解释能力越强。

在多变量情形下，Y 的变化由多变量联合解释的比例用复判定系数 R^2 表示，概念上 R^2 近似于 r^2。①

要比较两个 R^2，必须考虑模型中出现的 X 变量的个数。所以，要对 R^2 进行校正，得到调整的 R^2（Adj. R^2）。

$$\text{Adj}.R^2 = 1 - \frac{\sum \hat{u}_i^2}{n-k} \bigg/ \frac{\sum \hat{y}_i^2}{n-1} \tag{4.5}$$

在式(4.5)中，k 为包括截距项在内的模型中的参数个数。

与 r^2 类似，Adj.R^2 越大，说明模型的拟合度越好，解释能力越强。

(二) t 检验

检验回归系数的显著性，即回归系数 β_2 是否显著不为零。

首先构造 t 统计量，即

$$t = \frac{\hat{\beta}_2 - \beta_2}{\text{Se}(\hat{\beta}_2)} = \frac{(\hat{\beta}_2 - \beta_2)\sqrt{\sum x_i^2}}{\hat{\sigma}}$$

在虚拟假设下，如果 β_2 的真值被设定为 β_2^*，即 $H_0: \beta_2 = \beta_2^*$，就可以利用样本数据计算出 t 统计量，t 服从自由度为 $n-2$ 的 t 分布。

---

① 双变量情形对应判定系数 r^2，多变量情形对应复判定系数 R^2。

对于给定的 α，查 t 分布的分位数表，得到 t 统计量的临界值。若 t 统计量大于临界值，则拒绝虚拟假设 H_0。具体做法如下：

已知：$\hat{\beta}_2 = 0.5091$，$Se(\hat{\beta}_2) = 0.0357$，$df = 8$，$\alpha = 5\%$。

虚拟假设，$H_0: \beta_2 = \beta_2^* = 0.3$；备择假设，$H_1: \beta_2 \neq 0.3$。

那么：$t = (0.5091 - 0.3)/0.0357 \approx 5.86$

查 t 分布的分位数表，$t_{\alpha/2} = 2.306$。由于 $t > t_{\alpha/2}$，因此拒绝 H_0。

请注意，通常令：

$$H_0: \beta_2 = \beta_2^* = 0 \; ; \; H_1: \beta_2 \neq 0$$

如果拒绝 H_0，就意味着回归系数显著不为 0。当 $\beta_2 = 0$ 时，$t = \dfrac{\hat{\beta}_2}{Se(\hat{\beta}_2)}$。假设检验的依据是小概率原理，即小概率事件在一次实验中不会发生。"$t = 5.86 > 2.306$"表明小概率事件发生了，说明假设 H_0 不成立，应拒绝。如图 4.2 所示，2.306 对应的 α 的值是 2.5%，5.86 对应的 α 的值是多少呢？"$t = 5.86$"的确切概率称为 P 值，即一个虚拟假设可能被拒绝的最低显著性水平。由于 5.86 在 2.306 的右边，因此 5.86 对应的 α 的值小于 2.5%。显然，$|t|$ 越大，其对应的概率（P 值）越小。

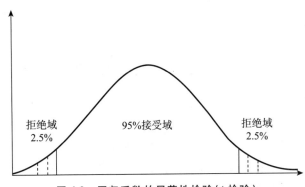

图 4.2　回归系数的显著性检验（t 检验）

（三）F 检验

1. 原理

根据恒等式：

$$\sum (Y_i - \overline{Y})^2 = \sum (Y_i - \hat{Y}_i)^2 + \sum (\hat{Y}_i - \overline{Y})^2$$

即

$$\sum y_i^2 = \sum \hat{y}_i^2 + \sum \hat{u}_i^2 = \hat{\beta}_2^2 \sum x_i^2 + \sum \hat{u}_i^2$$

构造 F 统计量：

$$F = \hat{\beta}_2^2 \sum x_i^2 \bigg/ \dfrac{\sum \hat{u}_i^2}{n - 2}$$

可以证明:$F \sim F(1, n-2)$。证明过程如下:

令:

$$Z_1 = \frac{(\hat{\beta}_2 - \beta_2)\sqrt{\sum x_i^2}}{\sigma} \sim N(0,1)$$

$$Z_2 = \frac{(n-2)\hat{\sigma}^2}{\sigma^2} \sim \chi^2(n-2)$$

根据定理:设 $X \sim N(0,1)$,则 $X^2 \sim \chi^2(1)$,可以得到:

$$Z_1^2 = \frac{(\hat{\beta}_2 - \beta_2)^2 \sum x_i^2}{\sigma^2} \sim \chi^2(1)$$

根据定理:设随机变量 X 和 Y 相互独立,服从相应自由度为 n_1 和 n_2 的 χ^2 分布,即 $X \sim \chi^2(n_1)$,$Y \sim \chi^2(n_2)$,则

$$F = \frac{X}{n_1} \Big/ \frac{Y}{n_2} \sim F(n_1, n_2)$$

可以得到:

$$F = \frac{z_1^2}{1} \Big/ \frac{z_2}{n-2} \sim F(1, n-2) \tag{4.6}$$

将 Z_1 和 Z_2 代入式(4.6),整理得到:

$$F = (\hat{\beta}_2 - \beta_2)^2 \sum x_i^2 \Big/ \frac{\sum \hat{u}_i^2}{n-2} \sim F(1, n-2)$$

在虚拟假设"$H_0 : \beta_2 = 0$"下,有

$$F = \hat{\beta}_2^2 \sum x_i^2 \Big/ \frac{\sum \hat{u}_i^2}{n-2}$$

F 为检验虚拟假设"真实 β_2 为 0"提供了一个检验统计量。

2. 检验方法

第一种:计算出 F 值,然后在一定显著水平 α 下查出 F 的临界值,进行比较。具体做法与 t 检验相同。

$P\{F(n_1, n_2) > F_\alpha(n_1, n_2)\} = \alpha$,$F$ 分布的上侧分位数如图 4.3 所示。

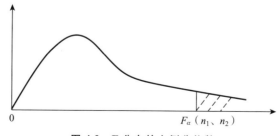

图 4.3 F 分布的上侧分位数

第二种:查找计算出来的 F 统计量的 P 值。

3. 双变量回归模型的方差分析

双变量回归模型的方差分析(analysis of variance, ANOVA)如表 4.1 所示。

表 4.1　双变量回归模型的方差分析

变异来源	SS(平方和)	df(自由度)	MSS(均方和,SS/df)
源于回归(ESS)	$\sum \hat{y}_i^2 = \hat{\beta}_2^2 \sum x_i^2$	1	$\hat{\beta}_2^2 \sum x_i^2$
源于剩余(RSS)	$\sum \hat{u}_i^2$	$n-2$	$\dfrac{\sum \hat{u}_i^2}{n-2} = \hat{\sigma}^2$
总平方和(TSS)	$\sum y_i^2$	$n-1$	$\dfrac{\sum y_i^2}{n-1}$

根据表 4.1 中的均方和(MSS),可以计算出 F 值。即

$$F = \hat{\beta}_2^2 \sum x_i^2 \Big/ \dfrac{\sum \hat{u}_i^2}{n-2}$$

自由度即独立观测值的个数。TSS 有 $(n-1)$ 个自由度,因为在计算样本均值时会失去 1 个自由度。在双变量情形下,ESS 有 1 个自由度,因为当 $\sum x_i^2$ 为已知时 $\beta_2^2 \sum x_i^2$ 仅是 $\hat{\beta}_2$ 的函数。在双变量情形下,RSS 有 $(n-2)$ 个自由度,等于样本容量减去约束条件的个数。一般的规律是:df=n-待估参数的个数。

4. t 检验和 F 检验的关系

t 检验和 F 检验是检验虚拟假设"$\beta_2 = 0$"的两个互为补充的备选方法。t 和 F 两个统计量具有密切的关系,自由度为 k 的 t 值的平方等于分子自由度为 1、分母自由度为 k 的 F 值,即 $F(1,k) = t_k^2$。

5. 多变量线性回归模型的总显著性检验:F 检验

给定 k 个变量线性回归模型:

$$Y_i = \hat{\beta}_1 + \hat{\beta}_2 X_{2i} + \hat{\beta}_3 X_{3i} + \cdots + \hat{\beta}_k X_{ki} + \mu_i$$

检验假设 H_0:全部回归系数同时为 0,即

$$\hat{\beta}_2 = \hat{\beta}_3 = \cdots = \hat{\beta}_k = 0$$

在三变量情形下,

$$\sum y_i^2 = \hat{\beta}_2 \sum y_i x_{2i} + \hat{\beta}_3 \sum y_i x_{3i} + \sum \hat{u}_i^2 \tag{4.7}$$

根据式(4.7),可以编制三变量回归的 ANOVA(见表 4.2)。

表 4.2　三变量回归的 ANOVA

变异来源	SS(平方和)	df(自由度)	MSS(均方和,SS/df)
源于回归(ESS)	$\hat{\beta}_2 \sum y_i x_{2i} + \hat{\beta}_3 \sum y_i x_{3i}$	2	$\dfrac{\hat{\beta}_2 \sum y_i x_{2i} + \hat{\beta}_3 \sum y_i x_{3i}}{2}$
源于剩余(RSS)	$\sum \hat{u}_i^2$	$n-3$	$\dfrac{\sum \hat{u}_i^2}{n-3} = \hat{\sigma}^2$
总平方和(TSS)	$\sum y_i^2$	$n-1$	$\dfrac{\sum y_i^2}{n-1}$

可以证明,当 μ_i 为正态分布时,在以下虚拟假设下:

$$\hat{\beta}_2 = \hat{\beta}_3 = 0 \tag{4.8}$$

变量 F 为:

$$F = \frac{\dfrac{\hat{\beta}_2 \sum y_i x_{2i} + \hat{\beta}_3 \sum y_i x_{3i}}{2}}{\dfrac{\sum \hat{u}_i^2}{n-3}} \sim F(2, n-3)$$

F 值为式(4.8)提供了一种检验方法。当计算出来的 F 值大于一定显著性水平下的 F 分布表中的临界值时,拒绝 H_0。

在 n 变量回归模型下,F 值的计算公式为:

$$F = \frac{\text{ESS}}{k-1} \bigg/ \frac{\text{RSS}}{n-k}$$

若 $F > F_\alpha(k-1, n-k)$,则拒绝 H_0;否则,不拒绝 H_0。其中,$F_\alpha(k-1, n-k)$ 是在 α 显著性水平下,分子自由度为 $(k-1)$、分母自由度为 $(n-k)$ 的 F 临界值。

(四) Stata 相关命令

下面利用 Stata 自带数据集 auto.dta,通过具体例子对拟合优度检验、t 检验和 F 检验进行演示。

```
sysuse auto, clear
reg price weight length gear_ratio foreign
```

回归结果为:

Source	SS	df	MS			
				Number of obs	=	74
				F(4, 69)	=	21.28
Model	350713619	4	87678404.9	Prob > F	=	0.0000
Residual	284351777	69	4121040.24	R-squared	=	0.5522
				Adj R-squared	=	0.5263
Total	635065396	73	8699525.97	Root MSE	=	2030

price	Coef.	Std. Err.	t	P>|t|	[95% Conf. Interval]	
weight	5.47881	1.046323	5.24	0.000	3.391453	7.566167
length	-88.0271	33.26513	-2.65	0.010	-154.3892	-21.66497
gear_ratio	-669.054	926.6847	-0.72	0.473	-2517.739	1179.631
foreign	3837.913	738.9813	5.19	0.000	2363.685	5312.14
_cons	7041.466	4838.726	1.46	0.150	-2611.529	16694.46

（1）F 检验。回归结果显示 F 值为 21.28，对应的 P 值为 0.000，表明整体回归结果通过 F 检验。

（2）拟合优度检验。在本回归中，R^2 为 0.5522，Adj.R^2 为 0.5263，各变量拟合程度较好。

（3）t 检验。t 检验是针对单变量而言，从解释变量 weight 的回归结果可以看出，t 值为 5.24，对应的 P 值为 0.000，表示变量 weight 自身通过 t 检验，与之对应的回归系数显著不为 0。

二、计量经济学检验

计量经济学检验主要是在放宽经典假设条件后对模型进行的检验，包括多重共线性、随机干扰项的异方差和序列相关性、随机解释变量的确定等方面的检验。此外，还有检验模型的其他计量经济学性质，如格兰杰因果检验、单位根检验等。本书将在第五章详细介绍异方差、自相关等经典线性模型的违背和处理问题。

思考与练习

请运用 Stata 自带的数据集 nlsw88.dta（1988 年美国妇女小时工资）进行回归，并判断 F 检验、拟合优度检验以及各变量的 t 检验是否通过。

被解释变量：wage（妇女小时工资）；

解释变量和控制变量：tenure（任期）、hours（每周工作小时数）、collgrad（是否大学毕业）、union（是否为工会成员）、age（年龄）、race（种族）、married（是否结婚）。

第五章
CHAPTER5

经典线性模型的违背和应对

　　经典线性模型在解释实证数据时是非常有用的,但它们并不是完美的。在实践中,经典线性模型可能会遇到多种问题,如异方差、自相关和多重共线性等,这些问题可能会导致 OLS 回归模型的系数估计不准确或偏误,从而影响研究结论。在本章中,我们将介绍异方差、自相关和多重共线性等问题的性质与识别方法,并讨论如何解决这些问题,从而使 OLS 回归模型在研究中更准确、更可靠。

第一节 异方差

一、异方差的性质

企业有大、中、小之分,收入有高、中、低之分。不同企业或不同收入的人们(不同的 i)在薪酬、支出等(Y_i)方面的变异是不一样的,从而有异方差性之说。例如,在财务会计研究中,我们在考察公司收益与财务杠杆的关系时,可能会碰到高财务杠杆的公司,其收益相比低财务杠杆的公司表现出更大的波动,这就是典型的异方差性,即 Y_i 的方差随 i 而变化:

$$E(\mu_i) = \sigma_i^2$$

相比于时间序列数据,异方差性在横截面数据中更为常见。下文探讨出现异方差性时的 OLS 估计。

在双变量模型(4.3)和(4.4)中,β_2 的 OLS 估计量为:

$$\hat{\beta}_2 = \frac{\sum x_i y_i}{\sum x_i^2} \tag{5.1}$$

$\hat{\beta}_2$ 仍是线性和无偏的,但其方差现在为:

$$\text{Var}(\hat{\beta}_2) = \frac{\sum x_i^2 \sigma_i^2}{\left(\sum x_i^2\right)^2} \tag{5.2}$$

方差(5.2)不是最优的,即不是最小方差。同时,根据方差(5.2)确定的置信区间将无谓地过大,其结果是 t 检验和 F 检验很可能给我们提供了不准确的结果。因为明显过大的方差(5.2)会使本来显著的系数变成统计不显著(t 值过小)。

二、异方差的识别

在经济研究中,对于一个具体的 X 值,多数情况下只有一个样本 Y 值。因为没有任何方法能仅从一个 Y 观测值获知 σ_i^2,所以并不存在识别异方差的严明法则,只有少数的经验法则。

大多数方法基于对我们所能观测到的 OLS 残差 $\hat{\mu}_i$ 的分析,而不是对干扰项 μ_i 的分析。寄希望于 $\hat{\mu}_i$ 是 μ_i 的良好估计。

(一)非正式方法:图解法

我们可先在无异方差性的假定下做回归分析,然后对残差 $\hat{\mu}_i$ 的平方做事后检查,看 Y 的估计均值是否与 $\hat{\mu}_i$ 的平方存在任何系统联系。若没有任何系统联系,则表明也许没有异方差性。

在多变量情形下,可将 $\hat{\mu}_i$ 的平方相对于模型中的任一个 X 变量描点,看其是否与 X 变量有线性关系。

(二) BP 检验

BP 检验的基本思想是以残差作为误差项的估计值,检验误差项和自变量的相关性。其主要步骤为:

首先,利用估计模型 $y = \beta_0 + \beta_1 x_1 + \beta_2 x_2 + \cdots + \beta_k x_k + \mu$ 得到 OLS 残差平方和 $\hat{\mu}^2$(每个观测得到一个 $\hat{\mu}^2$)。

其次,利用估计模型 $\hat{\mu}^2 = \delta_0 + \delta_1 x_1 + \delta_2 x_2 + \cdots + \delta_k x_k + v$ 做回归,得到这个回归的 $R^2_{\hat{\mu}^2}$。

最后,在原假设(同方差)下计算 F 统计量或 LM 统计量,并计算 p 值(前者用 F 分布,后者用卡方分布),并据此进行推断。

$$F = \frac{R^2_{\hat{\mu}^2}/k}{(1 - R^2_{\hat{\mu}^2})/(n - k - 1)} \sim F(k, n - k - 1)$$

$$\text{LM} = n R^2_{\hat{\mu}^2} \sim \chi^2(k)$$

如果 p 值相当小,即低于选定的显著性水平,就拒绝同方差性的原假设(表明存在异方差),应该采取某种修正措施。

如果我们猜测异方差性只取决于某些自变量,就能很容易地改造 BP 检验:将残差平方对所选择的任何自变量做回归,并进行适当的 F 检验或 LM 检验(拉格朗日乘数检验)。

(三) White 检验

同方差假定 $\text{Var}(\mu \mid x_1, x_2, \cdots, x_k) = \sigma^2$ 可由以下较弱的假定取代:误差平方 μ^2 与所有自变量(x_j)、所有自变量的平方(x_j^2)和所有自变量的交乘积($x_j x_h$,其中 j 不等于 h)都不相关。这一观察促使 White 提出一种对异方差的检验方法:在估计模型 $\hat{\mu}^2 = \delta_0 + \delta_1 x_1 + \delta_2 x_2 + \cdots + \delta_k x_k + v$ 中加入自变量的平方项和交乘项,然后构建 LM 统计量。这一检验称为 White 异方差检验(White, 1980),简称 White 检验。White 检验的缺陷是:对自变量较多的模型,要使用很多自由度。存在一个比 White 检验更容易实施且自由度更节省的检验,即通过估计方程 $\hat{\mu}^2 = \delta_0 + \delta_1 \hat{y} + \delta_2 \hat{y}^2 + v$ 来构建 LM 统计量。这可以看作 White 检验的一个特例,其主要步骤为:

首先,利用估计模型 $y = \beta_0 + \beta_1 x_1 + \beta_2 x_2 + \cdots + \beta_k x_k + \mu$ 得到 OLS 残差平方和 $\hat{\mu}^2$、$\hat{y}$ 和 $\hat{y}^2$(每个观测得到一个 $\hat{\mu}^2$)。

其次,利用估计模型 $\hat{\mu}^2 = \delta_0 + \delta_1 \hat{y} + \delta_2 \hat{y}^2 + v$ 做回归,得到这个回归的 $R^2_{\hat{\mu}^2}$。

最后,在原假设(同方差)下计算 F 统计量或 LM 统计量,并计算 p 值(前者用 F 分布,后者用卡方分布),并据此进行推断。

$$F = \frac{R^2_{\hat{\mu}^2}/k}{(1 - R^2_{\hat{\mu}^2})/(n - k - 1)} \sim F(k, n - k - 1)$$

$$\mathrm{LM} = n R^2_{\hat{\mu}^2} \sim \chi^2(k)$$

(四) Stata 相关命令

1. 图解法

完成回归后,可使用以下命令得到残差图:

```
rvfplot      // 画残差与拟合值的散点图
rvpplot x    // 画残差与解释变量的散点图
```

2. BP 检验

完成回归后,可使用以下命令进行 BP 检验:

```
estat hettest              // 默认设置为使用拟合值 ŷ
estat hettest, rhs         // 使用方程右边的解释变量而不是 ŷ
estat hettest [varlist]    // 指定使用某些解释变量
```

最初的 BP 检验假设干扰项 μ_i 服从正态分布,存在一定的局限性。Koenker(1981)将此假定减弱为独立同分布(iid),在实际中较多采用,对应的 Stata 命令为:

```
estat hettest, iid
estat hettest, rhs iid
estat hettest [varlist], iid
```

以上各种形式的 BP 检验,均可以通过观察检验结果输出的 p 值进行判断。若 p 值相当小,即低于选定的显著性水平,则拒绝同方差性的原假设,表明存在异方差。

3. White 检验

完成回归后,可使用以下命令进行 White 检验:

```
estat imtest, white
```

或:

```
whitetst    // 需先自行安装 whitetst 命令
```

三、异方差的补救措施

若模型存在异方差,则必须对其进行修正。目前,对异方差的修正方法主要有异方差稳健估计、广义最小二乘估计和可行广义最小二乘估计。

(一)异方差稳健估计

如果模型存在异方差,通常的 OLS 推断就是错的;但是,这不意味着必须放弃 OLS 估计,我们可以对其进行修正。目前,计量经济学家已经知道如何调整标准误、t 统计量、F 统计量和 LM 统计量,使之在出现未知形式的异方差时仍有效。这一调整的标准误称为异方差稳健标准误(heteroskedasticity-robust standard error)。这一稳健标准误由 White(1980)提出。统计学的更早期著作(Eicker,1967;Huber,1967)也曾指出得到这种稳健标准误的可能性。在应用研究中,人们通常把它们称为异方差稳健标准误,在不引起混淆的情况下简称为稳健标准误,有时又把它们称为 White-Eicker-Huber 标准误。

无论总体中出现的异方差(包括同方差)类型如何,都能报告异方差稳健标准误。因为无论误差或方差是否为常数,它们都(至少在大样本下)是有效的。在小样本量的情形下,稳健 t 统计量的分布可能不是那么接近 t 分布,这可能会使我们通过稳健标准误进行推断时出错。在大样本量的情形下,我们有理由在横截面数据分析中报告异方差稳健标准误,这种做法在应用研究中越来越普遍。

同样,可以对任意一个未知形式的异方差都得到稳健的 F 统计量和 LM 统计量。异方差稳健的 F 统计量(或其简单变形)又被称为异方差稳健的 Wald 统计量。

(二)广义最小二乘估计和可行广义最小二乘估计

如果知道异方差的具体形式,就可以使用广义最小二乘估计(GLS)。给误差或方差越大的观测赋予越小的权数——加权最小二乘法(WLS),这样使用 WLS 比 OLS 更有效,使得 WLS 成为得到最佳线性无偏估计量(best linear unbiased estimators,BLUE 估计量)的一种方法。WLS 估计得到的检验统计量(t 统计量和 F 统计量)在误差正态分布时确切有效,在误差非正态分布时渐近有效,前提是有异方差的模型正确。

大多数情形下,异方差的确切形式并不明显。这时,我们需要利用数据来估计异方差形式,这被称为可行广义最小二乘估计(FGLS)估计量(feasible GLS estimator)。FGLS 有时又被称为估计的 GLS 或 EGLS。由此得到的 FGLS 估计量不再是无偏的,但仍是一致的和渐近有效的。

估计模型为 $y = \beta_0 + \beta_1 x_1 + \beta_2 x_2 + \cdots + \beta_k x_k + \mu$,对异方差形式的一种简单、可行的假定为:

$$\mathrm{Var}(\mu \mid x) = \sigma^2 \exp(\delta_0 + \delta_1 x_1 + \delta_2 x_2 + \cdots + \delta_k x_k)$$

那么,纠正异方差的 FGLS 流程为:

(1) 利用估计模型 $y = \beta_0 + \beta_1 x_1 + \beta_2 x_2 + \cdots + \beta_k x_k + \mu$ 得到 OLS 残差 $\hat{\mu}$；

(2) 对残差 $\hat{\mu}$ 进行平方,然后再取自然对数得到 $\log(\hat{\mu}^2)$；

(3) 利用 $\log(\hat{\mu}^2)$ 对 $x_1, x_2, x_3, \cdots, x_k$ 做回归,得到拟合值 $\hat{g}$；

(4) 得到拟合值 $\hat{g}$ 的指数: $\hat{h} = \exp(\hat{g})$；

(5) 以 $1/\hat{h}$ 为权数,用 WLS 估计方程 $y = \beta_0 + \beta_1 x_1 + \beta_2 x_2 + \cdots + \beta_k x_k + \mu$。

(三) Stata 相关命令

1. 异方差稳健估计

在 Stata 中,报告异方差稳健标准误十分方便,只要在回归命令 reg 后加上 robust 或 vce(robust) 就可以报告异方差稳健的 t 统计量和 F 统计量。具体如下:

```
reg y x z, robust
reg y x z, vce(robust)
```

2. 可行广义最小二乘估计

在 reg 命令中使用 aweight 可以进行 FGLS 分析。

```
reg y x z
predict uhat, r    // 将残差储存到 uhat 中
gen lnuhatsq=ln(uhat^2)   // 对残差平方再取对数
reg lnuhatsq x z   // 用 lnuhatsq 对解释变量和控制变量进行回归
predict ghat, xb   // 得到拟合值 ghat
gen hhat=exp(ghat)
reg y x z [aweight=1/hhat]   // WLS 回归
```

综上所述,统计与计量软件的出现使得对异方差的诊断和修正变得非常简单。在经验分析中,研究者应该对异方差的处理进行简要说明,即模型是否会出现异方差,分析中是否采用了相应的解决方法。通常,对异方差最简单的修正是使用 White 稳健估计,在很多经验文献中,一般直接报告异方差稳健的 t 统计量和 F 统计量。

对异方差的其他修正是使用 GLS 或 FGLS。遗憾的是,通常由于不知道异方差的确切形式而无法使用 GLS,而 FGLS 估计量在小样本下不是无偏的,因此这两种方法在会计和财务经验研究中较少使用。

在会计和财务经验研究中,对变量(如资产)取对数,或者将变量除以相应的期初总资产或期初股价(即平减或称消除规模效应),可以在一定程度上消除异方差的影响。

第二节 自相关

一、自相关的定义

经典线性回归模型假定,后一次观测的干扰项都不受任何其他观测的干扰项的影响。比如,一个家庭收入的增加引起其消费支出的增加,但这种影响不会波及另一个家庭的消费支出;第一季度的产出受罢工的影响而下降,但这一影响不会持续到第二季度。

与上述假定相反,自相关(autocorrelation)是指按时间(如在时间序列数据中)或空间(如在截面数据中)排序的观测值序列成员之间的相关,即 $E(\mu_i \mu_j) \neq 0, i \neq j$。自相关又称序列相关(serial correlation)。

此时,一个家庭消费支出的增加,很可能使另一个家庭为了同邻居攀比也随之增加其消费支出;或者,由本季度罢工引起的生产下降会影响下季度的产出。

二、自相关的影响

当自相关出现时,OLS 估计量仍是线性无偏的、一致的,但不再是有效的,即不再有最小方差。如果完全忽略自相关问题,继续使用 $\hat{\beta}_2$ 和 $\text{Var}(\hat{\beta}_2)$,那么很可能低估真实的 σ^2,高估 R^2,从而使通常的 t 显著性检验和 F 显著性检验都变成无效。所以,当自相关出现时,为了建立置信区间并检验假设,要用 GLS 而不用 OLS。

三、自相关的识别

(一)图解法

可以对残差 e_t 与滞后残差 e_{t-1} 绘制散点图,也可以画残差的"自相关图",显示各阶样本自相关系数或偏自相关系数。然而,图解法虽直观,但不严格。

(二)Durbin-Watson(DW)检验

$$d = \frac{\sum_{t=2}^{n}(\hat{\mu}_t - \hat{\mu}_{t-1})^2}{\sum_{t=2}^{n}\hat{\mu}_t^2} = \frac{\sum \hat{\mu}_t^2 + \sum \hat{\mu}_{t-1}^2 - 2\sum \hat{\mu}_t \hat{\mu}_{t-1}}{\sum \hat{\mu}_t^2}$$

由于要从 $\hat{\mu}_t$ 推算出 d,而 $\hat{\mu}_t$ 又依赖于给定的诸 X,因此没有唯一的临界值可以据以拒绝或接受虚拟假设:干扰项 $\hat{\mu}_t$ 中无一阶序列相关。

在 Durbin-Watson 的 d 统计量表中,可以查出下限 d_L 和上限 d_U,然后根据表5.1所示的规则进行判断。

表 5.1　Durbin-Watson d 检验决策规则

虚拟假设	决策	前提条件
无正自相关	拒绝	$0 < d < d_L$
无正自相关	无决定	$d_L \leq d \leq d_U$
无负自相关	拒绝	$4 - d_L < d < d_U$
无负自相关	无决定	$4 - d_L \leq d \leq 4 - d_U$
无自相关,正或负	不拒绝	$d_U < d < 4 - d_U$

对表 5.1 中的决策规则做以下说明：

$\sum \hat{\mu}_t^2$ 和 $\sum \hat{\mu}_{t-1}^2$ 只有一次观测之差,可令：$\sum \hat{\mu}_t^2 = \sum \hat{\mu}_{t-1}^2$ 那么，

$$d = 2\left[1 - \frac{\sum \hat{\mu}_t \hat{\mu}_{t-1}}{\sum \hat{\mu}_t^2}\right]$$

现定义：

$$\hat{\rho} = \frac{\sum \hat{\mu}_t \hat{\mu}_{t-1}}{\sum \hat{\mu}_t^2}$$

那么，
$$d = 2(1 - \hat{\rho})$$

因为 $-1 \leq \hat{\rho} \leq 1$,所以,$0 \leq d \leq 4$。

(1) 若 $\hat{\rho} = 0$,则 $d = 2$。也就是说,若没有序列相关,则预期 d 约为 2。因此,作为一种经验法则,$d = 2$ 表明没有一阶自相关。

(2) 若 $\hat{\rho} = 1$,表示有完全的正相关,此时 $d = 0$。因此,d 越接近于 0,正序列相关的迹象越明显。

(3) 若 $\hat{\rho} = -1$,表示有完全的负相关,此时 $d = 4$。因此,d 越接近于 4,负序列相关的迹象越明显。

(三) BG 检验

假设原模型为 $y_t = \beta_0 + \beta_1 x_{t1} + \cdots + \beta_k x_{tk} + \varepsilon_t$,并假设存在一阶自相关,即 $\varepsilon_t = \rho \varepsilon_{t-1} + u_t$,其中 u_t 为白噪声,则很自然地可以考虑回归 $e_t \xrightarrow{\text{OLS}} e_{t-1}$,并检验 $H_0: \rho = 0$。更一般地,由于可能存在高阶自相关,考虑干扰项的 p 阶自回归过程：

$$\varepsilon_t = \rho_1 \varepsilon_{t-1} + \cdots + \rho_p \varepsilon_{t-p} + u_t$$

检验原假设 $H_0: \rho_1 = \cdots = \rho_p = 0$。因干扰项 $\{\varepsilon_t\}$ 不可观测,故用残差 $\{e_t\}$ 替代,并引入所有解释变量,考虑以下辅助回归：

$$e_t \xrightarrow{\text{OLS}} x_{t1}, \cdots, x_{tk}, e_{t-1}, \cdots, e_{t-p} \quad (t = p+1, \cdots, n)$$

因使用了滞后残差值 e_{t-p}，损失了 p 个样本值，故辅助回归的样本容量仅为 $(n-p)$。使用 nR^2 形式的 LM 统计量：

$$(n-p)R^2 \xrightarrow{d} \chi^2(p)$$

若 $(n-p)R^2$ 超过 $\chi^2(p)$ 的临界值，则拒绝"无自相关"的原假设。这个检验被称为 Breusch-Godfrey 检验，简称 BG 检验。Davidson and MacKinnon (1993) 建议，将残差向量 e 中因滞后而缺失的项用其期望值 $E(e) = 0$ 替代，以保持样本容量仍为 n，然后使用统计量 $nR^2 \xrightarrow{d} \chi^2(p)$。Davidson-MacKinnon 方法为 Stata 的默认设置。

（四）Stata 相关命令

1. 图解法

完成回归后，可使用以下命令得到残差图：

predict e1,r   // 将残差储存到 e1
scatter e1 L.e1   // L.e1 为 e1 的滞后项（需先定义时间序列）
ac e1   // 查看残差自相关图
pac e1   // 查看残差偏自相关图

2. DW 检验

完成回归后，可使用以下命令得到 DW 统计量：

estat dwatson   // 需先定义时间序列

由于 DW 统计量的局限性，Stata 并未提供其临界值，但可以通过比较 DW 统计量值与 2 之间的差距进行大致判断：

（1）若 $d = 2$，则表明没有一阶自相关；
（2）d 越接近于 0，正序列相关的迹象越明显；
（3）d 越接近于 4，负序列相关的迹象越明显。

3. BG 检验

完成回归后，可使用以下命令进行 BG 检验：

estat bgodfrey   // 默认 $p=1$
estat bgodfrey,lags(p)

如何确定 p 呢？一个简单的方法是查看自相关图（用 Stata 命令 ac，在 95% 的阴影置信区域以外的自相关阶数为显著不等于 0）或偏自相关图；或者设定一个较大的 p 值，做

回归 $e_t = \alpha_0 + \alpha_1 x_{t1} + \cdots + \alpha_k x_{tk} + \rho_1 e_{t-1} + \cdots + \rho_p e_{t-p} + \text{error}_t$,然后查看最后一个系数 ρ_p 的显著性,若 ρ_p 不显著则考虑滞后($p-1$)期,以此类推。

四、自相关的补救措施

(一) OLS+异方差自相关稳健标准误

仍然用 OLS 估计回归系数,但使用"异方差自相关稳健标准误"(HAC),即在存在异方差与自相关的情形下也成立的稳健标准误。这种方法被称为 Newey-West 估计法(Newey and West,1987),它只改变标准误的估计值,并不改变回归系数的估计值。

(二) OLS+聚类稳健标准误

如果样本观测值可以分为不同的"聚类"(clusters),同一聚类里的观测值互相相关,而不同聚类之间的观测值不相关,这种样本被称为"聚类样本"。比如,在 Nerlove(1963)对美国电力企业的研究中,同一个州的电力企业可能受到本州政策的影响而自相关,但不同州之间的电力企业可能不相关。此时,"州"(state)被称为"聚类变量"。又比如,若以全班同学为样本,则聚类变量可能是宿舍或专业。

若将观测值按聚类的归属顺序排列,则干扰项的协方差矩阵为"块对角"。此时,仍可用 OLS 估计系数,但需使用"聚类稳健标准误"(cluster-robust standard error)。假设样本容量为 N,包括 M 个聚类,其中第 j 个聚类包含 M_j 个个体。令第 j 个聚类中第 i 个个体的解释变量为 x_{ij}、残差为 e_{ij},然后定义 $u_j \equiv \sum_{i=1}^{M_j} e_{ij} x_{ij}$,则聚类稳健协方差矩阵可以写为:

$$\frac{N-1}{N-K} \times \frac{M}{M-1} (X'X)^{-1} \left(\sum_{j=1}^{M} u_j' u_j \right) (X'X)^{-1}$$

其中,$\frac{N-1}{N-K} \times \frac{M}{M-1}$ 为对自由度的调整。在推导上式的过程中并未假定同方差,故聚类稳健标准误也是异方差稳健的,即在异方差与组内自相关的情形下依然成立。使用聚类稳健标准误的前提是:聚类中的个体数 M_j 较少,而聚类数很多($M \to \infty$),此时聚类稳健标准误是真实标准误的一致估计。

研究者在处理面板数据时,经常使用聚类稳健标准误。

(三) 可行广义最小二乘法

可行广义最小二乘法(FGLS)通过辅助回归或残差一阶自相关系数估计参数 ρ,并通过变换使得新的干扰项满足球型干扰项古典假设,对变换后的模型进行 OLS 回归,然后对参数进行估计的一种方法。根据广义回归方程的不同,又分为 Prais-Winsten(PW)估计法(Prais and Winsten,1954)和 Cochrane-Orcutt(CO)估计法(Cochrane and Orcutt,1949)。

使用FGLS对自相关进行处理,若对自相关系数的估计较准确,而且满足严格外生性的假定,则FGLS比OLS更有效率。然而,若不满足严格外生性,而仅仅满足OLS基本假定中对解释变量的要求,则尽管OLS依然一致,但FGLS可能是不一致的。总之,FGLS不如OLS稳健。

(四) Stata 相关命令

1. HAC 稳健标准误

newey y x z,lag(p) //HAC标准误,必须指定滞后阶数p

reg y x z,cluster(state) //聚类稳健标准误,假设聚类变量为state

2. 可行广义最小二乘估计 FGLS

prais y x z //使用默认的PW估计法

prais y x z, corc //使用CO估计法

第三节　多重共线性

一、多重共线性的性质

多重共线性(multicollinearity)包括以下两种情形:

第一,完全多重共线性。回归模型的解释变量之间存在一种完全或准确的线性关系,即

$$\lambda_1 X_1 + \lambda_2 X_2 + \lambda_3 X_3 + \cdots + \lambda_k X_k = 0 \tag{5.3}$$

在式(5.3)中,$\lambda_1, \lambda_2, \cdots, \lambda_k$为常数,但不同时为0。

第二,不完全多重共线性。回归模型的解释变量之间有交互相关,但又非完全相关,即

$$\lambda_1 X_1 + \lambda_2 X_2 + \lambda_3 X_3 + \cdots + \lambda_k X_k + V_i = 0 \tag{5.4}$$

在式(5.4)中,V_i为随机误差项。

二、出现完全多重共线性时的估计问题

第一,在完全多重共线性下,回归系数是不确定的,无法得到个别回归系数的唯一解。例如,

$$Y_i = \hat{\beta}_1 + \hat{\beta}_2 X_{2i} + \hat{\beta}_3 X_{3i} + \hat{\mu}_i \tag{5.5}$$

在式(5.5)中,回归系数$\hat{\beta}_2$的意义是:在保持X_3不变的情形下,当X_2每改变1个单

位,Y 平均值的变化率。但如果 X_3 和 X_2 是完全共线性的,$X_{3i} = \lambda X_{2i}$,就没有任何方法能保持 X_3 不变,也没有任何方法能把 X_2 和 X_3 的各自影响分离。

第二,在完全多重共线性下,回归系数的个别方差和标准差无穷大。这一点,从以下回归系数方差的表达式中很容易看出:

$$\mathrm{Var}(\hat{\beta}_2) = \frac{\sigma^2}{\sum x_{2i}^2 (1 - r_{23}^2)}$$

$$\mathrm{Var}(\hat{\beta}_3) = \frac{\sigma^2}{\sum x_{3i}^2 (1 - r_{23}^2)}$$

三、高度多重共线性的后果

第一,虽然 OLS 估计量是最佳线性无偏估计量,但方差和协方差较大,故难以做出准确的估计。

第二,置信区间要宽得多,以致接受"零虚拟假设"(真实总体系数为零的假设)更为容易。

第三,一个或多个系数的 t 值倾向于统计不显著,但整体拟合优度 R^2 可能非常高。这是多重共线性的一个信号——不显著的 t 值却伴有一个高的 R^2,因而有一个显著的 F 值。

第四,OLS 估计量及其标准误对数据的很小变化也是敏感的。

四、多重共线性的识别:一些经验规则

(一) 方差膨胀因子

方差膨胀因子(variance inflating factor, VIF)的定义是:

$$\mathrm{VIF} = \frac{1}{1 - r_{23}^2}$$

所以,

$$\mathrm{Var}(\hat{\beta}_2) = \frac{\sigma^2}{\sum x_{2i}^2 (1 - r_{23}^2)} = \frac{\sigma^2}{\sum x_{2i}^2} \times \mathrm{VIF}$$

显然,$\hat{\beta}_2$ 的方差与 VIF 成正比。随着相关系数 r_{23} 趋于 1(即随着共线性增大),估计量的方差也在增大。当 $r_{23} = 1$ 时,方差趋于无穷大。所以,VIF 越大,变量的共线性越大。

作为一种经验规则,如果一个变量的 VIF 超过 10($r^2 > 0.9$),那么该变量是高度共线性的。

(二) 多重共线性的经典征兆:R^2 值大而显著的 t 值小

若 R^2 值高,比如 $R^2 > 0.8$,在大多数情形下,则 F 检验会拒绝所有偏斜率系数同时为 0;

若显著的 t 值小,则表明没有或鲜有偏斜率系数统计异于 0。这是矛盾的。

(三) 一个经验规则:若两个解释变量的零阶相关系数高(比如大于 0.8),则多重共线性问题严重

需要注意多重共线性是一个程度问题,而不是有或无问题。多重共线性是对非随机解释变量的情况而言的,是一种样本而非总体特征。所以,不做多重共线性检验,可以测度它在任一具体样本中的表现的程度。目前尚没有度量多重共线性的唯一方法,只有一些经验法则。

(四) Stata 相关命令

在 Stata 中,回归完成后,通过 vif 或 estat vif 命令可检验模型的多重共线性。

```
reg y x z
estat vif
```

五、多重共线性的解决方法

多重共线性是一个与样本有关的数据问题,而不是统计问题,其中的样本不能对解释变量提供"足够"的信息以满足模型的需要,解决方法有三种。

(一) 增加样本数据

一般来说,更多的同类数据于事无补,需要的是更多不同类型的数据,特别是与现有数据有较大差异的数据。

(二) 根据现有数据简化模型

就其本质而言,多重共线性意味着某些抽样的解释变量不能提供其他变量能提供的充足信息,最简单的解决方法是删除高度相关变量中的一个或几个变量。在社会科学中,我们通常是被动的数据收集者,除了收集更多的数据,没有其他好办法能减小无偏估计量的方差。对于一个给定的数据集,可以尝试从模型中去掉一些其他解释变量,以努力消除多重共线性。例如,在薪酬业绩敏感性的研究中,在解释变量中同时加入总资产收益率、净资产收益率和每股收益等业绩变量。由于这些变量都是基于净利润计算的,它们具有高度相关性,比较理想的处理办法是保留其中一个业绩变量,然后采用其他业绩变量进行敏感性测试。

可以对几个变量求平均或加总来改变其特性,可识别同向变动的解释变量的线性组合的主成分分析法可用于确定哪些变量可被平均化。在这些情形下,估计所得系数代表的是相关变量的加总或平均效应。

(三) 指出问题的存在而不试图改变数据或模型

情况一,增加样本的其他数据不可行,并且模型以一个发展完善的理论为基础,很难

改变模型特性;情况二,剔除一些变量可能导致分析中产生设定误差,从而导致估计系数发生偏误。在这些情况下,对多重共线性"置之不理"可能是最恰当的办法。特别是,如果研究目的主要是预测,解释变量之间的关系在预测期同样存在,预测精度就不受多重共线性的影响。

第四节 内 生 性

一、什么是内生性问题

模型的内生性问题(endogeneity issue)是指模型中一个或多个解释变量与误差项存在相关关系。

在一个模型中,有些变量的值是在模型内部决定的,是内生的(endogenous);有些变量的值是由模型外部决定的,是外生的(exogenous)。在一般模型中,被解释变量应该是内生的,解释变量应该是外生的,解释变量的取值不能为模型所决定。内生性问题的字面意思是指解释变量不是完全外生的,即解释变量有了内生性。此种内生性问题的一个常见症状就是解释变量和干扰项之间存在相关关系。

在计量经济学中,我们把一切导致"解释变量和干扰项之间存在相关关系"的情况都称为内生性问题。

二、内生性问题的来源

造成干扰项和解释变量相关 $E(e\mid X_1,X_2,\cdots,X_k)\neq 0$ 的原因有三种情况。下面,我们用简单的两变量模型予以说明。

(一) 遗漏解释变量

假设模型为 $Y=\alpha+\beta_1 X_1+\beta_2 X_2+e, E(e\mid X_1,X_2)=0$,但回归估计模型遗漏 X_2 这个变量,使用模型 $Y=\alpha+\beta_1 X_1+v$。如果 X_1 和 X_2 存在相关性,那么

$$E(v\mid X_1)=E((\beta_2 X_2+e)\mid X_1)=\beta_2 E(X_2\mid X_1)\neq 0$$

由此可见,遗漏变量造成内生性的原因是:遗漏变量 X_2 和解释变量 X_1 的相关性导致包含遗漏变量的干扰项 v 和解释变量 X_1 相关。

(二) 测量误差

1. 解释变量的测量误差

假设模型为: $Y^*=\beta_0+\beta_1 X^*+e, E(e\mid X^*)=0$。在观测 X^* 时存在测量误差 u,即观测到的 $X=X^*+u$,但测量误差 u 与 X^* 和 Y^* 不相关,且均值为 0。这表明 Y^* 观测值不存在测量误差,即 $Y=Y^*$。

把观测值代入模型：
$$Y^* = \beta_0 + \beta_1 X^* + e$$
$$Y^* = \beta_0 + \beta_1(X - u) + e = \beta_0 + \beta_1 X - \beta_1 u + e = \beta_0 + \beta_1 X + v$$

此时观测值 $X = X^* + u$ 和干扰项 $v = -\beta_1 u + e$ 都包含测量误差 u，造成 $\mathrm{Cov}(X, v) = \mathrm{Cov}(X^* + u, e - \beta_1 u) = -\beta_1 \mathrm{Var}(u) \neq 0$。

由此可见，解释变量的观测误差造成内生性的原因是：使用有测量误差的解释变量使得干扰项里包含测量误差，进而导致干扰项与观测的解释变量相关（因为两者都包含测量误差）。

2. 被解释变量的测量误差

假设模型为：$Y^* = \beta_0 + \beta_1 X^* + e, \mathrm{E}(e \mid X^*) = 0$。在观测 Y^* 时存在测量误差 u，即观测到的 $Y = Y^* + u$，测量误差 u 与 X^* 和 Y^* 不相关，且均值为 0。这表明 X^* 观测值不存在测量误差，即 $X = X^*$。

把观测值代入模型：
$$Y^* = \beta_0 + \beta_1 X^* + e$$
$$Y - u = \beta_0 + \beta_1 X^* + e$$
$$Y = \beta_0 + \beta_1 X^* + u + e = \beta_0 + \beta_1 X^* + v$$

这时干扰项 $v = u + e$ 包含测量误差 u，但 X^* 不存在误差。由于 $\mathrm{E}(v \mid X^*) = \mathrm{E}(e + u \mid X^*) = 0$，因此不存在内生性问题。不过由于干扰项（噪声）变大，回归结果的显著性会有所减弱。

由此可见使用有测量误差的被解释变量虽然使得干扰项里包含测量误差，但解释变量并没有测量误差，因此两者仍然不相关。

（三）互为因果

如果两个变量互为因果，任何一方都可以作为对方的解释变量，那么任何一个单变量回归都存在内生性问题，也称逆向因果。我们用一个简单的模型说明。假设 Y_1 与 Y_2 互为因果并满足如下关系：

$$Y_1 = \beta_1 X_1 + \varphi_1 Y_2 + e_1 \tag{5.6}$$
$$Y_2 = \beta_2 X_2 + \varphi_2 Y_1 + e_2 \tag{5.7}$$

其中，X_1 和 X_2 均与 e_1、e_2 不相关，且 e_1 与 e_2 也不相关。

将 Y_2 代入式（5.6），我们可以得到如下简化式：

$$Y_1 = \frac{\beta_1}{1 - \varphi_1 \varphi_2} X_1 + \frac{\beta_2 \varphi_1}{1 - \varphi_1 \varphi_2} X_2 + \frac{e_1}{1 - \varphi_1 \varphi_2} + \frac{e_2 \varphi_1}{1 - \varphi_1 \varphi_2} \tag{5.8}$$

可以看到模型(5.8)中解释变量 Y_1 和干扰项 e_2 存在相关性：

$$\text{Cov}(Y_1, e_2) = \text{Cov}\left[\frac{\beta_1}{1-\varphi_1\varphi_2}X_1 + \frac{\beta_2\varphi_1}{1-\varphi_1\varphi_2}X_2 + \frac{e_1}{1-\varphi_1\varphi_2} + \frac{e_2\varphi_1}{1-\varphi_1\varphi_2}, e_2\right]$$

$$= \frac{\varphi_1}{1-\varphi_1\varphi_2} \times \text{Var}(e_2) \neq 0$$

由此可见，Y_1 具有内生性问题。式(5.7)中的 Y_2 同理。

互为因果造成内生性问题的原因是：当式(5.6)中干扰项 e_1 发生变化时，造成被解释变量 Y_1 发生变化，逆向因果关系的存在使得 Y_1 在式(5.7)中成为解释变量，其变化造成被解释变量 Y_2 变化，进而导致式(5.6)中干扰项 e_1 的变化和解释变量 Y_2 的变化形成相关关系。

在实证研究中，上述三种情况是很普遍的。它们最终造成的问题就是，当解释变量发生变化时，其他干扰因素也会同时发生变化。因此，简单的回归方法无法区分与衡量哪部分被解释变量的变化是由解释变量变化造成的，而不是由干扰因素变化造成的。如何解决内生性的问题、正确估计因果关系是实证研究面临的一大挑战。在后面的章节，我们将会围绕这个问题讨论各种解决办法。

思考与练习

1. 请运用 Stata 自带数据集 nlsw88.dta（1988 年美国妇女小时工资），在考察 tenure、hours、collgrad、union、age、race、married 对 wage 的影响后，进行如下检验：

(1) 检验上述回归是否存在异方差问题，若存在，请予以修正。

(2) 利用方差膨胀因子，检验上述回归是否存在多重共线性问题。

2. 请运用 Stata 自行生成如下模拟数据，并进行自相关检验和修正。

模拟数据生成命令：

- quiet set obs 200   // 生成 200 个观测点
- gen time = _n   // 生成时间序列编号
- tsset time   // 设置为时间序列
- gen x = 0 in 1/1   // 设置 x 的初始值为 0
- replace x = 0.4 * L.x + rnormal(0,5) in 2/200
- gen v = rnormal(0,5)   // 生成正态分布 N(0,5) 的 v
- gen e = 0 in 1/1   // 设置干扰项 e 的初始值为 0
- scalar pho = 0.8   // 干扰项自相关系数为 0.8
- replace e = pho * L.e + v in 2/200
- gen y = 5 + 3 * x + e

3. 什么是异方差问题？它可能会对OLS回归模型的系数估计产生什么样的影响？

4. 请简要描述如何使用DW检验判断某一回归是否存在自相关问题。

5. 思考回归变量存在高度多重共线性的后果，并简述在实证研究中如何运用经验规则来识别多重共线性问题。

参考文献

Cochrane D, Orcutt G H, 1949. Application of least square regression to relationships containing auto-correlated error terms[J]. Journal of the American Statistical Association, 44(245): 32-61.

Davidson R, MacKinnon J G, 1993. Estimation and Inference in Econometrics[M]. New York: Oxford University Press.

Eicker F, 1967. Limit theorems for regressions with unequal and dependent errors[M]// Berkeley Symposium on Mathematical Statistics and Probability, Berkeley, CA: University of California Press.

Huber P, 1967. The behavior of maximum likelihood estimates under nonstandard conditions[M]// Berkeley Symposium on Mathematical Statistics and Probability, Berkeley, CA: University of California Press.

Koenker R, 1981. A note on studentizing a test for heteroscedasticity[J]. Journal of Econometrics, 17(1): 107-112.

Nerlove M, 1963. Returns to Scale in Electricity Supply[M]// Measurement in Economics, Stanford University Press.

Newey W K, West K D, 1987. A simple positive semi-definite, heteroskedasticity and autocorrelation consistent covariance matrix[J]. Econometrica, 55(3): 703-708.

Prais S, Winsten C, 1954. Trend estimation and serial correlation[R]. Cowles Commission Discussion Paper Number.

White H, 1980. A heteroskedasticity-consistent covariance matrix estimator and a direct test for heteroskedasticity[J]. Econometrica: Journal of the Econometric Society, 48(4): 817-838.

第六章

CHAPTER 6

面板数据模型

财务、会计等研究领域的数据通常有两个或两个以上的维度,比如不同企业的年报数据以及各企业的月度收益数据都包括时间和公司两个维度。另外,行业和地区维度也常常被关注和应用。计量模型能够帮助我们理解和解释这些不同维度间产生变化的原因。面板数据技术正是为了解决这些问题而出现和演进的。

第一节 面板数据概述

一、面板数据的概念

面板数据(panel data)是指在一段时间内跟踪同一组个体(individual)的数据。它既有时间维度(T个时期),又有横截面维度(N个个体),是同时在时间和截面上取得的二维数据,又称时间序列与截面混合数据(pooled time series and cross section data)。

面板数据从纵剖面(longitudinal section)看,每个个体都是一个时间序列;从横截面(cross section)看,是由若干个体(企业、个人、国家等)在某一时点构成的截面观测值。

面板数据用双下标变量表示。例如,y_{it}($i=1,\cdots,N; t=1,\cdots,T$),其中$i$对应面板数据中不同个体,$N$表示面板数据中含有$N$个个体,$t$对应面板数据中不同时点,$T$表示时间序列的最大长度。若固定$t$不变,则$y_{i\cdot}$($i=1,2,\cdots,N$)是横截面上的$N$个随机变量;若固定$i$不变,则$y_{\cdot t}$($t=1,2,\cdots,T$)是纵剖面上的一个时间序列。因此,面板数据分析的第一步就是对数据进行标注,赋予其个体变量和时间变量,在 Stata 中的常用命令如下:

```
xtset id year     //将数据定义为"面板"形式
xtdes             //了解面板数据结构
xtsum             //显示组内、组间与整体的统计指标
xttab var         //显示组内、组间与整体的分布频率
xtline var        //每一个体变量的时间序列图
summarize         //各变量的描述性统计
```

二、面板数据的分类

面板数据通常分为三类。

(一)短面板数据与长面板数据

当截面数N大于T时,即为短面板数据。会计与公司金融数据常为短面板数据,而本书主要关注短面板数据。

当截面数N小于T时,即为长面板数据。

(二)静态面板数据和动态面板数据

若解释变量包含被解释变量的滞后值,则为动态面板数据;反之,则为静态面板数据。

(三)平衡面板数据和非平衡面板数据

当每个个体在相同的时间内都有观测值记录时,即为平衡面板;反之,则为非平衡面板数据。大量的面板数据是非平衡的,这不会产生应用上的问题,但会使得计算更复杂。

三、面板数据的优劣

Hsiao(2022)总结了面板数据的优劣。

(一)面板数据的优点

面板数据的优点如下:

(1)控制了遗漏变量的影响,或者控制了不可观测的个体和时间异质性;

(2)揭示了更多的动态关系;

(3)样本量较大,可以提高估计的精确度;

(4)便于构建更加现实的行为假设;

(5)对于个体结果产生更精确的预测;

(6)提供累积数据分析的微观基础;

(7)简化计算和统计推断。

(二)面板数据分析面临的挑战

面板数据分析面临的挑战有:

(1)个体和时间维度间不可观测的异质性;

(2)伴生参数和多维统计;

(3)横截面的相关性。

第二节 面板数据模型

经典的面板数据模型可以分为静态面板数据模型和动态面板数据模型。

一、静态面板数据模型

静态面板数据模型的一般设定形式为:

$$y_{it} = X'_{it}\beta + u_i + \lambda_t + \varepsilon_{it}$$
$$i = 1, \cdots, N; \quad t = 1, \cdots, T \tag{6.1}$$

其中,ε_{it} 与 X_{it} 不相关;u_i 和 λ_t 分别为个体效应和时间效应,个体效应不随时间变化,时间效应不随个体变化;ε_{it} 是随时间和截面个体变化而变化的变量。

(1)当 u_i 或 λ_t 等于 0 时,模型(6.1)称为单向面板数据模型。本书主要关注单向面板数据模型。

(2)当 u_i 和 λ_t 均不等于 0 时,模型(6.1)称为双向面板数据模型。

(3)当 u_i 和 λ_t 为随机变量时,模型(6.1)称为随机效应模型。

(4) 当 u_i 和 λ_t 为常量时,模型(6.1)称为固定效应模型。

模型(6.1)还可以写为

$$y_{it} = X'_{it}\beta + \nu_{it}$$
$$i = 1,\cdots,N; \quad t = 1,\cdots,T \tag{6.2}$$

我们还可以根据 $E(\nu_{it}|X'_{it}) = 0$ 是否成立来区分固定效应和随机效应。

(1) 当 $E(\nu_{it}|X'_{it}) = 0$ 成立时,表明模型中不可观测因素是随机变化的,与解释变量没有关系,模型可以设定为随机效应模型。

(2) 当 $E(\nu_{it}|X'_{it}) = 0$ 不成立时,表明模型中不可观测因素与解释变量具有相关性,可考虑设定为固定效应模型。

固定效应模型是把个体特征之间的差异用不同的截距项来反映。而随机效应模型是把各组的不同截距项看作不同的随机项相加而得。如果模型中的省略因素对个体差异的影响是固定不变的,就是固定效应模型;反之,就是随机效应模型。

一个面板数据模型被定义:

$$y_{it} = X'_{it}\beta + \varepsilon_{it}$$
$$i = 1,\cdots,N; \quad t = 1,\cdots,T \tag{6.3}$$

此模型(6.3)为混合回归模型。混合回归模型的特点是无论对任何个体和截面,回归系数 β 都相同,即个体间和不同时点的关系是同质的。这是最简化的面板数据模型。

二、动态面板数据模型

很多经济关系具有动态性,可以通过在模型中加入被解释变量的滞后项作为解释变量来刻画:

$$y_{it} = \gamma y_{i,t-1} + X'_{it}\beta + u_i + \varepsilon_{it}$$
$$i = 1,\cdots,N; \quad t = 1,\cdots,T \tag{6.4}$$

其中,个体效应 u_i 可以是固定或随机的;式(6.4)也称动态面板数据模型,其在时间上的相关性来自以下两个方面:一是 $y_{i,t-1}$ 作为解释变量所引起的自相关;二是由个体效应所引起的自相关。

无论是将 u_i 设定为固定效应还是随机效应,即使 ε_{it} 是独立同分布的,模型(6.4)也会产生内生性问题,对应的估计量都是不一致的。

第三节 静态面板数据模型的估计方法

面板数据模型中 β 的估计量既不同于截面数据估计量,也不同于时间序列估计量,其性质随设定是否正确而变化。

一、混合 OLS 估计

混合 OLS 估计是在时间和截面上把 NT 个观测值混合在一起,然后用 OLS 估计模型参数。给定混合模型

$$y_{it} = X'_{it}\beta + \varepsilon_{it}$$
$$i = 1,\cdots,N;\quad t = 1,\cdots,T \tag{6.5}$$

如果模型是正确设定的,误差项满足严格的均值独立,即

$$E(\varepsilon_{it} \mid X_i) = 0$$

那么模型参数的混合 OLS 估计量 β 是无偏的。

然而,由于面板数据的特点,人们认为同一个体在不同时间的误差项往往存在自相关性,通常的解决方案是使用允许组间相关的聚类稳健标准误。在 Stata 中的命令为 regress,vce(cluster id),其中 id 表示个体(如公司等)。

二、离差 OLS 估计

对于短面板数据,离差(within)OLS 估计法的原理是:先把面板数据中每个个体的观测值变换为对其平均数的离差观测值,然后利用离差数据估计模型参数。

对于个体,固定效应回归模型为:

$$y_{it} = \alpha_i + X'_{it}\beta + \varepsilon_{it}$$
$$i = 1,\cdots,N;\quad t = 1,\cdots,T \tag{6.6}$$

对模型(6.6)中的每个个体计算平均数,可得到如下模型:

$$\bar{y}_i = \alpha_i + \bar{X}_i'\beta + \bar{\varepsilon}_i$$
$$i = 1,\cdots,N \tag{6.7}$$

其中,$\bar{y}_i$、$\bar{X}_i$、$\bar{\varepsilon}_i$ 的定义参考式(6.1)。式(6.6)和式(6.7)相减,消去 α_i,得到

$$y_{it} - \bar{y}_i = \overline{X_{it} - (X_i)}'\beta + (\varepsilon_{it} - \bar{\varepsilon}_i)$$
$$i = 1,\cdots,N \tag{6.8}$$

式(6.8)称作离差数据模型。对式(6.8)应用 OLS 估计,得到的估计量称作离差 OLS 估计量。对于个体的固定效应回归模型,β 的离差 OLS 估计量是一致估计量。若 ε_{it} 还满足独立同分布条件,则 β 的离差 OLS 估计量不但具有一致性而且具有有效性。

在短面板条件下,即使 α_i 的分布以及 α_i 和 X_{it} 的关系都已知,α_i 的估计量也不具有一致性。

离差 OLS 估计法的主要缺点是不能估计非时变回归变量构成的面板数据模型。比如 $X_{it} = X_i$(非时变变量),有 $\bar{X}_i = X_i$,那么计算离差时有 $X_{it} - \bar{X}_i = 0$。

三、一阶差分 OLS 估计

离差转换不是剔除个体效应的唯一方法,一阶差分(first difference)是另一种重要的转换方法。

一阶差分 OLS 估计法是对个体固定效应模型中的回归变量与被回归变量的差分变量构成的模型的参数进行 OLS 估计。对个体固定效应回归模型:

$$y_{it} = \alpha_i + X'_{it}\beta + \varepsilon_{it}$$
$$i = 1,\cdots,N; \quad t = 1,\cdots,T \tag{6.9}$$

取其滞后一期关系式

$$y_{it-1} = \alpha_i + X'_{it-1}\beta + \varepsilon_{it-1}$$
$$i = 1,\cdots,N; \quad t = 1,\cdots,T \tag{6.10}$$

式(6.9)和式(6.10)相减,得一阶差分模型(α_i 被消去)如下:

$$y_{it} - y_{it-1} = (X_{it} - X_{it-1})'\beta + (\varepsilon_{it} - \varepsilon_{it-1})$$
$$i = 1,\cdots,N; \quad t = 1,\cdots,T \tag{6.11}$$

对式(6.11)应用 OLS 估计得到的估计量称作一阶差分 OLS 估计量。当 $T=2$ 时,有

$$\hat{\beta}_{fe} = \hat{\beta}_{within}$$

当 $T>2$ 时,ε_{it} 独立同分布条件下得到的一阶差分 OLS 估计量不如离差 OLS 估计量有效,因此在实践中主要使用 $\hat{\beta}_{within}$。

四、采用虚拟变量的回归估计

一种估计固定效应模型的方法是将样本中的每个个体用虚拟变量表示,然后运用 OLS 进行估计,这种方法等价于离差 OLS。但当 N 很大时,我们建议采用离差变换而非虚拟变量的方法,因为这种方法需要设定大量的虚拟变量,消耗大量的电脑内存。

五、在 Stata 中做固定效应的估计

Stata 有好几种方法实现固定效应的估计:

一是采用虚拟变量回归的方法:reg y x i.id, cluster(id)。在大多数的情形下不推荐采用,正如上文所述,虚拟变量估计法会占用大量的内存,计算较慢。

二是用 xtreg y x, fe vce(robust)。

三是用 areg y x absorb(id) vce(robust)。

六、随机效应估计法或可行 GLS 估计法

对于回归模型

$$y_{it} = \alpha_i + X'_{it}\beta + \varepsilon_{it}$$
$$i = 1,\cdots,N; \quad t = 1,\cdots,T \tag{6.12}$$

随机效应(random effects)模型假设 α_i 与 X_{it} 不相关,故 OLS 是一致的,然而其误差项由 $(\alpha_i + \varepsilon_{it})$ 组成,不是球型误差项,因此 OLS 不是最有效的。假设不同个体之间的误差项互不相关,α_i 的存在使得同一个体不同时期的误差项之间存在自相关,对其做如下变换:

$$y_{it} - \hat{\lambda}\bar{y}_2 = (1-\hat{\lambda})\mu + (X_{it} - \hat{\lambda}\overline{X_i})'\beta + v_{it}$$
$$i = 1,\cdots,N; \quad t = 1,\cdots,T \tag{6.13}$$

其中,$v_{it} = (1-\hat{\lambda})\alpha_i + (\varepsilon_{it} - \hat{\lambda}\bar{\varepsilon}_i)$,渐近服从独立同分布;$\lambda = 1 - \dfrac{\sigma_\varepsilon}{\sqrt{\sigma_\varepsilon^2 + T\sigma_\alpha^2}}$,运用 OLS 估计法,所得估计量称为随机效应估计量或可行 GLS(feasible GLS)估计量 $\hat{\beta}_{re}$。当 $\hat{\lambda} = 0$ 时,式(6.13)等同于混合 OLS 估计;当 $\hat{\lambda} = 1$ 时,式(6.13)等同于离差 OLS 估计。

对于随机效应模型,若进一步假设误差项服从正态分布,则可写出样本的对数似然函数,然后进行最大似然估计(MLE)。

对于随机效应模型,可行 GLS 估计量不但是一致估计量,而且是有效估计量;但对于个体固定效应模型,可行 GLS 估计量不是一致估计量。

在 Stata 中,随机效应模型的命令为:

```
xtreg y x,re r theta
xtreg y x,mle
```

七、平均 OLS 估计法

平均(between)OLS 估计法的操作步骤是:首先对面板数据中的每个个体求平均数,共得到 N 个平均数(估计值);然后利用 y_{it} 和 X_{it} 的 N 组观测值估计参数。以个体固定效应回归模型为例。

$$y_{it} = \alpha_i + X'_{it}\beta + \varepsilon_{it}$$
$$i = 1,\cdots,N; \quad t = 1,\cdots,T$$

首先对面板中的每个个体求平均数,从而建立如下模型:

$$\bar{y}_i = \alpha_i + \overline{X}_i'\beta + \bar{\varepsilon}_i \tag{6.14}$$
$$i = 1,\cdots,N$$

其中,$\bar{y}_i = T^{-1}\sum\limits_{t=1}^{T} y_{it}, \overline{X}_i = T^{-1}\sum\limits_{t=1}^{T} X_{it}, \bar{\varepsilon}_i = T^{-1}\sum\limits_{t=1}^{T} \varepsilon_{it}$,且 $i = 1,\cdots,N$。变换式(6.14)得

$$\bar{y}_i = \alpha_i + \overline{X}_i'\beta + \bar{\varepsilon}_i \tag{6.15}$$
$$i = 1,\cdots,N$$

式(6.15)称为平均模型。对式(6.15)应用 OLS 估计,则参数估计量称作平均 OLS 估计量。

若 $\overline{X}_i$ 与 $(\alpha_i - \alpha + \overline{\varepsilon}_i)$ 相互独立,则 α 和 β 的平均 OLS 估计量是一致估计量。平均 OLS 估计法适用于短期面板混合模型和个体随机效应模型。在 Stata 中,用(xtreg, be)来实现。

对于个体固定效应模型来说,由于 α_i 和 $\overline{X}_i$ 相关,因此回归参数的平均 OLS 估计量是不一致估计量。

八、拟合优度的度量

对于线性回归模型,一般采用 R^2 衡量拟合优度。在有常数项的情形下,线性回归模型的 R^2 就等于被解释变量 y 与 OLS 预测值 $\hat{y}$ 之间相关系数的平方。对于面板数据,如果使用混合回归,就可以直接使用混合回归的 R^2 衡量拟合优度。但是,当使用固定效应、随机效应或组间回归时,Stata 给出以下三种 R^2:

(1) 对于模型(6.1),称 $[\mathrm{Corr}(y_{it},\ X'_{it}\hat{\beta})]^2$ 为整体 R^2;

(2) 对于组内模型(6.8),称 $[\mathrm{Corr}(y_{it} - \overline{y}_i,\ \overline{X_{it} - (X_i)}'\hat{\beta})]^2$ 为组内 R^2;

(3) 对于组间模型(6.15),称 $[\mathrm{Corr}(\overline{y}_i, \overline{X}'_i\hat{\beta})]^2$ 为组间 R^2。

显然,无论是固定效应、随机效应还是组间回归,都可以计算以上三种 R^2。对于固定效应模型,建议使用组内 R^2;对于组间 R^2 回归模型和随机效应模型。这三种 R^2 都只是相应的相关系数平方,而非模型(6.8)的 OLS R^2。

九、个体时间趋势

本章考虑的个体效应都体现在截距项 α_i 上。事实上,个体异质性还可能表现为个体的不同时间趋势。考虑以下模型:

$$y_{it} = \alpha_i + X'_{it}\beta + \gamma_i t + \varepsilon_{it}$$
$$i = 1, \cdots, N;\quad t = 1, \cdots, T \tag{6.16}$$

其中,$\gamma_i t$ 为个体时间趋势。类似于 α_i,一般将 γ_i 视为来自某分布的随机变量(但从该分布随机抽出一个观测值后,γ_i 不再随时间变化)。因此,此模型称为随机趋势模型。

对模型(6.16)两边做差分,去除 α_i,得

$$\Delta y_{it} = \Delta X'_{it}\beta + \gamma_i + \Delta \varepsilon_{it} \tag{6.17}$$

其中,$\gamma_i t - \gamma_i(t-1) = \gamma_i$。在形式上,模型(6.17)与模型(6.6)一样。若 γ_i 与 $\Delta X'_{it}$ 不相关,则可以用随机效应模型估计模型(6.17);若 γ_i 与 $\Delta X'_{it}$ 相关,则可用固定效应模型或一阶差分模型估计模型(6.17)。

第四节 动态面板数据模型

很多经济关系具有动态性,可以通过在模型中加入被解释变量的滞后项作为解释变量刻画:

$$y_{it} = \gamma y_{i,t-1} + X'_{it}\beta + u_i + \varepsilon_{it}$$
$$i = 1,\cdots,N;\quad t = 1,\cdots,T \tag{6.18}$$

其中,个体效应 u_i 可以是固定或随机的;若 u_i 为随机的,则假定 u_i 与 ε_{it} 不相关。

式(6.18)称为动态面板数据模型,其在时间上的相关性来自两方面:一是 $y_{i,t-1}$ 作为解释变量引起的自相关;二是由个体效应引起的自相关。

无论是将 u_i 设定为固定效应还是随机效应,即使 ε_{it} 是独立同分布的,模型(6.18)也会产生内生性问题,对应的估计量都是不一致的。

为了解决这一问题,早期研究采取的方法有:

(1) 对模型(6.18)进行一阶差分,然后进行 IV 估计(工具变量估计)或 GMM 估计(广义矩估计)(Anderson and Hsiao,1981)。

(2) Arellano and Bond(1991)扩展了一般的 GMM 估计,我们建议使用变量水平值的所有滞后项作为差分变量的工具变量以提高估计的有效性,这一方法被称为差分 GMM 估计。

(3) 差分 GMM 估计的一个缺点是差分会导致模型干扰项出现序列相关。为此,Arellano and Bover(1995)建议通过正交离差(orthogonal deviation)的变换来消除个体效应的影响。差分 GMM 估计的另一个缺陷是估计量在有限样本下存在较大的偏差,当自回归系数 γ 接近 1 时尤为严重。

在 Stata 中,xtabond,xtdpdsys,xtdpd 以及 xtabond2 可以实施动态面板数据的 GMM 估计。其命令分别为:

xtabond depvar [indepvars] [if] [in] [, options]

xtdpdsys depvar [indepvars] [if] [in] [, options]

xtdpd depvar [indepvars] [if] [in], dgmmiv(varlist [...]) [options]

xtabond2 depvar varlist [if exp] [in range] [weight] [, level(#) svmat svvar twostep robust cluster(varlist) noconstant small noleveleq orthogonal gmmopt [gmmopt...] ivopt [ivopt...] pca components(#) artests(#) arlevels h(#) nodiffsargan nomata]

Stata 的官方命令 xtabond 与 xtdpdsys 均不提供异方差稳健的 Hansen 统计量,仅提供基于独立同分布假设的 Sargan 统计量，xtabond2 则提供全部两类统计量。除了可供选择的常数项，xtabond2 要求在命令行的初始变量设定中包括所有解释变量。用作工具的变量再次出现在逗号后的 gmmstyle( ) 或 ivstyle( ) 选项中。

下面的例子展示了 xtabond2 的使用，更多的说明请参见"help xtabond2"以及 Roodman(2009)。

假设面板数据包含因变量 y 以及两个自变量 x1 和 x2，用系统 GMM 方法估计 x1 和 x2 对于 y 的效应。Stata 的命令为：

```
xtabond2 y l.y x1 x2, gmm(y x1 x2, lag(ab)) <(option)>
```

gmm 命令包含滞后的工具变量。lag(ab) 表示希望滞后的期数，a 代表最近的滞后期数，b 代表最远的滞后期数。如果假定 x1 和 x2 是前定变量，那么可以将 a 设为 1；如果假定 x1 和 x2 是内生的，那么应该将 a 设为 2 或更大；如果使用所有大于 a 的滞后期数，那么命令可以写为 lag(a.)；如果自变量中有严格外生的变量 x3，那么 xtabond2 要求用 gmmstyle( ) 和 ivstyle( ) 进行区分。命令如下：

```
xtabond2 y l.y x1 x2, gmm(y x1 x2, lag(a.)) iv(x3) <(option)>
```

Wintoki et al.(2012) 很好地展示了动态面板数据模型的应用，感兴趣的读者可参考。

第五节　面板数据模型设定的检验方法

在处理面板数据时，到底应选择混合模型还是固定效应模型，混合模型还是随机效应模型，固定效应模型还是随机效应模型？我们可以通过一些检验寻找依据。

一、混合模型还是固定效应模型：F 检验

F 统计量定义为：

$$F = \frac{\frac{SSE_r - SSE_u}{m}}{\frac{SSE_u}{T-k}} \sim F(m, T-k) \qquad (6.19)$$

其中，SSE_r 表示施加约束条件后估计模型的残差平方和，SSE_u 表示未施加约束条件下估计模型的残差平方和，m 表示约束条件个数，T 表示样本容量，k 表示未加约束的模型中被估参数的个数。在原假设"约束条件真实"条件下，F 统计量渐近服从自由度为 $(m, T-k)$ 的 F 分布。

以检验个体固定效应回归模型为例，介绍 F 检验的应用。建立以下假设：

$H_0: \alpha_i = \alpha$，模型中不同个体的截距相同（真实模型为混合回归模型）。

H_1：模型中不同个体的截距项 α_i 不同（真实模型为个体固定效应回归模型）。
F 统计量定义为：

$$F = \frac{\frac{SSE_r - SSE_u}{(NT-k-1)-(NT-N-k)}}{\frac{SSE_u}{NT-N-k}} = \frac{(SSE_r - SSE_u)/(N-1)}{SSE_n/(MT-N-k)} \quad (6.20)$$

其中，SSE_r 表示约束模型，即混合估计模型的残差平方和；SSE_u 表示非约束模型，即个体固定效应回归模型的残差平方和。非约束模型比约束模型多了 $N-1$ 个被估参数。若拒绝原假设，则表明应当采用固定效应模型。

二、混合模型还是随机效应模型：LM 检验

如果没有个体效应，即 $\sigma_\alpha^2 = 0$，那么 OLS 是最佳线性无偏估计；否则，应选择随机效应模型，采用拉格朗日乘数检验（LM 检验）。

$$H_0: \sigma_\alpha^2 = 0$$
$$H_1: \sigma_\alpha^2 > 0$$

$$LM = \frac{NT}{2(T-1)} \left[\frac{\sum_{i=1}^{N}\left(\sum_{i=1}^{T}\hat{\varepsilon}_{it}\right)^2}{\sum_{i=1}^{N}\sum_{i=1}^{T}\hat{\varepsilon}_{it}^2} \right]^2 \quad (6.21)$$

三、固定效应模型还是随机效应模型：Hausman 检验

由于固定效应容许 α_i 与 X_{it} 相关，因此人们普遍认为固定效应是更令人信服的工具，随机效应仅在某些特定情形下适用，即随机效应模型是固定效应的特殊情形。Hausman 检验的统计量为：

$$H = (\hat{\beta}_{fe} - \hat{\beta}_{re})'(V_{fe} - V_{re})^{-1}(\hat{\beta}_{fe} - \hat{\beta}_{re}) \quad (6.22)$$

H 统计量服从渐进 $\chi^2(K)$ 分布，其中 K 为 $\hat{\beta}_{fe}$ 的维度，即 X_{it} 中包含的随时间变化的解释变量个数。若 H 统计量大于临界值，则拒绝 H_0，应选择固定效应模型。

在 Stata 中，模型设定检验的命令有：

```
xtreg y x,fe      //固定效应估计后,输出结果包含 F 检验,即选择混合模型还是固定效应模型
xtreg y x,re
xttest0           //LM 检验,选择混合模型还是随机效应模型
xtreg y x,fe
estimates store FE
```

```
xtreg y x,re
estimates store RE
hausman FE RE        // Hausman 检验,选择固定效应模型还是随机效应模型
```

思考与练习

请在公司金融和会计的学术刊物上,选择采用静态面板数据模型完成的论文,执行下列工作:

1. 重复论文的研究设计及相关表格。

2. 如果得到的数据集与原文差异较大,那么试分析可能的原因以及相应的解决方案。

3. 采用混合数据模型进行估计,分析结果的差异及其原因。

4. 采用固定效应模型和随机效应模型进行估计,分析结果的差异及其原因。哪个模型更适合?

5. 该数据集是否适合于动态面板模型,试分析原因。

6. 如果用静态面板数据模型和动态面板数据模型得到的结果存在显著差异,试分析可能的原因以及相应的解决方案。

参考文献

Anderson T W, Hsiao C, 1981. Estimation of dynamic models with error components[J]. Journal of the American Statistical Association, 76(375): 598-606.

Arellano M, Bond S, 1991. Some tests of specification for panel data: Monte carlo evidence and an application to employment equations[J]. The Review of Economic Studies, 58(2): 277-297.

Arellano M, Bover O, 1995. Another look at the instrumental variable estimation of error-components models[J]. Journal of Econometrics, 68(1): 29-51.

Hansen B, 2022. Econometrics[M]. Princeton: Princeton University Press.

Hsiao C, 2022. Analysis of Panel Data[M]. Cambridge: Cambridge University Press.

Roodman D, 2009. How to do xtabond2: An introduction to difference and system GMM in stata[J]. Stata Journal, 9(1): 86-136.

Wintoki M B, Linck J S, Netter J M, 2012. Endogeneity and the dynamics of internal corporate governance[J]. Journal of Financial Economics, 105(3): 581-606.

第三部分

高阶计量工具与研究方法论

第七章 针对实证研究中经常碰到的、难以有效区分相关关系与因果关系的问题展开讨论，内容涉及双重差分法、倾向得分匹配法、工具变量法、断点回归法等。

第八章 讲解在研究过程中如何合理、有效地使用图示表达观点。常言道：一张好图胜过千言。本章讲解为什么需要作图、如何进行描述性统计作图、如何以图展现边际效应，在此基础上进一步讲解地图、社交网络等特殊数据的作图问题，最后还讲解了二重差分类模型作图问题。

第九章 讲解作为资本市场研究中经典研究方法的事件研究。本章首先介绍事件研究法的基本原理与过程，然后讲解正常收益率模型及其应用，最后介绍相关程序与运用。

第十章 讲解文本分析方法。本章主要介绍关键词匹配、分词、文本相似度与文本向量、朴素贝叶斯分类器、LDA主题模型、Transformers神经网络等方面内容。文本信息在会计、财务、审计研究中的应用越来越广、影响力越来越大，相关的研究空间大、研究机遇多，研究者应积极开展这一新兴领域的主题研究。

第七章

从相关到因果

因果推断(casual inference)是社会科学研究的核心。社会科学研究的一个主要目的在于通过已有信息进行因果关系的推断，以此解释经济社会现象背后的规律，或者评估特定事件冲击及经济社会政策带来的影响。但从复杂的现实世界中获得真实的因果推断往往十分困难。研究者面临的一个重要挑战是通过适当的研究设计克服困难，获得所希望探讨的因果关系的可信推断。

简单来看，若一个回归方程中一个或多个解释变量与误差项存在相关关系，则称该模型存在内生性问题，进而导致因果关系推断存在缺陷。内生性问题产生的原因主要有遗漏变量、反向因果、选择偏差(样本选择偏差和自选择偏差)以及测量误差等。本章将介绍处理内生性问题的几种常见方法，以此获得更清晰的因果关系推断。本章介绍的方法包括双重差分法、倾向得分匹配法、工具变量法和断点回归法。

第一节 双重差分法

一、双重差分法基本思路

作为政策效应评价中一种常用的方法,双重差分法近年来应用广泛。在政策效应评价中,由于政策的实施过程可以被看作一种准自然实验,其实验组和对照组的分配一般不是完全随机的,从而会导致实验组和对照组之间存在系统性差异。如果忽略这种差异而直接比较实验组和对照组的实验结果,那么所估计的处理效应很可能会存在偏误,而双重差分法就是用来解决这一系统性差异的。

双重差分法(difference in difference,DID)又名倍差法,是指实验组在政策实施前后的差异与对照组在政策实施前后的差异之差,经过两次差分以消除实验组与对照组的系统性差异,进而估计政策的实施效果。运用双重差分法进行因果推断的一个重要前提条件是平行趋势假设。

二、双重差分法模型及其假设条件

一般来说,双重差分法的基准模型为:

$$Y_{i,t} = \alpha_0 + \alpha_1 \text{Treat}_i + \alpha_2 \text{After}_t + \alpha_3 \text{Treat}_i \times \text{After}_t + e_{i,t} \quad (7.1)$$

其中,$Y_{i,t}$ 表示政策效应的估计量。Treat_i 为分组虚拟变量,当对象属于实验组时 Treat_i 取值为 1,属于对照组时 Treat_i 取值为 0;After_t 为时间虚拟变量,政策实施前 After_t 取值为 0,政策实施后 After_t 取值为 1;$\text{Treat}_i \times \text{After}_t$ 为分组虚拟变量和时间虚拟变量的交乘项,其系数 α_3 表示政策实施的净效应;$e_{i,t}$ 表示随机误差项。

从表 7.1 中可以更加直观地理解双重差分模型及其系数的含义。

表 7.1 双重差分法模型系数含义

	政策实施前	政策实施后	差分(difference)
处理组	$\alpha_0 + \alpha_1$	$\alpha_0 + \alpha_1 + \alpha_2 + \alpha_3$	$\alpha_2 + \alpha_3$
对照组	α_0	$\alpha_0 + \alpha_2$	α_2
差分(difference)	α_1	$\alpha_1 + \alpha_3$	α_3

由表 7.1 可以清晰地看出,双重差分法的第一次差分为实验组政策实施后的效应与政策实施前的效应之差($\alpha_2 + \alpha_3$),以及对照组政策实施后的效应与政策实施前的效应之差(α_2);第二次差分为实验组的差值($\alpha_2 + \alpha_3$)与对照组的差值(α_2)之差,从而得到政策实施净效应(α_3)。因此,双重差分法就是实验组实施政策前后的差值与对照组

实施政策前后的差值的差值。

双重差分法隐含一个很重要的假设——平行趋势假设。也就是说,在没有政策实施的情形下,实验组和对照组的被解释变量的均值差异在不同时间内保持一致。直观上看,平行趋势假设可以表现为图 7.1 所示的情形。从图 7.1 中可以看出,实验组和对照组在政策干预时点之前的变化趋势是一致(平行)的,两组被解释变量的均值差异为 α_1。政策实施的效果即为 $\alpha_1 + \alpha_3 - \alpha_1 = \alpha_3$。

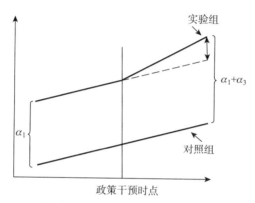

图 7.1　双重差分法的共同趋势假设

三、双重差分法相关研究

Heckman and Robb(1985,1986)最早提出将双重差分法用于公共政策效应评价,之后运用双重差分法的研究成果层出不穷。周黎安和陈烨(2005)最早将双重差分法引入我国,将最早进行农村税费改革的安徽省作为试点,利用双重差分法系统检验农村税费改革的政策效应。

为了分析双重差分法在会计领域的应用情况,我们对 2010—2022 年发表在《会计研究》期刊上的论文进行了统计。通过搜索"双重差分"关键词并手工核对每一篇论文,我们找到 40 篇运用双重差分模型的论文。图 7.2 列示了运用双重差分模型的论文占当年《会计研究》发文总量的比例的时间序列。从图 7.2 中我们可以看出,2010—2017 年,运用双重差分法的文章很少,每年最多 1~2 篇,多数年份占比不到 1%;从 2018 年起,运用双重差分法的论文数呈现快速上升趋势,截至 2022 年年中,运用双重差分法的论文占当年发文总量的比例达到约 9%。

接下来我们分析这 40 篇运用双重差分法论文的应用场景,发现有 26 篇(占比 65%)是以政策冲击为背景,研究政策、法律、行业规定等对上市公司及资本市场参与者的影响;其余多是研究公司层面的事件带来的影响。我们列示了以政策冲击为背景的双重差分法文章(见表 7.2)。从表 7.2 中可以看出,研究者目前关注的政策包括金融政策(如融券试点、退市政策、利率上下限放开、绿色信贷、强制性分红)、税收政策(如营改增、增值

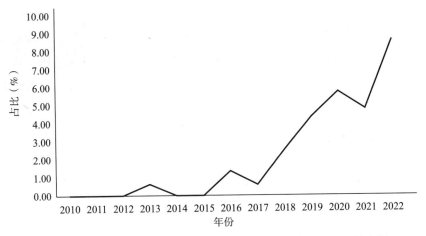

图 7.2　2010—2022 年《会计研究》期刊中运用双重差分法论文的比例

税降税、环保税)、会计准则变更(如会计准则趋同、新会计准则、新审计准则)、法律规定(如物权法、反垄断法、劳动合同法)和行政改革(如反腐治理、省直管县)等。

比如,许文静等(2018)选取 2010—2014 年沪深主板 A 股上市公司为研究样本,采用倾向得分匹配法和双重差分法,检验 2012 年我国退市制度变革对公司应计盈余管理行为和真实盈余管理行为的影响。其研究发现,退市制度变革没有显著影响公司应计盈余管理行为,但显著抑制其真实盈余管理行为,主要是减少公司生产操控和费用操控行为。朱焱和王玉丹(2019)以 2008—2017 年沪深 A 股非金融类企业为样本,采用双重差分法检验中国融券卖空机制对企业社会责任的影响。研究发现,试点企业在卖空压力下既可能基于价值保护动机减少社会责任活动,又可能基于负面事件预防动机增加社会责任活动,后者占据主导作用。2007 年,国家环保总局、中国人民银行与银监会共同推出绿色信贷政策,这是深化金融改革的重要举措。蔡海静等(2019)采用双重差分法,检验绿色信贷政策对"两高"①企业银行借款的影响以及推动环境保护的社会效应。研究发现,绿色信贷政策实施后,"两高"企业的新增银行借款明显减少,受政策冲击较大城市的二氧化硫排放量和工业废水排放量均显著减少。

表 7.2　2010—2022 年《会计研究》期刊中以政策冲击为背景的双重差分法论文

年份	作者	标题	政策
2016	李丹 袁淳 廖冠民	卖空机制与分析师乐观性偏差:基于双重差分模型的检验	2010 年开始实施的融券试点

---

①　"两高"指高耗能、高排放。

(续表)

年份	作者	标题	政策
2017	刘柏 王馨竹	"营改增"对现代服务业企业的财务效应：基于双重差分模型的检验	2012年开始逐步实施的营业税改征增值税政策
2018	陈旻 曲晓辉 孙雪娇	后趋同时代的权益资本成本异质性分析	2007年我国会计准则与国际会计准则趋同
2018	许文静 苏立 吕鹏 郝洪	退市制度变革对上市公司盈余管理行为影响	2012年退市制度变革
2018	张博 庄汶资 袁红柳	新会计准则实施与资本结构优化调整	2007年我国新会计准则的实施
2019	钱雪松 代禹斌 陈琳琳 方胜	担保物权制度改革、融资约束与企业现金持有：基于中国《物权法》自然实验的经验证据	2007年《物权法》出台
2019	王木之 李丹	新审计报告和股价同步性	2016年新审计准则实施
2019	蔡海静 汪祥耀 谭超	绿色信贷政策、企业新增银行借款与环保效应	2007年绿色信贷政策推出
2019	雷新途 汪宏华	政府反腐风暴提高企业盈余质量了吗？来自中国上市公司的证据	2013年开始的反腐治理
2019	朱焱 王玉丹	卖空机制与企业社会责任承担：基于中国融资融券制度的准自然实验研究	2010年开始实施的融券试点
2019	王雄元 谭建华	国家物流服务标准化促进了企业投资吗	三次物流服务标准化改革试点
2020	李春涛 许红梅 王立威 周鹏	卖空与创新：A股公司融券试点的证据	2010年开始实施的融券试点
2020	王嘉鑫	强制性内部控制审计、企业创新与经济增长	2012年主板市场强制推行内部控制审计制度
2020	金友良 谷钧仁 曾辉祥	"环保费改税"会影响企业绩效吗	2018年实施的"环保税"

(续表)

年份	作者	标题	政策
2020	朱冰	《劳动合同法》和公司并购绩效:基于双重差分模型的实证检验	2008年实施的《劳动合同法》
2020	王彦超 郭小敏 余应敏	反垄断与债务市场竞争中性	2008年实施的《反垄断法》
2020	黄炳艺 陈书璜 蔡欣妮	劳动保护制度与公司资本结构关系研究:基于中国资本市场的经验证据	2008年实施的《劳动合同法》
2020	王华 韦欣彤 曹青子 廖凌韬	"营改增"与企业创新效率:来自准自然实验的证据	2012年开始逐步实施的营业税改征增值税政策
2020	刘柏 王舒瑶 张艾	降税政策先发布后实施的市场反应差异研究:基于事件研究法和双重差分的时间错配检验	2019年颁布的增值税降税政策
2020	叶丰滢 龚曼宁	审计收费价格管制与审计质量:基于双重差分模型的检验	2010年颁布的审计收费限价政策
2021	张琦 孙旭鹏	政府审计独立性提升的治理效应:以审计机关人财物改革对公务接待行为的影响为例	2016年省级以下审计机关人财物管理改革试点
2021	吴静桦 王靖茹 刘建秋 王红建	贷款利率市场化改革与企业全要素生产率:来自贷款利率上下限放开的微观证据	2004年贷款利率上限放开以及2013年贷款利率下限放开
2021	刘亚伟 翟华云 张兆国	纵向行政管理结构与企业全要素生产率	2002年起逐步实施的省直管县行政改革
2022	童盼 赵一茗	强制性分红政策与内部资本市场:来自渐进双重差分模型的经验证据	2007年开始逐步推行的强制性分红政策
2022	王红建 陈松	贷款可获得性、信号发送与审计师选择:基于贷款利率上限取消的准自然实验	2004年贷款利率上限放开
2022	刘斌 李浩然 刘媛媛	工资保障、压力传递与投资调整:治理农民工工资拖欠的跨行业证据	2016年实施的农民工工资保障政策

四、双重差分法的 Stata 操作

假设 treat 为实验组变量,即 treat=1 代表实验组,treat=0 代表对照组;after 代表实验期变量,after=1 代表实验期或政策执行期,after=0 代表非实验期;year 代表年份;Y 是因变量,Z 是控制变量。

(一)双重差分回归

```
gen did=treat*after
reg y treat after did z
```

(二)平行趋势检验

(1)生成时间的序次变量。假设政策发生在 t 年,数据集包含 10 年,政策实施前 4 年、实施当年及实施后 5 年。

```
gen period=year-t
```

(2)将政策实施前的年份与 treat 做交乘。

```
forvalues i=4(-1)1{
gen pre_`i'=(period==-`i' & treat==1)
}
```

(3)将政策实施的年份与 treat 做交乘。

```
gen current=(period==0 & treat==1)
```

(4)将政策实施后的年份与 treat 做交乘。

```
forvalues j=1(1)5{
genpost_`j'=(period==`j'&treat==1)
}
```

(5)进行平行趋势回归。

```
xtreg y pre_* current post_* treat i.year
est store reg
```

(6)画出平行趋势图。

```
coefplot reg,keep(pre_* currentpost_*) vertical recast(connect) yline(0) xline(4,lp(dash))
ytitle("政策效应")
```

```
xtitle("时期(pre_*政策前,current 政策年,time_*政策后)")
```

(三)安慰剂检验(假设政策发生在 $t-2$ 年)

```
gen after_new=(year>=t-2) & !missing(year)
gen did_new=after_new*treat
reg y treat after_new did_new Z
```

第二节　倾向得分匹配法

一、倾向得分匹配法基本思路

在实验性研究中,我们可以通过随机分组保证实验组和对照组在多维特征变量分布上不存在差异。实验组和对照组的差异仅仅在于前者接受处置,而后者未接受处置。由此,实验组和对照组平均观测结果的差异即反映了处理效应。但在真实世界的研究中,我们无法对研究对象进行随机分组,需要使用一定的方法对实验组个体和对照组个体进行匹配,使得实验组和对照组可比。

对所有可观测特征进行直接精确匹配是理想的匹配方法。然而,当可观测特征维度增加时,直接精确匹配就变得更加困难。为了解决这个问题,Rosenbaum and Rubin(1983)提出了倾向得分匹配法(propensity score matching method,PSM)。其基本原理是通过函数关系将多维特征变量转换为一维的倾向得分(propensity score),然后根据倾向得分进行匹配。具体而言,对实验组个体 i 而言,我们需要找到对照组的某个个体 j,个体 j 与实验组个体 i 的可观测变量取值尽可能匹配,使得个体 i 与个体 j 进入实验组的概率(即倾向得分)相近,从而将处置个体 i 的观测结果与对照组个体 j 的观测结果做差值,作为处理效应的估计量。

因此,倾向得分匹配法(PSM)就是通过一定的统计学方法对实验组和对照组进行筛选,使筛选出来的研究对象具有可比性。此时,如果实验组与对照组的平均观测结果存在差异,就可以将差异归结于处置因素。计算倾向得分类似于一个降维的过程,把非常多的协变量维度降为一个维度就得到倾向得分,即倾向得分综合包含了所有协变量的信息。

二、倾向得分匹配法操作步骤

倾向得分匹配法的实现步骤主要有:一是估计倾向得分,二是基于倾向得分的匹配,三是匹配后均衡检验。

（一）估计倾向得分

第一个关键步骤是估计个体接受处理的概率。由于处置选择通常是一个二分变量，因此我们在估计倾向得分时通常采用 Probit 模型或者 Logit 模型。如何选择估计倾向得分模型的变量呢？有两个基本的原则需要遵守：第一，同时影响处理选择和处理结果的变量应该被包括；第二，被干预项影响的变量应该排除，即变量应在干预项前计算。

在计算倾向得分后，为保证下一步实验组和对照组的匹配质量，我们需要进行匹配前均衡检验。匹配前均衡检验通常使用分块检验法（Dehejia and Wahba, 1999, 2002）。分块检验法根据倾向得分将样本分成若干区间，利用 t 统计值检验每个区间内实验组和对照组的平均匹配得分是否存在显著差异，若有差异则需要调整分区。当每个区间内的倾向匹配得分在实验组和对照组之间不存在差异时，我们再检验每个区间内实验组和对照组在可观测特征上是否存在显著差异，若有差异则需要调整估计倾向匹配得分的模型。

（二）基于倾向得分的匹配

基于倾向得分的常见匹配方法有四种。

1. k 最近邻匹配（K-nearest neighbor matching）

以倾向得分为依据，在对照组样本中向前或向后寻找 k 个最接近实验组样本得分的对象，并形成配对。当 $k=1$ 时，为一对一最近邻匹配（偏差小，方差大）；当 $k>1$ 时，为一对多最近邻匹配（偏差大，方差小）。实现方式上，存在有放回和无放回两种：(1) 有放回情形（对照组样本可重复使用）下，整体匹配质量上升，偏差下降，当实验组与对照组倾向得分分布差异较大时推荐应用，此时使用的对照组样本数会减少，导致方差上升；(2) 无放回情形下，匹配结果与匹配顺序有关，顺序需要保证随机。

2. 卡尺匹配（caliper matching）

为了解决近邻匹配法可能得到倾向得分差异较大结果的问题，卡尺匹配法引入倾向得分差值的忍受度，丢弃高于忍受度的样本。理论上，卡尺匹配法通过避免低质量匹配降低了偏差，但在样本量较少时也可能因匹配过少而提高了方差。

3. 半径匹配（radius matching）

设定一个常数 r（即半径），将实验组得分值与对照组得分值的差异在 r 内进行配对。半径匹配法的优势在于，当可高质量匹配时使用较多的样本，而当缺乏高质量匹配时则使用较少的样本。

4. 核匹配(kernel matching)

核匹配通过核函数对更接近实验组样本倾向得分的对照组样本赋予更大的权重。核函数通常可以选择 Epanechnikov 密度函数或 Triangle 密度函数。

(三) 匹配后均衡检验

根据倾向得分找到处理个体对应的匹配个体后,我们还要检验匹配后实验组和对照组的可观测特征是否均衡。如果实验组和对照组仍然存在显著差异,就说明倾向得分匹配没有达到既定目的,我们需要重新进行匹配。比较直接的检验方法是用 t 统计值检验实验组和对照组的每个可观测特征在匹配后的均值是否存在显著差异。

三、倾向得分匹配法的 Stata 操作

假设 $x1, x2, x3$ 为协变量;y 为结果变量;D 为处理变量,代表是否接受处理(一般认为接受处理的个体 $D=1$,否则 $D=0$)。

(一) 描述性统计

`tabstat x1 x2 x3, statistics(mean) by(D)`

观察接受处理和未接受处理个体的各项特征差异,一般来说,两组个体的各项特征有较明显差异时适用匹配法。

(二) 选择倾向得分模型,进行匹配前均衡检验

`pscore D x1 x2 x3, logit comsup blockid(block) pscore(myscore)`

logit 表示使用 logit 来估计倾向得分,默认方法为 probit;comsup 表示使用有共同支撑域的样本,该选项较常用;block 为分块变量;myscore 为储存倾向得分的变量。

运行结果为 logit 回归结果、共同支撑域范围、倾向得分在共同支撑域区间的分布、最优的分块数量、均衡检验结果。

若模型未能通过均衡检验,则需要加入新变量改变模型,如高阶变量和交乘项,直至模型满足均衡条件。

(三) 选择匹配模型,计算处理效应

`ssc install psmatch2, replace`

(1) 安装 psmatch2 命令:

`psmatch2 D x1 x2 x3, pscore(myscore) outcome(y) logit ties ate common odds neighbor(1)`

ties 表示包括所有倾向得分相同的并列个体,默认按照数据排序选择其中一个个体;

ate 表示同时汇报 ATE、ATU 与 ATT[①]，默认仅汇报 ATT；common 表示仅对共同取值范围（common support）内个体进行匹配，默认对所有个体进行匹配；odds 表示使用概率比（odds ratio，即 p/(1-p)）进行匹配。

选项 neighbor(k) 表示进行 k 近邻匹配（k 为正整数），默认 k=1，即一对一匹配。

(2) 其他匹配方法对应的匹配命令如下：

`psmatch2 D x1 x2 x3, outcome(y) neighbor(k) caliper(real)`

选项 neighbor(k) 与 caliper(real) 表示进行卡尺内的 k 近邻匹配。

`psmatch2 D x1 x2 x3, outcome(y) radius caliper(real)`

选项 radius 表示进行半径匹配，其中 caliper(real) 用来指定卡尺长度，必须为正实数。

`psmatch2 D x1 x2 x3, outcome(y) kernel kerneltype(type) bwidth(real)`

选项 kernel 表示进行核匹配。其中，kerneltype(type) 用来指定核函数，默认用二次核（epan kemel）；bwidth(real) 用来指定带宽，默认带宽为 0.06。

运行结果为匹配前后的 ATE（总体平均处理效应）、ATU（未接受处理个体平均处理效应）、ATT（接受处理个体平均处理效应）、t 值及 common support 的分布。

(四) 进行匹配后均衡检验

匹配后的均衡检验通常使用 psmatch2 命令组中的 pstest 命令；在执行完 psmatch2 后，运行 pstest。

`pstest x1 x2 x3, both`

此命令将显示变量 x1 x2 x3 在匹配后是否均衡，both 选项表示同时显示匹配前的数据均衡情况，默认仅显示匹配后情形。

一般来说，匹配后各协变量偏差度下降越多，匹配后的标准化偏差越小，说明匹配的效果越好。

(五) 在匹配后的样本中进行回归分析

`reg y D x1 x2 x3 if _weight! =.`

使用 psmatch2 命令后，会自动生成「_weight」变量。该变量表示匹配次数，在一比一非重复匹配下，_weight！=.表示匹配成功且匹配成功时_weight = 1，该选项意为只对匹配成功的样本进行回归。

[①] ATE 为 average treatment effect，即总体平均处理效应；ATU 为 average treatment effect on the untreated，即未接受处理个体的平均处理效应；ATT 为 average treatment effect on the treated，即接受处理个体的平均处理效应。

第三节 工具变量法

一、工具变量法基本思路

内生性问题的本质是由于模型误差项与内生解释变量相关。如果我们能找到一个理论上不会直接影响被解释变量、与误差项不相关、但与内生解释变量高度相关的变量来替代内生解释变量加入回归,就能够解决原模型误差项和内生解释变量相关的问题。符合以上条件的变量即为工具变量(instrumental variable,IV)。

一个有效的工具变量应同时满足以下两个假定:

(1) 相关性。工具变量与内生解释变量高度相关。

(2) 外生性,或称排他性约束。这表示工具变量不与其他影响被解释变量的不可观测因素相关,并且工具变量只能通过影响内生解释变量而影响被解释变量。

以教育回报模型为例。在研究受教育程度对工资水平的影响时,通常会遗漏重要的解释变量"个人能力"。个人能力与受教育程度正相关,以致估计出来的受教育程度系数包含个人能力对工资的影响。由于"住在大学附近"并不能直接影响工资水平,且与误差项中的"个人能力"不相关——满足外生性条件,但可能会影响个人是否上大学——满足相关性条件,由此可以用"住在大学附近"作为工具变量替换"受教育程度"。

二、工具变量操作步骤

较为常见的工具变量估算方法是两阶段最小二乘法(two-stage least squares,2SLS)。

(1) 在回归的第一阶段,内生解释变量 X_1 置于模型左侧,右侧则为原模型中全部 X 及工具变量 Z。然后对每一个 X_1 进行预测赋值。

(2) 在回归的第二阶段,模型左侧是被解释变量 Y,右侧则为 X 和 X_1 的第一阶段预测值。

工具变量估计量是一致的,不过其估计方差比相应的 OLS 估计方差要大。工具变量 Z 和解释变量 X_1 之间的关系越紧密,估计方差越小。想要确保工具变量分析结果稳健可信,我们必须对工具变量做检验。

(一) 内生性检验:判断是否需要工具变量

Hausman 内生性检验(Hausman test of endogeneity)用于检测 OLS 模型和工具变量模型之间是否存在系统性差异。若存在差异,则应采纳工具变量估计量。

(二) 弱工具变量检验:判断工具变量是否满足相关性

Z 和 X_1 必须是强相关,否则会带来弱工具变量问题,导致估计量有偏。在使用两阶段最小二乘法估计时,我们一般可以依赖 F 统计量来判断两者之间关系的强弱。一般而言,若 F 统计量大于经验值 10,则不存在弱工具变量问题。

(三) 过度识别检验:判断工具变量是否满足外生性

由于我们无法观测到模型误差项,工具变量的外生性本质上是无法直接检验的,但是我们可以在一定程度上对外生条件进行检验。当工具变量的数量大于内生变量的数量时,我们可以进行过度识别检验(over-identification test)。过度识别检验的原假设是"所有的工具变量都是外生的",若检验结果拒绝原假设则说明存在一些工具变量不是外生的;然而,我们并不知道哪些工具变量不是外生的。

三、工具变量相关研究

我们对 2010—2022 年发表在《会计研究》期刊上的论文进行了统计,通过搜索"工具变量"关键词并手工核对每一篇论文,我们找到了 270 篇使用工具变量的论文。图 7.3 列示了使用工具变量的论文占当年《会计研究》发文总量比例的时间序列趋势。从图 7.3 中可以看出,应用工具变量的论文占比从 2010 年开始不断增大。2010 年《会计研究》期刊上使用工具变量的论文占比不到 1%。这一比例在 2015 年达到 10.5%,2020 年达到 27%,2022 年达到 38.3%。由此可见,随着实证会计研究的发展,解决内生性问题的必要性日益凸显,工具变量的应用愈加普遍。

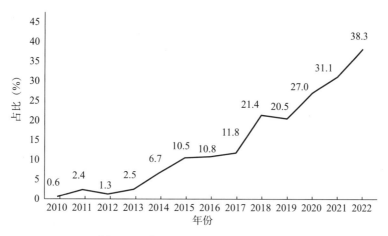

图 7.3 《会计研究》期刊上使用工具变量法的论文占比

我们进一步对《会计研究》期刊论文中用到的工具变量进行分类汇总。综合历史文献,我们发现工具变量主要有以下来源:(1)气候、地理等自然因素;(2)文化、教育、交通等社会因素;(3)外生事件和政策;(4)组均值变量;(5)解释变量滞后项;(6)研究对象同级别的其他特征。

我们以此标准对 2010—2022 年《会计研究》中明确使用工具变量的论文进行分类统计。如图 7.4 所示,用行业、地区等更高层级的组均值变量作为工具变量的论文占比最高,达到 45%;其次是研究对象同级别的其他特征,占比为 31%;用社会、历史因素作为工具变量的论文占比为 9%,用解释变量滞后项作为工具变量的论文占比为 8%;气候、地理等自然因素(4%),占比最小的是类似准自然实验的外生事件和政策冲击(3%)。

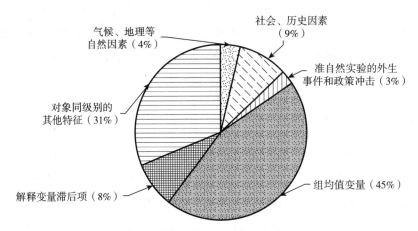

图 7.4 2010—2022 年《会计研究》期刊中论文使用的工具变量分类

(一)气候、地理等自然因素

气候、水文、自然灾害等自然现象在一定地域范围内明显是外生的,但又能对一些社会活动过程产生影响,是较为理想的工具变量。我们总结了 2010—2022 年《会计研究》期刊中以气候、地理等自然因素作为工具变量的文章。如表 7.3 所示,该类文章共计 9 篇,发表时间都在 2018 年及以后,用到的工具变量包括空气流动系数、天气、气温等气候因素,以及地理距离、地形起伏度、地势差异、纬度等地理因素。

表 7.3 2010—2022 年《会计研究》期刊中以自然因素作为工具变量的论文

时间	标题	作者	解释变量	工具变量	被解释变量
2018	自然灾害、财政压力与企业避税:基于台风灾害的实证分析	刘思义,翁若宇,杨道广	台风破坏程度	上市公司所在城市的纬度	企业避税水平
2019	独立董事投行经历与上市公司并购行为及其效应研究:来自中国市场的证据	孙甲奎,肖星	投行独立董事	公司地理位置	收购倾向
2019	文化差异会影响并购绩效吗?基于方言视角的研究	蔡宁	主并公司、目标公司所在地的方言距离	两地的地势差异	并购的短期绩效

（续表）

时间	标题	作者	解释变量	工具变量	被解释变量
2020	收购方管理层语言经历、文化整合与并购绩效	李路，肖土盛，贺宇倩，王雪丁	语言距离	收购方管理层籍贯地（若缺失则用最长工作地代替）的地形起伏度	并购绩效
2020	国企混改优化了多元化经营行为吗	杨兴全，任小毅，杨征	国企混改	区域的年平均气温和各个省份的沿海港口数量	多元化经营
2020	投资者实地调研与上市公司违规：作用机制与效果检验	卜君，孙光国	投资者实地调研	上市公司总部所在城市的天气情况	公司违规
2021	投资银行—审计师业务关联与IPO盈余管理	龚启辉，李辰，吴联生	投资银行—审计师关联	会计师事务所与合作投行的地理距离	盈余管理水平
2022	空气污染影响高管薪酬吗	张立光，彭辽，贺康	空气污染	空气流动系数	高管薪酬
2022	经济周期、政府扶持与企业创新	马永强，阳丹，巩亚林	企业研发补贴	上市公司注册地与当地市政府的地理距离	企业研发投入

例如，卜君和孙光国（2020）研究了投资者实地调研对上市公司违规行为的影响，他们选择了上市公司总部所在城市的天气情况作为投资者实地调研的工具变量。一方面，公司总部所在城市的天气情况会一定程度地影响投资者是否进行实地调研的决策，满足工具变量的相关性要求；另一方面，公司总部所在城市的天气情况一般不会对上市公司违规行为产生直接影响，满足工具变量的外生性要求。卜君和孙光国（2020）发现，在事前，投资者实地调研能够发挥信息效应与治理效应，从而抑制公司违规行为；在事后，投资者实地调研还能够提高违规行为被稽查的效率。

（二）文化、教育、交通等社会因素

2010—2022年《会计研究》期刊中以文化、教育、交通等社会因素作为工具变量的论文共计25篇（见表7.4），用到的工具变量包括宗教传统、家族主义文化、方言与民族群体数量等文化因素，高等学校数量、纳入教育部计算机专业学科评估的高校数量、大学以上人口所占比例等教育因素，客运总量、公司总部所在地民航机场客运吞吐量、是否为清朝期间通商口岸等交通因素。

表 7.4 2010—2022 年《会计研究》期刊中以社会因素作为工具变量的论文

时间	标题	作者	解释变量	工具变量	被解释变量
2011	社会资本、法律保护与 IPO 盈余管理	潘越,吴超鹏,史晓康	社会资本	省份的无偿献血率	公司的 IPO 盈余管理行为
2015	"诚信"的企业诚信吗？基于盈余管理的经验证据	姜付秀,石贝贝,李行天	企业诚信文化	地区教育水平	企业盈余管理
2016	实际控制人居留权特征与企业税收规避：基于我国民营上市公司的经验证据	张胜,魏汉泽,李常安	实际控制人是否拥有境外居留权	是否在沿海自古以来有移民历史的省份	企业税收规避程度
2016	媒体报道与企业资本结构动态调整	林慧婷,何玉润,王茂林,朱冰	媒体报道	各省人均报纸印刷张数	企业资本结构动态调整
2016	儒家文化、信息环境与内部控制	程博,潘飞,王建玲	儒家文化	各地区大学生毕业人数占该地区总人口的比例	内部控制质量
2017	公司为什么选择法律背景的独立董事	何威风,刘巍	公司聘请法律独董	"政府廉洁"指数和"司法公正与效率"指数	公司价值
2017	社会信任与公司避税	张茵,刘明辉,彭红星	社会信任	宗教的融合度	社会信任
2017	民营企业董事长的党员身份与公司财务违规	戴亦一,余威,宁博,潘越	民营企业董事长的党员身份	董事长籍贯地的中共中央委员数	公司财务违规
2018	媒体报道能影响政府决算披露质量吗	张琦,郑瑶	媒体报道	新浪微博中部门的大V微博关注度	政府决算信息披露质量
2018	高管地缘关系的治理效应研究：基于内部控制质量的考察	俞俊利,金鑫,梁上坤	高管地缘关系	社会信任	内部控制
2018	大客户能够提升上市公司业绩吗？基于我国供应链客户关系的研究	李欢,郑杲娉,李丹	客户集中度	各个地区自愿无偿献血量占临床用血量的比例	经营业绩
2018	独立董事影响审计师选择吗？基于董事网络视角的考察	邢秋航,韩晓梅	独立董事网络中心度	公司总部所在地民航机场客运吞吐量	审计师选择

(续表)

时间	标题	作者	解释变量	工具变量	被解释变量
2018	"制度绑定"还是"技术溢出"？外资参股承销商与IPO定价效率	郑建明,白霄,赵文耀	外资参股承销商	是否为清朝期间通商口岸和海外市场接近度	IPO定价效率
2019	金融生态环境与政府投融资平台企业投资效率研究	王晓亮,田昆儒,蒋勇	金融生态环境	大学以上人口所占比例	政府投融资平台企业投融资
2019	"轻信"的注册会计师影响了审计质量吗？基于中国综合社会调查（CGSS）的经验研究	孟庆斌,施佳宏,鲁冰,宋祉健	注册会计师出生地的社会信任水平	第六次全国人口普查数据现住地外省人口的比例,衡量人口流入	审计质量
2019	学者型独董与公司盈余质量：基于中国上市公司的经验数据	向锐,宋聪敏	学者型独董	公司所在地高等学校数量	公司盈余质量
2020	社会资本、企业创新与会计绩效	吴超鹏,金溪	社会资本指数	方言与民族群体数量	企业创新水平
2020	民营企业并购的协同效应可以实现吗	王艳,何竺虔,汪寿阳	并购协同效应利益捆绑机制	并购双方注册地或办公地的博彩收入	并购长期绩效
2020	高管海外经历与企业并购绩效：基于"海归"高管跨文化整合优势的视角	周中胜,贺超,韩燕兰	高管海外经历	公司所在城市（市区）的人均公共图书馆数量、客运总量、国际互联网用户数	并购绩效
2021	儒家文化与重污染企业绿色并购	潘爱玲,王慧,邱金龙	儒家文化影响	企业所在省级行政区域内的贞节牌坊数量取对数	绿色并购
2021	CEO的财会教育经历有价值吗？基于并购绩效视角的证据	应千伟,何思怡	CEO财会教育经历	上市公司所在省份（直辖市）是否拥有第四轮学科评估中工商管理评级为A及以上的高校	并购绩效
2021	上市公司负面声誉与分析师关注："趋之若鹜"抑或"避之若浼"	廖佳,苏冬蔚	公司违规处罚	上市公司受宗教传统影响的程度	分析师关注

(续表)

时间	标题	作者	解释变量	工具变量	被解释变量
2022	企业数字化转型可以降低费用粘性吗,基于费用调整能力视角	吴武清,田雅婧	数字化转型程度	纳入教育部计算机专业学科评估的高校数量	销售、管理费用变动
2022	数字经济促进了企业避税吗?基于电子商务示范城市创建的准自然实验	张乾,葛国庆,薛健	数字经济发展程度	一个城市曾经的固定电话普及率	企业避税程度
2022	家族主义文化与企业并购行为:来自家族上市公司的证据	李诗,蒋骄亮,吴超鹏	家族企业实际控制人的家族主义文化观念	家族企业实际控制人出生地所在省份的家族主义文化值	企业并购规模和并购绩效

例如,邢秋航和韩晓梅(2018)研究了处于不同网络位置的独立董事对公司审计师选择的影响。他们选择公司总部所在地民航机场客运吞吐量作为独立董事网络中心度的工具变量。一方面,越处于网络中心的独立董事通常事务越繁忙,而机场客运吞吐量越大一定程度地表明该城市的交通方便,独立董事参加会议成本低从而更愿意受聘于公司,因此公司所处城市交通会影响高网络中心度的独立董事聘请,满足工具变量相关性要求;另一方面,城市交通方便与否与公司审计师选择不直接联系,满足工具变量的外生性要求。邢秋航和韩晓梅(2008)发现,独立董事网络位置越趋于中心,其任职的公司越倾向于选择高质量审计师。

吴武清和田雅婧(2022)选择当地纳入教育部计算机专业学科评估的高校数量作为数字化转型程度的工具变量,从费用调整能力角度探究企业数字化转型对费用黏性的影响。一方面,当地具有高质量计算机学科的高校数量反映了本地数字技术人才的供给情况,与企业的数字化转型正相关,符合工具变量的相关性要求;另一方面,目前暂未有证据表明该工具变量通过解释变量以外的其他渠道作用于企业费用黏性,满足工具变量的外生性要求。吴武清和田雅婧(2022)发现,独立董事网络位置越趋于中心,其任职的公司越倾向于选择高质量审计师。

(三)外生事件和政策

类似准自然实验的外生事件和政策也为工具变量的选择提供了一定的思路。2010—2022年《会计研究》期刊中以外生事件和政策作为工具变量的论文如表7.5所示。所涉及的事件和政策主要包括2006年股权分置改革、2006年上交所和深交所内部控制指引的发布、2013年《股票质押式回购交易及登记结算业务办法(试行)》的出台、2013—2014年独立董事离职潮、券商合并和国家领导人换届等。

表 7.5　2010—2022 年《会计研究》期刊中以外生事件和政策作为工具变量的论文

时间	标题	作者	解释变量	工具变量	被解释变量
2016	管理层权力、内部控制与腐败治理	周美华,林斌,林东杰	内部控制	2006年上交所和深交所发布内部控制指引	管理层腐败
2020	关系股东与融资约束:基于系族集团的经验证据	李文文,黄世忠	关系股东	2006年股权分置改革	融资约束
2022	行业专家独董能提高企业资本配置效率吗?基于A股上市公司的实证检验	郝颖,李俊仪,魏紫,刘强	公司在当年是否聘请行业专家独立董事	2013—2014年独立董事离职潮的外生冲击事件	企业投资效率
2022	股权质押引发机构投资者羊群行为吗?基于信息质量的中介效应	叶莹莹,杨青,胡洋	股权质押	使用2013年出台的《股票质押式回购交易及登记结算业务办法(试行)》这一外生冲击	机构投资者羊群行为
2022	宏观审慎政策与企业资本结构优化:兼论资本要素市场化配置效率改进	陈艳,李佳颖	宏观审慎政策的制定和实施	国家领导人换届	企业资本结构
2022	分析师跟踪对企业技术并购决策的影响研究	黄志宏,李善民,王彩萍,赖烽辉	分析师跟踪	券商合并	企业技术并购决策

例如,黄志宏等(2022)研究了分析师跟踪对企业技术并购决策的影响,其解释变量(分析师跟踪)与公司特征密切相关。这些公司特征可能同时影响分析师的跟踪决策以及企业技术并购决策,且无法观测。为解决这一内生性问题,黄志宏等(2022)选取券商合并作为分析师跟踪的工具变量。一方面,Hong and Kacperczyk(2010)的研究发现当两家券商合并后,会解雇合并前共同关注某一家上市公司的分析师中的一个,因此券商合并会直接影响跟踪一家公司的分析师数量,满足工具变量的相关性要求;另一方面,券商合并与公司的企业技术并购决策不直接相关,满足工具变量的外生性要求。

（四）组均值变量

组均值是最常见的工具变量来源之一,比如以公司所处行业均值或者公司所在地区均值作为公司特征的工具变量。组均值作为工具变量应满足以下两个条件:其一,组内个体特征会受到组内其他个体的平均特征的影响,即相关性条件;其二,组内其他个体的平均特征不会直接影响个体的结果变量,即外生性条件。然而在实际应用中,外生性条件往往难以满足,组均值变量通常会与模型的遗漏变量相关。

在2010—2022年《会计研究》期刊270篇使用工具变量的论文中,以组均值作为工具变量的最多,共计121篇,占比为44.8%。比如,李荣等(2020)在研究互联网商业模式对上市公司盈余质量的影响时,以省份互联网设施基础建设排名作为企业互联网商业模式实施程度的工具变量。武恒光和王守海(2016)考察债券市场参与者是否关注公司环境信息,以城市整体环境信息披露水平作为企业环境信息披露水平的工具变量。蔡春等(2021)探讨多个大股东是否会通过选择高质量的审计服务来解决与控股股东之间的代理问题,以公司所在行业上一年的其他公司大股东数量均值作为公司是否存在多个大股东的工具变量。张汉南等(2019)基于掏空视角探究高管薪酬黏性的形成机理,将掏空程度的行业年度均值作为公司掏空程度的工具变量。

（五）解释变量的滞后项

Bellemare et al.(2017)指出,当模型存在不可观测因素时,如果能同时满足不可观测因素不存在序列相关和内生变量是平稳的自回归过程两个条件,就可以以解释变量的滞后项作为工具变量。然而,不可观测因素由于其不可观测性而无法被验证不存在序列相关,并且在实际中通常序列相关。

如图7.5所示,原模型中X_t与误差项U_t相关,以X_{t-1}作为X_t的工具变量。X_{t-1}与X_t序列相关,满足工具变量相关性要求。同理,X_{t-1}也会与U_{t-1}相关。但若U_{t-1}与U_t序列相关,则X_{t-1}与U_t也相关,违背外生性要求。因此当遗漏变量序列相关时,以解释变量的滞后项作为工具变量无法满足工具变量的外生性条件,使用时需谨慎。

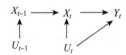

图7.5 解释变量滞后项作为工具变量

在2010—2022年《会计研究》期刊270篇使用工具变量的论文中,以解释变量的滞后项作为工具变量的论文占比为8.5%,共计23篇。例如,顾海峰和朱慧萍(2021)在研究高管薪酬差距对企业创新投资的影响及其中介作用与调节作用时,将滞后一期的高管内部薪酬差距与高管外部薪酬差距作为高管内部薪酬差距与高管外部薪酬差距的工具变量。陈雪芩和曹丹婷(2021)在研究管理者能力对资本结构调整成本的影响以及薪酬落差和人情机制的调节效应时,将滞后一期的管理层能力作为管理者能力的工具变量。

（六）研究对象同级别的其他特征

除了以上五种工具变量来源,文献中还经常以研究对象同级别的其他特征作为工具变量。在2010—2022年《会计研究》期刊使用工具变量的论文中,使用该类型工具变量的论文较多,共计84篇,占比为31.1%。

例如,宋建波和冯晓晴(2022)考察关键审计事项段的特质性信息含量对公司债券发行定价的影响,选择签字注册会计师教育背景作为关键审计事项信息含量的工具变量。一方面,审计师的教育背景不仅影响审计师的知识储备,还影响其价值判断,关键审计事项段作为审计报告的重要组成部分,其信息含量必然会受签字注册会计师个人教育背景的影响,符合工具变量的相关性要求;另一方面,审计师个人教育背景不会对公司债券发行定价产生直接影响,符合工具变量的外生性要求。

任力和何苏燕(2020)研究并购溢价对股东股权质押时机选择的影响,并选择评估机构对并购标的的评估方法作为并购溢价率的工具变量。一方面,评估机构作为独立的第三方机构,其对并购标的的评估价格是最终交易价格的重要参照,两者一般相差不大;并购溢价率的大小与评估方法相关,收益法的评估增值率显著高于其他方法的评估增值率,符合工具变量的相关性要求。另一方面,评估机构对并购标的的评估方法不能直接影响股东的股权质押决策,符合工具变量的外生性要求。

四、工具变量的 Stata 操作

(一)利用工具变量进行回归分析,并报告第一阶段回归结果

```
ivregress 2sls y c1 c2 (x = z), first
```

y 为被解释变量,c1 和 c2 为控制变量,x 为内生变量,z 为工具变量。first 表示报告第一阶段回归结果。

(二)检验解释变量是否外生(工具变量必要性检验)

```
estat endogenous
```

该检验的原假设是解释变量是外生的,执行该命令将会报告 χ_1^2 检验和 F 检验结果。若显著,则拒绝原假设,即解释变量不是外生的,有必要使用工具变量。

(三)工具变量的有效性检验

1. 检验工具变量是否为弱工具变量(相关性)

```
estat firststage
```

执行该命令会报告两部分结果。一部分是第一阶段回归的总结,包括 R-sqaure、adjusted R-square 和 F 统计值。第一阶段 F 统计值可以帮助我们判断工具变量是否为弱工具变量,若 F 统计值小于关键值,则工具变量可能为弱工具变量。另一部分是 Stock/Yogo 的弱工具检验,检验统计量为 Minimum eigenvalue,通过与关键值进行比较可以判断变量是否为弱工具变量。

2. 过度识别检验（外生性）

`estat overid`

该检验的原假设为所有工具变量都是外生的，执行命令后会报告 Sargan 和 Basmann 的 χ_q^2 统计值。若其显著，则拒绝原假设，即工具变量不是外生的；若不显著，则说明未能发现工具变量内生的证据。

第四节 断点回归法

一、断点回归法的基本思路

断点回归（regression discontinuity）由 Thistlewaite and Campbell（1960）首次使用，20世纪90年代末引起经济学家的重视。Thistlethwaite and Campbell（1960）首次设计并使用断点回归法研究处理效应，分析奖学金对学生未来学业的影响。学生能否获得奖学金取决于考试的分数，故成绩刚好达到获奖标准与差一点达到获奖标准的学生具有可比性。若考试分数高于获奖标准分数，则进入实验组；若考试分数低于获奖标准分数，则进入对照组。由此处理变量在获奖标准分数处形成一个断点，该研究设计的主要思想是可以利用这一断点附近的样本来有效估计处理效应。

断点回归设计是一种准自然实验，其基本思想是：存在一个连续变量 X，其能决定个体在某一临界值（即断点）两侧接受政策干预的概率。X 在该临界值两侧是连续的，即 X 的取值落入临界值任意一侧是随机的。换句话说，不存在人为操控使得个体落入某一侧的概率更大，故在临界值附近形成一个准自然实验。

在众多准实验方法中，断点回归设计（regression discontinuity design, RDD）是一种非常重要的因果识别方法，具有独特的优势。一般而言，断点回归设计比其他方法更接近于随机实验，它能够从实验基准中还原因果效应，具有更强的因果推断力，能够避免因果估计的内生性问题，反映变量之间真实的因果关系，因而在进行因果推断和政策评估时，断点回归设计是最可信的准实验方法之一（Cattaneo and Titiunik, 2022）。

根据个体在临界值两侧接受干预概率的差异，可以将断点回归分为精确断点回归（sharp regression discontinuity, SRD）和模糊断点回归（fuzzy regression discontinuity, FRD）两类。前者是指个体在临界值附近接受干预的概率从0到1的变化，后者是指个体接受干预的概率从一个概率到另一个概率的变化。接下来，我们主要阐述精确断点回归。

二、断点回归法的主要操作步骤

（一）观察被解释变量（结果变量）在断点处是否有明显跳跃

我们可以通过绘制散点图或拟合图的方法来判断结果变量在断点前后是否存在明

显的不同。其中,拟合图主要包括多项式回归拟合和区间均值拟合。若结果变量在断点处存在明显跳跃,则说明研究假设得到初步的印证。

(二)检验数据是否符合断点回归的前提条件

1. 检查配置变量在断点附近是否连续

配置变量(assignment variable)是一个连续特征变量,决定个体是否被处置。比如,在研究奖学金对于未来学业影响的例子中,学生能否获得奖学金取决于考试分数,此处的配置变量就是考试分数。考试分数高于一定临界值,学生就可以得到奖学金;否则,就得不到。这个临界值就是断点。断点回归法要求配置变量在断点附近的变化应该是随机的,无法被操纵。在实际操作中主要有三种检验方式:一是画出配置变量的直方图。为了便于观察分布的总体形状,直方图箱体(bin)的宽度不宜过大。频数(frequencies)在箱体间的跳跃式变化,能就断点处的跳跃是否正常给我们一些启发。二是利用 McCrary (2008)的核密度函数检验。在临界值左右两侧,分别进行局部的线性回归,其中被解释变量是组内频数,解释变量是组间距的中间值。检验临界值两侧的拟合值之差的对数值是否显著不为零,若不显著则认为配置变量在此处连续。三是借鉴 Cattaneo et al.(2018) 提出的检验密度函数在断点处是否连续的方法,进行局部多项式密度估计,判断配置变量在断点处是否连续。Cattaneo et al.(2017)方法相比 McCrary(2008)的核密度函数检验方法在统计性质上更优越。

2. 检验个体特征变量在断点处的连续性

在断点回归的研究中,我们希望结果变量在断点两侧的变化是由配置变量,而不是个体其他特征变量造成的。因此,我们需要检验个体其他特征变量在断点处是否连续。如果个体其他特征变量在断点附近也发生跳跃,那么结果变量的变化就不一定是配置变量造成的。我们可以通过作图或者回归的方式判断个体特征变量在断点处的连续性。

(三)估计断点处的处理效应

估计断点处的处理效应通常有两种方法:全局多项式回归和局部多项式回归。全局多项式回归使用样本里所有数据进行多项式回归。具体而言,它先对断点左侧和右侧的点分别进行多项式回归,然后比较接受处置侧的多项式截距项和未接受处置侧的多项式截距项以估计断点处的处理效应。

局部多项式回归将用于拟合处置变量和结果变量之间关系的数据限制在断点附近,不使用离断点较远的数据进行回归。局部多项式回归的一个重要环节在于断点邻域大小的选择,即带宽选择(bandwidth selection)的权衡问题。这是因为带宽越大,意味着有越多的样本被纳入检验,参数估计方差(variance)越小,但结果受多项式方程设置和数据异常值的影响越大,造成偏差(bias)越大。

三、运用断点回归法的相关研究

我们对 2010—2022 年发表在《经济研究》《管理世界》《会计研究》《审计研究》期刊上的论文进行了统计,通过搜索"断点回归"关键词并手工核对每篇论文,找到 16 篇运用断点回归法的论文,其中 10 篇发表在《经济研究》上,6 篇发表在《管理世界》上。

表 7.6 展示了 2010—2022 年《经济研究》发表的运用断点回归法的论文。我们总结了每篇文章的配置变量、断点、虚拟变量和结果变量。这些论文用到的断点包括地理位置(如地理边界点、澜沧江)、政策实施时间点(如分税制改革实施时点、义务教育法实施时点、平台信用分强制授权时点)、年龄(如法定退休年龄、领取养老金年龄)和贫困线。类似地,我们总结了 2010—2022 年《管理世界》发表的运用断点回归法的论文,如表 7.7 所示。

表 7.6　2010—2022 年《经济研究》发表的运用断点回归法的论文

作者(年份)	文章标题	主要变量
张川川,陈斌开(2014)	"社会养老"能否替代"家庭养老"	1. 配置变量:我国 45 岁及以上居民的年龄 2. 断点:年龄为 60 岁。年龄≥60 周岁可以领取养老金,反之则不能。由于养老金在实际发放中存在季节性问题,在回归分析中以年龄 60.5 岁作为断点,而非 60 岁 3. 虚拟变量:领取养老金取值为 1,否则取值为 0 4. 结果变量:从子女处获得私人转移支付的比例;从任何亲属或朋友处获得转移支付的比例
黄新飞,陈珊珊,李腾(2014)	价格差异、市场分割与边界效应:基于长三角 15 个城市的实证研究	1. 配置变量:市场到边界的地理距离 2. 断点:边界,地理距离 = 0 3. 虚拟变量:边界虚拟变量。运用三次:第一次,研究上海—江苏边界时,上海市场边界虚拟变量取值为 0,江苏取值为 1;第二次,研究上海—浙江边界时,上海市场边界虚拟变量取值为 0,浙江取值为 1;第三,研究江苏—浙江边界时,江苏市场边界虚拟变量取值为 0,浙江取值为 1 4. 结果变量:商品 k 在市场 i 的价格对数
邹红,喻开志(2015)	退休与城镇家庭消费:基于断点回归设计的经验证据	1. 配置变量:户主年龄 2. 断点:年龄为 60 岁。法定退休年龄 60 岁是一个断点 3. 虚拟变量:受政策影响退休虚拟变量取值为 1,不退休取值为 0 4. 结果变量:消费支出
刘生龙,周绍杰,胡鞍钢(2016)	义务教育法与中国城镇教育回报率:基于断点回归设计	1. 配置变量:出生年月到 1971 年 9 月的距离 2. 断点:1986 年义务教育法实施(1971 年 9 月出生) 3. 虚拟变量:义务教育法实施取值为 1,还未实施义务教育法取值为 0 4. 结果变量:教育回报率;个体 i 年度收入的自然对数

(续表)

作者(年份)	文章标题	主要变量
李楠，林友宏（2016）	管治方式转变与经济发展：基于清代西南地区"改土归流"历史经验的考察	1. 配置变量：至澜沧江的距离 2. 断点：澜沧江 3. 虚拟变量：该镇位于澜沧江以内的改流地区取值为1，否则取值为0 4. 结果变量：第i个镇的贫困等级
李明，李德刚，冯强（2018）	中国减税的经济效应评估：基于所得税分享改革"准自然实验"	1. 配置变量：企业登记注册时间 2. 断点：2002年1月1日所得税分税制改革 3. 虚拟变量：企业在2002年1月1日以后注册登记取值为1，否则取值为0 4. 结果变量：有效税率
田文佳，余靖雯，龚六堂（2019）	晋升激励与工业用地出让价格：基于断点回归方法的研究	1. 配置变量：相对于边界的位置 2. 断点：边界 3. 虚拟变量：地块i处于边界的左侧取值为1，处于边界的右侧取值为0 4. 结果变量：工业用地价格
李芳华，张阳阳，郑新业（2020）	精准扶贫政策效果评估：基于贫困人口微观追踪数据	1. 配置变量：是家庭i在第t年收入与断点之差 2. 断点：收入确定为脱贫户 3. 虚拟变量：未脱贫户取值为1，脱贫户取值为0 4. 结果变量：家庭i在第t年的人均实际工资收入
黄薇，曹杨（2022）	常态化精准扶贫政策的完善：反福利依赖的视角	1. 配置变量：家庭人均收入 2. 断点：贫困线，不同年份的贫困线会有调整 3. 虚拟变量：家庭人均收入低于贫困线取值为1，反之取值为0 4. 结果变量：对于农村家庭"福利依赖"的测度
何佳，高彧，孟涓涓，王曾（2022）	个人信息披露决策：强制收集与挤入效应	1. 配置变量：贷款申请日期距离政策断点的天数 2. 断点：4月1日平台的芝麻分强制授权 3. 虚拟变量：有芝麻分强制授权取值为1，反之取值为0 4. 结果变量：除芝麻分之外的授权项目数量(n)以及各个隐私信息项是否授权的哑变量

表 7.7 2010—2022 年《管理世界》发表的运用断点回归法的论文

作者(年份)	文章标题	主要变量
刘行，赵健宇，叶康涛（2017）	企业避税、债务融资与债务融资来源：基于所得税征管体制改革的断点回归分析	1. 配置变量：成立时间到2002年1月1日的距离 2. 断点：2002年1月1日企业所得税征管体制改革实施 3. 虚拟变量：企业2002年1月1日后成立取值为1，否则取值为0 4. 结果变量：企业各债务融资指标，比如总负债率、利息支出、商业信用、长期负债率等

(续表)

作者(年份)	文章标题	主要变量
李明, 李德刚 (2018)	中国地方政府财政支出乘数再评估	1. 配置变量:一个县1990年的少数民族人口占比 2. 断点:县1990年少数民族人口占比=12.06% 3. 虚拟变量:当一个县1990年少数民族人口占比大于12.06%时取值为1,否则取值为0 4. 结果变量:当一个县为民族县时,p取值为1,否则取值为0
李卫兵, 张凯霞 (2019)	空气污染对企业生产率的影响:来自中国工业企业的证据	1. 配置变量:各城市的纬度数与分界线的相对纬度差值 2. 断点:秦岭—淮河分界线 3. 虚拟变量:城市位于分界线以北取值为1,否则取值为0 4. 结果变量:LP法测算的企业全要素生产率(TFP)
陈林, 万攀兵, 许莹盈 (2019)	混合所有制企业的股权结构与创新行为:基于自然实验与断点回归的实证检验	1. 配置变量:企业i距离断点的距离 2. 断点:国有资本占实收资本的比重=0.5($stateown_{it}=0$);企业六种实收资本中最大持股资本占比=0.5($max_{it}=0$) 3. 虚拟变量:$T_{it}=1(0)$表示企业i在第t年的观测值属于处理(控制)组。其中,$stateown_{it}>0.5$表示企业终极控制权属于国有性质,$stateown_{it}<0.5$表示企业终极控制权属于非国有性质;$max_{it}>0.5$表示终极控制权处于(国有/非国有)绝对控制地位,否则为相对控制地位 4. 结果变量:企业i第t年的创新产出
杜鹏程, 王姝勋, 徐舒 (2021)	税收征管、企业避税与劳动收入份额:来自所得税征管范围改革的证据	1. 配置变量:企业成立时间与政策实施"临界点"的月份间隔 2. 断点:所得税征收范围改革的实施时间2002年1月 3. 虚拟变量:若企业属于改革组,则取值为1,表示企业在国税局缴纳所得税;若企业属于对照组,则取值为0,表示企业在地税局缴纳所得税 4. 结果变量:劳动收入份额
毛捷, 郭玉清, 曹婧, 徐军伟 (2022)	融资平台债务与环境污染治理	1. 配置变量:滞后一期的负债率到60%的距离 2. 断点:滞后一期负债率为60% 3. 虚拟变量:若滞后一期的负债率≤60%,取值为1,否则取值为0 4. 结果变量:城投债发行虚拟变量,若发行城投债,取值为1,否则取值为0

接下来,为进一步深入理解断点回归法的应用,我们详细介绍两篇运用断点回归法的论文。

(一)混合所有制企业的股权结构与创新行为:基于自然实验与断点回归的实证检验(陈林等,2019)

1. 研究背景

目前,国有企业改革进入攻坚环节,混合所有制改革的重点已不再是"要不要引入非国有资本",而是"引入多大控制程度的非国有资本",以及在改革后的混合所有制企业中如何分配终极控制权的问题。陈林等(2019)运用断点回归法,考察终极控制权是否会影响混合所有制企业的创新行为。对于不同规模企业来说,怎样的股权结构最能刺激混合所有制企业创新,从而使社会福利与体制改革的"政策红利"最大化。

2. 明确断点有效性并确定断点回归类型

陈林等(2019)首先考虑混合所有制改革研究能否使用断点回归法,企业股权结构是否具有显著的"断点"效应。从已有文献看,企业内部股权结构对企业表现的影响存在一个突变点。对于混合所有制企业而言,鉴于国有资本与非国有资本在资源禀赋、管理体制和经营目标等方面的根本性差异(杨兴全和尹兴强,2018),国有资本取得终极控制权对企业经营管理是否具有截然不同的影响?这意味着决定终极控制权的股权结构存在明显的"断点"效应。由于在50%持股权的断点处,企业终极控制权的性质与控制地位受处置的概率从0变为1,因此陈林等(2019)采用精确断点回归法。

3. 提出假设并建立模型

陈林等(2019)提出三个假设和一个推论。首先比较终极控制权的性质(是否为国有)所产生的创新绩效的差异,然后考察控制地位变化(是否为绝对控制)对企业创新的影响。前者定义变量$stateown_{it}$为国有资本占实收资本的比例,产生配置变量$x_{it}=stateown_{it}-0.5$。后者定义max_{it}为企业六种实收资本中最大持股资本占比,此时配置变量$x_{it}=max_{it}-0.5$。

为了进一步观察体制改革对不同规模企业的影响,在后续模型中加入 size 变量。参数β_k是企业终极控制权突变对规模为k的企业因果效应的估计。

$$y_{it}=(1-T_{it})\sum_{k=1}^{2}\alpha_k\, size_{it}^k+T_{it}\sum_{k=1}^{2}\beta_k\, size_{it}^k+(1-T_{it})\sum_{k=1}^{2}\sum_{p=1}^{5}\gamma'_{kp} size_{it}^k$$
$$(stateown_{it}-0.5)^p+T_{it}\sum_{k=1}^{2}\sum_{p=1}^{5}\gamma'_{kp} size_{it}^k(stateown_{it}-0.5)^p+\eta_{it}$$

$$y_{it}=(1-T_{it})\sum_{k=1}^{2}\alpha_k\, size_{it}^k+T_{it}\sum_{k=1}^{2}\beta_k\, size_{it}^k+(1-T_{it})\sum_{k=1}^{2}\sum_{p=1}^{5}\gamma'_{kp} size_{it}^k$$
$$(max_{it}-0.5)^p+T_{it}\sum_{k=1}^{2}\sum_{p=1}^{5}\gamma'_{kp} size_{it}^k(max_{it}-0.5)^p+\eta_{it}$$

4. 对被解释变量和配置变量进行分析

陈林等(2019)分别对全样本以及大规模企业、小规模企业样本进行回归,并报告了1—5阶多项式回归结果,结果显示配置变量的估计系数始终不显著。图7.6也并未揭示出断点附近的企业在创新产出方面存在显著的跳跃,证明平均意义上是否国有资本取得终极控制权对混合所有制企业创新行为并无显著影响。

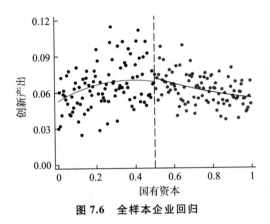

图 7.6　全样本企业回归

陈林等(2019)对不同规模的企业进行回归并绘图。图 7.7 表明对于小规模混合所有制企业,非国有资本取得终极控制权更有利于创新;对于大规模混合所有制企业,国有资本取得终极控制权更有利于创新。

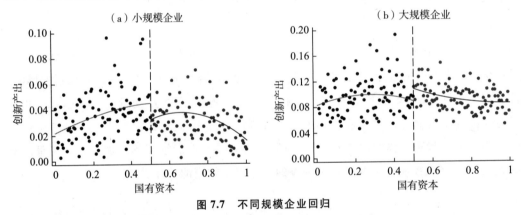

图 7.7　不同规模企业回归

随后,陈林等(2019)固定国有/非国有性质,分别通过全局多项式回归和局部多项式回归进一步考察控制地位的变化对企业创新行为的影响。图 7.8 显示,对于国有控股企业,在经历控制地位由相对控制到绝对控制变化后,国有控股企业的创新产出几乎没有变动。而对于非国有控股企业,非国有资本控制地位的强化对企业创新存在负面影响,并且这种负面影响可能主要发生在大规模企业层面(见图 7.9)。

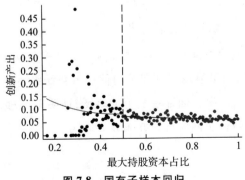

图 7.8　国有子样本回归

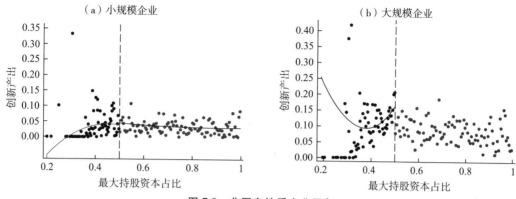

图 7.9 非国有性质企业回归

5. 稳健性检验

陈林等(2019)还进行了一系列稳健性检验,包括连续性假设检验、控制协变量的参数断点回归、增加国有持股权为 50% 的企业样本、改变企业规模的衡量标准、非参数断点回归、改变终极控制权定义等,均有力支持了本文结论。

(二)企业避税、债务融资与债务融资来源:基于所得税征管体制改革的断点回归分析(刘行等,2017)

1. 研究背景

2002 年 1 月 16 日,国家税务总局颁布了《关于所得税收入分享体制改革后税收征管范围的通知》。在 2002 年 1 月 1 日之前成立的企业,其税收征管机构为地税局;在此之后成立的企业,其税收征管机构为国税局。地税局会通过降低税收征管强度来减轻企业的实际税收负担,从而吸引企业到本地投资;而国税局的行为较少受地方政府的干预和影响。由此,2002 年 1 月 1 日后成立企业的避税难度增大。刘行等(2017)研究企业避税难度变化如何影响企业对正规金融和商业信用的利用情况,判断"非债务税盾效应"假说和"现金流效应"假说哪个更能解释中国情境下企业避税与债务融资之间的相关关系。

2. 明确断点有效性

刘行等(2017)样本企业的成立时间在 2002 年 1 月 1 日前后是随机且连续分布的,但由于所得税征管体制改革的规定,使得企业避税难度随其成立时间在 2002 年 1 月 1 日前后发生显著变化,即产生"断点"。如果我们能够观察到企业的债务融资行为也随其成立时间在"断点"前后发生明显的"跳跃",就可以将这种"跳跃"归因于税收征管强度的影响。

3. 对被解释变量和配置变量进行分析

刘行等(2017)首先对企业避税与债务融资关系进行非参数检验。结果显示,成立时间在 2002 年 1 月前后的企业,总负债率存在显著的向上"跳跃"(见图 7.10),衡量正规金融的两个指标(利息支出率和长期负债率)在断点右侧略有下降,但统计上并不显著(见图 7.11);商业信用却在断点附近呈现明显的向上"跳跃"趋势(见图 7.12),这与"非债务税盾效应"预期不符,但与企业避税"现金流效应"预期一致。

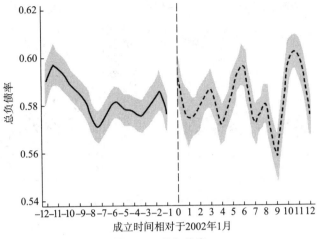

图 7.10 总负债率

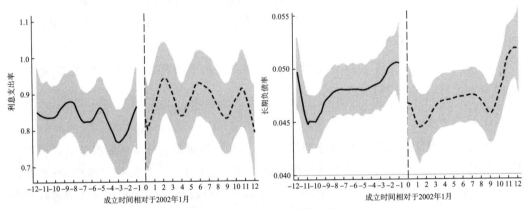

图 7.11 利息支出率和长期负债率

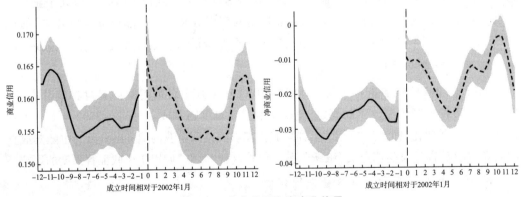

图 7.12 商业信用和净商业信用

刘行等（2017）分别选择 2 个月、4 个月和 6 个月作为带宽进行更严格的非参数检验。结果显示，"新企业"的总负债率比"老企业"的总负债率高约 2.4% 且在 1% 的统计水平上显著，这意味着企业避税难度与企业总负债率呈正相关关系。衡量正规金融的两个指标——利息支出/营业利润（Interest）和长期负债/总资产（Long_Lev）的估计系数在"新企业"和"老企业"之间并不存在显著差异,这意味着企业避税难度的增大并没有导致企业更多地利用正规金融融资,也没有支持"非债务税盾效应"。从商业信用融资来看,当分别采用2个月带宽和6个月带宽进行估计时(见表7.8),"新企业"的应付账款占比(Credit)高出"老企业"约1%且在5%的统计水平上显著。这一结果并不支持企业避税的"非债务税盾效应",但支持企业避税的"现金流效应"。

表7.8 企业避税与债务融资:非参数检验

变量	2个月带宽	4个月带宽	6个月带宽
Total_Lev	0.024***	0.035***	0.021***
	(4.52)	(4.10)	(3.49)
Interest	0.007	0.007	0.002
	(0.09)	(0.09)	(0.02)
Long_Lev	−0.003	−0.003	−0.005*
	(−1.28)	(−0.66)	(−1.84)
Credit	0.009**	0.009	0.010**
	(2.01)	(1.30)	(2.14)
Net Credit	0.013***	0.015**	0.017***
	(2.78)	(2.02)	(3.26)
控制变量	是	是	是

注:***、**、* 分别表示系数在1%、5%、10%的统计水平上显著,括号中为 t 统计量。

4. 断点回归前提假设检验

刘行等(2017)在此进行了两个检验:绘制直方图检验企业登记时间(配置变量)在断点附近是否随机;使用断点回归法观察控制变量在断点附近是否连续。结果显示,企业日均登记数量在2002年1月1日前后并没有发生明显跳跃且控制变量的回归系数在断点回归中基本不显著,通过两个前提假设。

5. 稳健性检验

刘行等(2017)还进行了一系列稳健性检验,包括进行参数模型检验、其他带宽下非参数检验(选择8、10、12个月作为带宽)、可能的干扰政策检验(以不受所得税征管体制改革影响的中央企业和外资企业为样本进行断点回归检验)、安慰剂检验(以2001年1月1日作为假想的政策冲击,考察此日期前后成立的企业债务融资是否存在显著不同)等,发现结果仍然稳健。

四、断点回归的 Stata 操作

我们假设 x 为配置变量;y 为结果变量;以 x_0 为断点;T 为虚拟变量(当 $x>x_0$ 时,T=1;当 $x<x_0$ 时,T=0);存在其他特征变量 c1、c2、c3。

(一) 观察结果变量在断点处是否明显跳跃

1. 散点图法

(twoway) scatter y x, xline(x_0)

scatter 表示绘制散点图,xline(x_0) 表示在断点($x = x_0$)处添加竖线,也可根据需要选择 yline( )在特定值处添加水平线。

散点图的缺点是数据中有很多噪声,很难从中判断数据的规律,需要进一步提炼信息。

2. 拟合图法:多项式回归拟合(以三项式为例)

(1) gen x2 = x^2
    gen x3 = x^3
    reg y x x2 x3

(2) rdplot y x, c(x0) p(pvalue)

c( )表示断点位置,不设置则默认为 0;pvalue 表示多项式次数,以三项式为例,则 pvalue = 3。

3. 拟合图法:分区均值拟合

基本命令

rdplot y x, binselect(binmethod) c(x0) p(pvalue) nbins(nbinsvalueL nbinsvalueR) graph_options(gphopts)

rdplot 可同时实现多项式方程回归和分区均值拟合;c( )表示断点位置;pvalue 表示多项式次数,绘图中可以尝试二、三或四项式。

分区均值拟合涉及下列区间分割方式(binmethod)及区间数量(nbinsvalue)的选择:

(1) 选择区间分割方式,包括值平均分割法和量平均分割法。

值平均分割法的命令为:

rdplot y x, binselect(es) c(x0) p(pvalue) nbins(nbinsvalueL nbinsvalueR) graph_options(gphopts)

binselect(es)表示分割区间方法选择"按配置变量值平均分割",实际研究中常用此方法。binsvalueL 和 nbinsvalueR 分别表示分区均值拟合时左右区间个数。示例[①]图 7.13: $x_0 = 0$,pvalue = 3,nbinsvalueL = nbinsvalueR = 10,值平均分割法。由图 7.13 可知,结果变量在断点处存在明显跳跃。

---

① 本文档所有示例图均基于以下数据绘制:https://gitee.com/arlionn/data/raw/master/data01/rdrobust_rdsenate.dta。

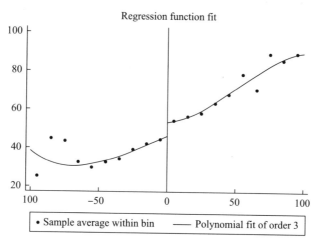

图 7.13 全样本回归(值平均分割)

量平均分割法的命令为:

rdplot y x, binselect(qs) c(x0) p(pvalue) nbins(nbinsvalueL nbinsvalueR) graph_options(gphopts)

binselect(qs)表示分割区间方法选择"按观测数量平均分割"。示例图 7.14：$x_0 = 0$，pvalue = 3, nbinsvalueL = nbinsvalueR = 10,数量平均分割法。图 7.14 可知,样本集中在断点附近,结果变量在断点处存在明显跳跃。

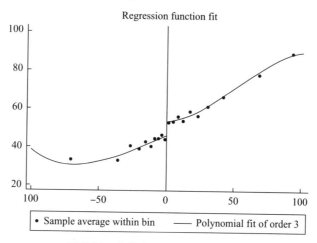

图 7.14 全样本回归(量平均分割)

(2) 选择区间数量,有手动设置和选择 IMSE 最优区间数量两种方式。

手动设置的命令为:

rdplot y x, nbins(nbinsvalueL nbinsvalueR) c(x0) p(pvalue) binselect(binmethod) graph_options(gphopts)

我们可以通过调整 nbinsvalueL 和 nbinsvalueR 来手动设定左右区间数量。此处,

nbins(m n)表示手动设置左右区间数量分别为 m 和 n。实际研究中常采用手工设定区间数量(通常会使用 10、20、30、40 个以验证其稳健性)。

选择 IMSE 最优区间数量的命令为:

```
rdbwselect y x, c(x₀) p(pvalue) kernel(kernelfn) bwselect(bw-
method) vce(vcemethod)
```

rdbwselect 表示选择 IMSE 最优区间数量进行拟合;kernel 表示进行核函数权重选择;bwselect 表示进行带宽选择;vce 表示进行方差估计选择。

也可以通过去掉 rdplot 中的 nbins(nbinsvalueL nbinsvalueR)选项,rdplot 自动采用 IMSE 最优区间数量实现区间分割。例如,由图 7.15 可知,IMSE 最优区间个数为左侧 8 个、右侧 9 个,结果变量在断点处存在明显跳跃。

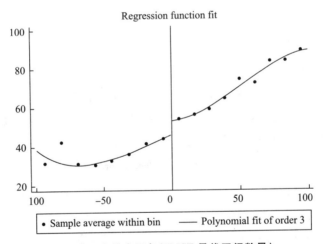

图 7.15 全样本回归(IMSE 最优区间数量)

(二)检验数据是否符合断点回归设计的前提条件

1. 检验配置变量的概率分布连续性

(1)使用 histogram 命令绘制直方图。

```
histogram x
```

绘制直方图的操作简单、直观,但因为在不同组间距中样本数量的不同,很难直观上观测到连续性。例如,由图 7.16 可知,配置变量(民主党获胜票数差)在临界值(margin=0)处两侧没有明显的数量波动,表明配置变量密度函数在临界值处是连续函数。

(2)使用 DCdensity 命令作图。

```
DCdensity x, breakpoint(x₀) generate(Xj Yj r0 fhat se_fhat)
```

使用 DCdensity 命令我们可以得到如图 7.17 所示的配置变量密度函数。DCdensity

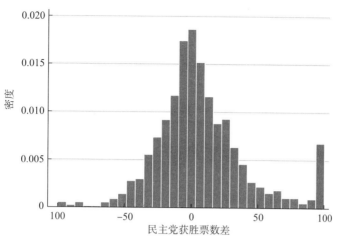

图 7.16 配置变量的分布

命令由 McCrary(2008)提出,其基本原理是:在断点左右两侧分别进行两个局部线性回归(其中因变量是概率值,自变量是配置变量),得到回归直线在断点左右两边的截距值,通过检验两个截距值之差的对数值是否显著为 0,判断密度函数在断点处是否连续。

breakpoint 表示断点,generate 表示产生一些相关变量。

DCdensity 的程序使用了缺失设置,但这些设置并非最优带宽和区间数,在使用上需要主观判断。例如,输入以下程序,生成图 7.17。

```
. DCdensity margin, breakpoint(0) gen(Xj Yj r0 fhat se_fhat)
Using default bin size calculation, bin size = 1.84133021
Using default bandwidth calculation, bandwidth = 25.8493835

Discontinuity estimate (log difference in height): -.100745626
                                                   (.117145041)

Performing LLR smoothing.
110 iterations will be performed
..........
```

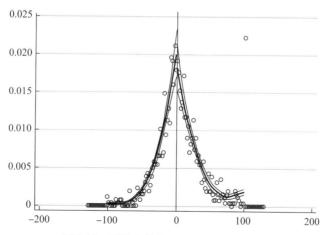

图 7.17 配置变量的 McCrary 检验结果

尽管图 7.17 中临界值两侧密度函数存在跳跃,但断点处左右密度函数的 log(截距差)= −0.1007,t 值为 0.117,显示没有显著差异,由此可认为配置变量密度函数在临界值处是连续函数。

(3) 使用 rddensity 命令作图。

rddensity x, c(x0) plot plot_range() graph_options()

rddensity 表示进行局部多项式密度估计;c( )表示断点位置;plot 表示绘图;plot_range 规定绘图范围。

rddensity 命令运行结果如图 7.18 和图 7.19 所示。

```
Computing data-driven bandwidth selectors.

Point estimates and standard errors have been adjusted for repeated observations.
(Use option nomasspoints to suppress this adjustment.)

RD Manipulation test using local polynomial density estimation.
```

c = 0.000	Left of c	Right of c		Number of obs	=	1390
				Model	=	unrestricted
Number of obs	640	750		BW method	=	comb
Eff. Number of obs	408	460		Kernel	=	triangular
Order est. (p)	2	2		VCE method	=	jackknife
Order bias (q)	3	3				
BW est. (h)	19.841	27.119				

Running variable: margin.

Method	T	P>|T|
Robust	-0.8753	0.3814

图 7.18　rddensity 检验配置变量连续性结果

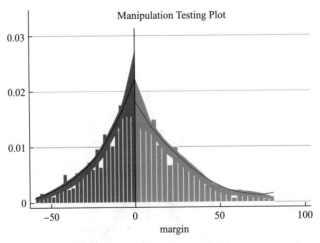

图 7.19　配置变量的密度估计

rddensity 的结果显示,连续性检验的 t 值为 -0.8753,我们无法拒绝配置变量的密度函数在断点左右连续的假设。

2. 检验个体特征变量连续性

rdplot y c1; rdplot y c2; rdplot y c3

(三)估计断点处的处理效应

1. 全局多项式回归进行断点处理效应估计(以三项式为例)

gen x1 = x-x0

gen x2 = x1^2

gen x3 = x1^3

gen T_x1 = x1 * T

gen T_x2 = x2 * T

gen T_x3 = x3 * T

reg y T x1 x2 x3 T_x1 T_x2 T_x3

全局多项式回归方法使用全部样本,降低估计的方差。

为了保证结果的透明性和稳健性,在实际运行中通常尝试并报告一系列次数(1—6次),以观察结果是否对次数选择敏感。

2. 局部多项式回归进行断点处理效应估计

rdrobust y x, c(x_0) p(pvalue) kernel(kernelfn) bwselect(bwmethod) vce(vcemethod)

rdrobust 表示进行局部多项式回归;c( )表示断点位置;pvalue 表示多项式次数,局部多项式回归常选用单项式或二项式;kernel 表示进行核函数权重选择,通常建议使用三角核函数(triangular);bwselect 表示进行带宽选择,实践中通常使用 MSE 最优带宽,使得断点回归估计系数的均值平方误差最小;vce 表示进行方差估计选择。

运行结果包含断点左右的数据信息:总样本数量、实际使用的样本数量(带宽内的样本量)、多项式次数、带宽大小及置信区间。我们还可以通过上述结果确定最优带宽数值,然后使用 rdplot 命令绘图观察断点处理效应。例如,输入以上程序,生成图 7.20 和图 7.21。其中,图 7.20 显示 rdrobust 运行结果,图 7.21 显示 rdplot 绘图结果。图 7.21 中两条直线在断点处的截距就是 $\tau = 7.416$。

```
            Cutoff c = 0 | Left of c  Right of c         Number of obs  =       1297
                                                         BW type        =      mserd
              Number of obs        595        702        Kernel         = Triangular
         Eff. Number of obs        359        322        VCE method     =         NN
              Order est. (p)         1          1
              Order bias (q)         2          2
                 BW est. (h)    17.708     17.708
                BW bias (b)    27.984     27.984
                  rho (h/b)     0.633      0.633

Outcome: vote. Running variable: margin.
```

Method	Coef.	Std. Err.	z	P>|z|	[95% Conf. Interval]	
Conventional	7.416	1.4604	5.0782	0.000	4.55378	10.2783
Robust	-	-	4.3095	0.000	4.09441	10.9255

图 7.20 局部多项式回归

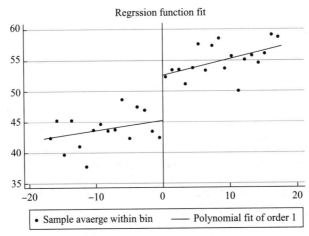

图 7.21 全样本回归(最优带宽)

思考与练习

1. 应用双重差分法解决内生性问题的前提是什么?
2. 如何评价工具变量的有效性?
3. 如何检验倾向得分匹配法的匹配效果?
4. 在会计和财务领域,有哪些断点回归的应用场景?
5. 除本章介绍的方法以外,还有哪些解决内生性问题的计量方法?

参考文献

卜君,孙光国,2020.投资者实地调研与上市公司违规:作用机制与效果检验[J].会计研究(5):30-47.

蔡春,朱磊,郑倩雯,等,2021.多个大股东与高质量审计需求[J].会计研究(10):176-189.

蔡海静,汪祥耀,谭超,2019.绿色信贷政策、企业新增银行借款与环保效应[J].会计研究(3):88-89.

蔡宁,2019.文化差异会影响并购绩效吗？基于方言视角的研究[J].会计研究(7)：43-50.

陈林,万攀兵,许莹盈,2019.混合所有制企业的股权结构与创新行为:基于自然实验与断点回归的实证检验[J].管理世界(10)：186-205.

陈旻,曲晓辉,孙雪娇,2018.后趋同时代的权益资本成本异质性分析[J].会计研究(2)：11-18.

陈雪芩,曹丹婷,2021.管理者能力与资本结构调整成本研究:基于薪酬落差和人情机制的调节效应[J].会计研究(6)：119-128.

陈艳,李佳颖,2022.宏观审慎政策与企业资本结构优化:兼论资本要素市场化配置效率改进[J].会计研究(4)：156-167.

程博,潘飞,王建玲,2016.儒家文化、信息环境与内部控制[J].会计研究(12)：79-84.

戴亦一,余威,宁博,等,2017.民营企业董事长的党员身份与公司财务违规[J].会计研究(6)：75-81.

杜鹏程,王姝勋,徐舒,2021.税收征管、企业避税与劳动收入份额:来自所得税征管范围改革的证据[J].管理世界(7)：105-118.

龚启辉,李辰,吴联生,2021.投资银行—审计师业务关联与 IPO 盈余管理[J].会计研究(9)：106-119.

顾海峰,朱慧萍,2021.高管薪酬差距促进了企业创新投资吗？基于中国 A 股上市公司的证据[J].会计研究(12)：107-120.

郝颖,李俊仪,魏紫,等,2022.行业专家独董能提高企业资本配置效率吗？基于 A 股上市公司的实证检验[J].会计研究(5)：65-76.

何佳,高彧,孟涓涓,2022.个人信息披露决策:强制收集与挤入效应[J].经济研究(5)：158-175.

何威风,刘巍,2017.公司为什么选择法律背景的独立董事[J].会计研究(4)：45-51.

黄炳艺,陈书璜,蔡欣妮,2020.劳动保护制度与公司资本结构关系研究:基于中国资本市场的经验证据[J].会计研究(9)：71-84.

黄薇,曹杨,2022.常态化精准扶贫政策的完善:反福利依赖的视角[J].经济研究(4)：172-190.

黄新飞,陈珊珊,李腾,2014.价格差异、市场分割与边界效应:基于长三角 15 个城市的实证研究[J].经济研究(12)：18-32.

黄志宏,李善民,王彩萍,等,2022.分析师跟踪对企业技术并购决策的影响研究[J].会计研究(1)：129-143.

姜付秀,石贝贝,李行天,2015."诚信"的企业诚信吗？基于盈余管理的经验证据[J].会计研究(8)：24-31.

金友良,谷钧仁,曾辉祥,2020."环保费改税"会影响企业绩效吗[J].会计研究(5):117-133.

雷新途,汪宏华,2019.政府反腐风暴提高企业盈余质量了吗?来自中国上市公司的证据[J].会计研究(12):40-45.

李春涛,许红梅,王立威,等,2020.卖空与创新:A股公司融券试点的证据[J].会计研究(2):133-142.

李丹,袁淳,廖冠民,2016.卖空机制与分析师乐观性偏差:基于双重差分模型的检验[J].会计研究(9):25-31.

李芳华,张阳阳,郑新业,2020.精准扶贫政策效果评估:基于贫困人口微观追踪数据[J].经济研究(8):17-187.

李欢,郑杲娉,李丹,2018.大客户能够提升上市公司业绩吗?基于我国供应链客户关系的研究[J].会计研究(4):58-65.

李路,肖土盛,贺宇倩,等,2020.收购方管理层语言经历、文化整合与并购绩效[J].会计研究(2):90-100.

李明,李德刚,冯强,2018.中国减税的经济效应评估:基于所得税分享改革"准自然试验"[J].经济研究(7):121-135.

李明,李德刚,2018.中国地方政府财政支出乘数再评估[J].管理世界(2):49-58.

李楠,林友宏,2016.管治方式转变与经济发展:基于清代西南地区"改土归流"历史经验的考察[J].经济研究(7):173-188.

李荣,王瑜,陆正飞,2020.互联网商业模式影响上市公司盈余质量吗?来自中国证券市场的经验证据[J].会计研究(10):66-81.

李诗,蒋骄亮,吴超鹏,2022.家族主义文化与企业并购行为:来自家族上市公司的证据[J].会计研究(1):144-157.

李卫兵,张凯霞,2019.空气污染对企业生产率的影响:来自中国工业企业的证据[J].管理世界(10):95-112.

李文文,黄世忠,2020.关系股东与融资约束:基于系族集团的经验证据[J].会计研究(2):74-89.

廖佳,苏冬蔚,2021.上市公司负面声誉与分析师关注:"趋之若鹜"抑或"避之若浼"[J].会计研究(8):38-53.

林慧婷,何玉润,王茂林,等,2016.媒体报道与企业资本结构动态调整[J].会计研究(9):41-46.

刘柏,王舒瑶,张艾莲,2020.降税政策先发布后实施的市场反应差异研究:基于事件研究法和双重差分的时间错配检验[J].会计研究(11):33-46.

刘柏,王馨竹,2017."营改增"对现代服务业企业的财务效应:基于双重差分模型的检验[J].会计研究(10):11-17.

刘斌,李浩然,刘媛媛,2022.工资保障、压力传递与投资调整:治理农民工工资拖欠的跨行业证据[J].会计研究(6):90-105.

刘生龙,周绍杰,胡鞍钢,2016.义务教育法与中国城镇教育回报率:基于断点回归设计[J].经济研究(2):154-167.

刘思义,翁若宇,杨道广,2018.自然灾害、财政压力与企业避税:基于台风灾害的实证分析[J].会计研究(3):34-41.

刘行,赵健宇,叶康涛,2017.企业避税、债务融资与债务融资来源:基于所得税征管体制改革的断点回归分析[J].管理世界(10):113-129.

刘亚伟,翟华云,张兆国,2021.纵向行政管理结构与企业全要素生产率[J].会计研究(10):108-125.

马永强,阳丹,巩亚林,2022.经济周期、政府扶持与企业创新[J].会计研究(5):49-64.

毛捷,郭玉清,曹婧,2022.融资平台债务与环境污染治理[J].管理世界(10):96-118.

孟庆斌,施佳宏,鲁冰,等,2019."轻信"的注册会计师影响了审计质量吗?基于中国综合社会调查(CGSS)的经验研究[J].会计研究(7):12-20.

潘爱玲,王慧,邱金龙,2021.儒家文化与重污染企业绿色并购[J].会计研究(5):133-147.

潘越,吴超鹏,史晓康,2010.社会资本、法律保护与IPO盈余管理[J].会计研究(5):62-67.

钱雪松,代禹斌,陈琳琳,等,2019.担保物权制度改革、融资约束与企业现金持有:基于中国《物权法》自然实验的经验证据[J].会计研究(1):72-78.

任力,何苏燕,2020.并购溢价对股权质押时机选择影响的经验研究[J].会计研究(6):93-107.

宋建波,冯晓晴,2022.关键审计事项信息含量与公司债券发行定价:基于文本相似度视角[J].会计研究(3):174-191.

孙甲奎,肖星,2019.独立董事投行经历与上市公司并购行为及其效应研究:来自中国市场的证据[J].会计研究(10):64-70.

田文佳,余靖雯,龚六堂,2019.晋升激励与工业用地出让价格:基于断点回归方法的研究[J].经济研究(10):89-105.

童盼,赵一鸣,2022.强制性分红政策与内部资本市场:来自渐进双重差分模型的经验证据[J].会计研究(3):62-76.

王红建,陈松,2022.贷款可获得性、信号发送与审计师选择:基于贷款利率上限取消的准自然实验[J].会计研究(3):143-158.

王华,韦欣彤,曹青子,等,2020."营改增"与企业创新效率:来自准自然实验的证据[J].会计研究(10):150-163.

王嘉鑫,2020.强制性内部控制审计、企业创新与经济增长[J].会计研究(5):166-177.

王木之,李丹,2019.新审计报告和股价同步性[J].会计研究(1):86-92.

王晓亮,田昆儒,蒋勇,2019.金融生态环境与政府投融资平台企业投资效率研究[J].会计研究(6):13-19.

王雄元,谭建华,2019.国家物流服务标准化促进了企业投资吗[J].会计研究(12):46-51.

王彦超,郭小敏,余应敏,2020.反垄断与债务市场竞争中性[J].会计研究(7):144-166.

王艳,何竺虔,汪寿阳,2020.民营企业并购的协同效应可以实现吗[J].会计研究(7):64-77.

吴超鹏,金溪,2020.社会资本、企业创新与会计绩效[J].会计研究(4):45-57.

吴静桦,王靖茹,刘建秋,等,2021.贷款利率市场化改革与企业全要素生产率:来自贷款利率上下限放开的微观证据[J].会计研究(4):145-156.

吴武清,田雅婧,2022.企业数字化转型可以降低费用粘性吗?基于费用调整能力视角[J].会计研究(4):89-112.

武恒光,王守海,2016.债券市场参与者关注公司环境信息吗?来自中国重污染上市公司的经验证据[J].会计研究(9):68-74.

向锐,宋聪敏,2019.学者型独董与公司盈余质量:基于中国上市公司的经验数据[J].会计研究(7):27-34.

邢秋航,韩晓梅,2018.独立董事影响审计师选择吗?基于董事网络视角的考察[J].会计研究(7):79-85.

许文静,苏立,吕鹏,等,2018.退市制度变革对上市公司盈余管理行为影响[J].会计研究(6):32-38.

杨兴全,任小毅,杨征,2020.国企混改优化了多元化经营行为吗[J].会计研究(4):58-75.

杨兴全,尹兴强,2018.国企混改如何影响公司现金持有[J].管理世界(11):93-107.

叶丰滢,龚曼宁,2020.审计收费价格管制与审计质量:基于双重差分模型的检验[J].会计研究(12):171-179.

叶莹莹,杨青,胡洋,2022.股权质押引发机构投资者羊群行为吗?基于信息质量的中介效应[J].会计研究(2):146-163.

应千伟,何思怡,2021.CEO的财会教育经历有价值吗?基于并购绩效视角的证据[J].会计研究(6):42-58.

俞俊利,金鑫,梁上坤,2018.高管地缘关系的治理效应研究:基于内部控制质量的考察[J].会计研究(6):78-85.

张博,庄汶资,袁红柳,2018.新会计准则实施与资本结构优化调整[J].会计研究(11):21-27.

张川川,陈斌开,2014."社会养老"能否替代"家庭养老"？来自中国新型农村社会养老保险的证据[J].经济研究(11):102-115.

张汉南,孙世敏,马智颖,2019.高管薪酬粘性形成机理研究：基于掏空视角[J].会计研究(4):65-73.

张立光,彭辽,贺康,2022.空气污染影响高管薪酬吗[J].会计研究(6):153-164.

张琦,孙旭鹏,2021.政府审计独立性提升的治理效应：以审计机关人财物改革对公务接待行为的影响为例[J].会计研究(1):167-178.

张琦,郑瑶,2018.媒体报道能影响政府决算披露质量吗[J].会计研究(1):39-45.

张乾,葛国庆,薛健,2022.数字经济促进了企业避税吗？基于电子商务示范城市创建的准自然实验[J].会计研究(4):71-88.

张胜,魏汉泽,李常安,2016.实际控制人居留权特征与企业税收规避：基于我国民营上市公司的经验证据[J].会计研究(4):77-84.

张茵,刘明辉,彭红星,2017.社会信任与公司避税[J].会计研究(9):48-54.

郑建明,白霄,赵文耀,2018."制度绑定"还是"技术溢出"？外资参股承销商与IPO定价效率[J].会计研究(6):62-69.

周黎安,陈烨,2005.中国农村税费改革的政策效果：基于双重差分模型的估计[J].经济研究(8):44-53.

周美华,林斌,林东杰,2016.管理层权力、内部控制与腐败治理[J].会计研究(3):56-63.

周中胜,贺超,韩燕兰,2020.高管海外经历与企业并购绩效：基于"海归"高管跨文化整合优势的视角[J].会计研究(8):64-76.

朱冰,2020.《劳动合同法》和公司并购绩效：基于双重差分模型的实证检验[J].会计研究(6):108-133.

朱焱,王玉丹,2019.卖空机制与企业社会责任承担：基于中国融资融券制度的准自然实验研究[J].会计研究(12):58-64.

邹红,喻开志,2015.退休与城镇家庭消费：基于断点回归设计的经验证据[J].经济研究(1):124-139.

Bellemare M F, Masaki T, Pepinsky T B, 2017. Lagged explanatory variables and the estimation of causal effect[J]. The Journal of Politics, 79(3): 949-963.

Cattaneo M D, Jansson M, Ma X, 2018. Manipulation testing based on density discontinuity[J]. Stata Journal, 18(1): 234-261.

Cattaneo M D, Titiunik R. 2022. Regression discontinuity designs [Z]. arXiv preprint arXiv: 2018.09400.

Dehejia R, Wahba S, 1999. Causal effects in nonexperimental studies: Reevaluating the evaluation of training programs[J]. Journal of American Statistical Association, 94(448):

1053-1062.

Dehejia R, Wahba S, 2002. Propensity score matching methods for nonexperimental causal studies[J]. Review of Economics and Statistics, 84(1): 151-161.

Heckman J, Robb R, 1985. Alternative methods for evaluating the impact of interventions: An overview[J]. Journal of Econometrics, 30(1/2): 156-246.

Heckman J, Robb R, 1986. Alternative methods for solving the problem of selection bias in evaluating the impact of treatments on outcomes[M]//Wainer, H. (eds) Drawing Inferences from Self-Selected Samples. NY: Springer.

Hong H, Kacperczyk M, 2010. Competition and bias[J]. The Quarterly Journal of Economics, 125(4): 1683-1725.

McCrary J, 2008. Manipulation of the running variable in the regression discontinuity design: A density test[J]. Journal of Econometrics, 142(2): 698-714.

Rosenbaum P R, Rubin D B, 1983. The central role of the propensity score in observational studies for causal effects[J]. Biometrika, 70(1): 41-55.

Thistlethwaite D L, Campbell D T, 1960. Regression-discontinuity analysis: An alternative to the ex-post facto experiment[J]. Journal of Educational Psychology, 51(6): 309-317.

第八章
CHAPTER8

作 图 法

通过本章的学习,掌握适合作图的场景和基本要求;对 R 软件作图有基本了解;对数据进行描述性统计的图形展示,掌握线性回归模型和非线性回归模型中边际效应的意义及作图展示;对特殊数据的展示,如地图类和社交网络类数据;了解基于双重差分类模型的图形展示。

第一节　为什么需要作图

在强调复杂推理和对比的实证研究中,如何将信息整合后更高效地传递给信息接收者？常言道"一图胜千言",这说明图片比语言文字更易于传递信息。此外,心理学领域提出图优效应(picture superiority effect),即图片信息相比文字信息在人类形成记忆时更有优势——我们天生更会看图。图示不仅可以让数据分析人员对数据有更深刻的理解,使数据分析更易于传播,还能训练分析人员阅读图形的能力(Healy,2018)。

财务、会计等学术领域对作图分析人员也十分重视。Cochrane 认为图示应包含完备的标题、变量和符号定义、轴名称、合理的量纲。在此基础上,好的图示可以生动地展示数据分析结果,且比表格更易于传递信息。[①] 也就是说,在具备基本格式的条件下,图示可以满足作图者多方面的交流需求,比如会议上展示报告内容核心思想的需求、数据质量检验的需求、使用某些方法论时核实方法论假设的需求、论文投稿时夯实论据的需求等。其中,展示报告内容交流方式不限于纸面,可以说是上述需求中最能发挥图示的交流优势。因此,展示时纳入图示是很有必要的(Weisbach,2021)。Pedersen 建议将图示放在公式推导之后,图示的直观表达会形成反差,更容易引起受众的关注。[②] 当然,对于实证研究,也可以将图示放在起始,让受众对研究内容有直观把握后再介绍文献和技术细节。

为了更直观地表达作图的优势,我们展示三个在财务、会计实证研究中通过作图生动表达复杂数据趋势的例子。首先,直方图展示盈余管理如何随证监会配股政策对净资产收益率(ROE)的要求变化而变化。2001年3月15日,证监会对配股时 ROE 的要求从"每年 ROE 不低于6%"改为"最近3年加权平均 ROE 不低于6%";杨旭东和莫小鹏(2006)展示了不同区间内上市公司 ROE 分布情况以验证盈余管理的存在。为了举例简单明了,我们截取 2000—2002 年区间内 2000 年和 2001 年的分布情况进行展示。从图 8.1 可以看出,由于 2000 年配股政策未改变,[6,8)区间聚集了明显高于前几个 ROE 区间的上市公司(6%现象),这显然与不存在盈余管理时直方图应该更接近文章认为的正态分布相矛盾,而 2001 年配股政策对 ROE 要求降低后,我们可以看到 6% 现象消失。在这个场景下,相较于表格和饼状图等其他传递同样信息的可选方式,直方图能够突出不同 ROE 区间的分布差异,同时直观展现不同 ROE 区间的排序。此外,我们还能观察到 ROE 为正的分布明显高于 ROE 为负的分布,这也与盈余管理假说相符。

---

① 参见 https://static1.squarespace.com/static/5e6033a4ea02d801f37e15bb/t/5eda74919c44fa5f87452697/1591374993570/phd_paper_writing.pdf。

② 参见 http://public.econ.duke.edu/~ap172/Pedersen_How_to_Succeed_in_Academia_apr13.pdf。

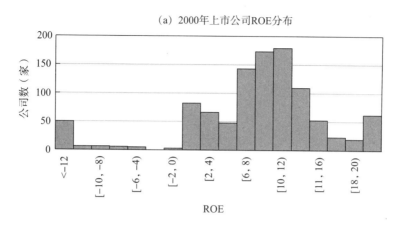

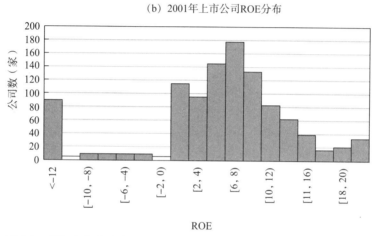

图 8.1 杨旭东和莫小鹏(2006)中 2000 年和 2001 年上市公司 ROE 分布

其次,时间趋势图展示媒体操纵在股票并购事件研究中的应用。Ahern and Sosyura(2014)对比固定换股比率(fixed exchange ratio)和浮动换股比率(floating exchange ratio)两种并购交易中的收购方在谈判阶段(negotiation period)与交易执行阶段(transaction period)的不同时间段操纵媒体的策略,表明换股并购时收购方操纵媒体报道以谋求交易中的有利地位。这里涉及的对比维度有固定—浮动、谈判阶段—交易执行阶段以及不同时间段,用描述性统计表格进行展示,会使表格非常复杂,很难直观看出结果。相反,Ahern and Scsyuva(2014)用两幅时间趋势图就直观地展现了操纵媒体报道现象。如图 8.2 所示,固定换股比率交易中收购方在谈判阶段有较强的操纵媒体动机,使累积异常媒体报道数量(cumulative abnormal articles,某公司的日报道量与其在谈判阶段前 120 个交易日平均值之差)增加,这种动机在谈判阶段结束前最强;而浮动换股比率交易中收购方则在交易执行阶段有更强的操纵媒体动机。这一系列对比通过作图时设置不同面板、虚实曲线、横轴事件日刻度得以呈现。

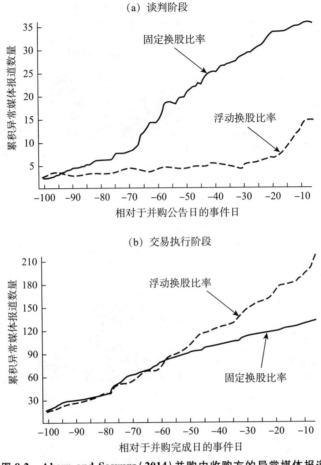

图 8.2　Ahern and Sosyura(2014)并购中收购方的异常媒体报道

最后,社交网络类数据图示在展示内幕交易信息传播中的应用。如图 8.3 所示,Ahern(2017)研究信息如何在社交网络中传递,通过颜色深浅①表达社交连接频度,比只展现数字的表格更让人一目了然——买方同职业之间[如买方经理(buy side managers)和买方分析师(buy side analysts)]最易于传递内幕信息;同时,针对社交网络类数据,将不同的职业重复列在横轴、纵轴,也可以简洁地表达多对多关系。

除作图人角度的需求外,传播对象也可能对作图有明确要求。如表 8.1 所示,大部分财会类顶级期刊在投稿指导中都对作图有明确要求,间接说明图示在科学论述中的重要地位。当然,每种期刊对于图中基本要素呈现方式的要求不一,说明作图时除了具备基本要素,还要注意传播对象对呈现方式是否有具体要求。比如,*Journal of Financial Economics* 和 *Journal of Accounting and Economics* 对于色彩有明确要求,即确保色觉异常者也能识别。②

---

① 图 8.3 中以深浅予以展示,实际软件绘制的图形为红色深浅。——编者注
② 原文为"Ensure that color images are accessible to all, including those with impaired color vision"。

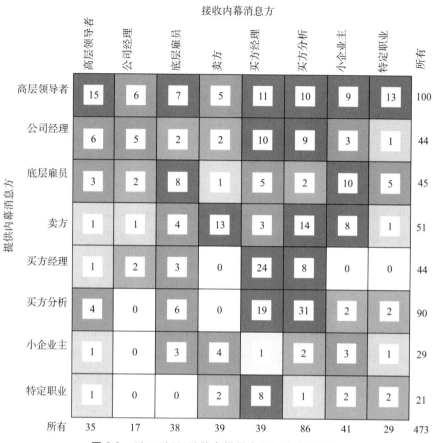

图 8.3 Ahern(2017)信息提供者和接收者的职业

表 8.1 会计、财务顶级期刊作图要求

期刊	作图要求	网址
《经济研究》	标题、颜色	http://www.erj.cn/cn/Info.aspx?m=20220223162358523953
《管理世界》	边框、字体、轴、标题、编号等	http://www.mwm.net.cn/Web/Format
Journal of Finance	文中位置、标号	https://afajof.org/wp-content/uploads/files/policies-and-guidelines/JF_Submission_Guidelines-Feb.pdf
Journal of Financial Economics	字体、标号、大小、颜色、文件格式、标题等	https://www.elsevier.com/journals/journal-of-financial-economics/0304-405X/guide-for-authors
Review of Financial Studies	标号、清晰度、图例、字体、文件格式等	https://academic.oup.com/rfs/pages/Instructions_To_Authors
The Accounting Review	标号、颜色、文件格式等	https://aaahq.org/portals/0/documents/journals/MANUSCRIPT_PREPARATION_AND_STYLE.pdf

（续表）

期刊	作图要求	网址
Journal of Accounting and Economics	字体、标号、大小、颜色、文件格式、标题等	https://www.elsevier.com/journals/journal-of-accounting-and-economics/0165-4101/guide-for-authors
Journal of Accounting Research	描述完备性	https://onlinelibrary.wiley.com/page/journal/1475679x/homepage/forauthors.html

本章意在介绍实证研究中常见的作图场景和代码，让读者掌握用图示进行数据分析的能力。其中，代码基于R语言(4.2.0版本，频繁使用的ggplot2软件包版本为3.4.0)，这是因为很多常见作图场景下实现核心功能的软件包都使用R语言编写，且编写者均为相关方法论的原作者。

本章第二到第四节将分别探讨描述性统计作图、边际效应作图、地图类和社交网络类作图。此外，对于双重差分等因果推断方法，最简单的时间趋势图也能为所研究的相关效应提供直观且有力的印证。例如，Baker et al.(2022)建议在研究交错执行政策的处理效应时，画图展示处理效应随时间变化的情况以凸显估计产生偏误的可能性。在第五节，我们将讨论如何基于交错双重差分、合成控制、断点回归等因果推断方法进行作图展示。

第二节 描述性统计作图

对数据进行描述，除描述性统计表外，还可以通过基础作图来直观地反映变量的大小及其相互关系。常用的基础作图方式包括适合展示分布的直方图、对比不同组因变量取值的柱状图、展示趋势的折线图、表示份额的饼状图、描述自变量和因变量关系的散点图等。下面，我们以柱状图为例，对R语言自带的mtcars数据集进行组间对比。mtcars数据集包含32个观测值，变量有汽车引擎方向(vs)、换挡方式(am)、重量(wt)、气缸数(cyl)、燃油经济性(mpg)等。在不同的换挡方式下，引擎方向与燃油经济性有何关联？我们将mpg作为因变量，am与vs为分组变量，并绘制相应的柱状图。

在介绍作图代码前，我们先展示版本信息。这是因为代码使用的R模块语法对R版本和模块版本较为敏感，需要复现下文和第三节代码内容时，请确保R版本和模块版本与展示的一致。导入相关模块并通过sessionInfo()展示涉及模块的版本信息，版本信息开始于"R version 4.2.0"，截止处用"#版本信息展示结束"提示。[①]

[①] 本章针对文本分析的程序命令中，以"#"（非"//"）开头的字段（包括斜体字内容）是注释或说明性文字，不是代码，不需要输入。

```r
packages <- c("margins", "ggplot2", "dplyr", "glue", "ggthemes", "cowplot", "rlang", "stringr", "ggpubr")
install.packages(setdiff(packages, rownames(installed.packages())))
lapply(packages, require, character.only = TRUE)
> sessionInfo()
```

R version 4.2.0 (2022-04-22 ucrt)

Platform: x86_64-w64-mingw32/x64 (64-bit)

Running under: Windows 10 x64 (build 19043)

Matrix products: default

locale:

[1] LC_COLLATE=English_United States.utf8

[2] LC_CTYPE=English_United States.utf8

[3] LC_MONETARY=English_United States.utf8

[4] LC_NUMERIC=C

[5] LC_TIME=English_United States.utf8

attached base packages:

[1] stats   graphics grDevices datasets utils   methods

[7] base

other attached packages:

[1] ggpubr_0.5.0   stringr_1.4.1 rlang_1.0.6   cowplot_1.1.1

[5] ggthemes_4.2.4 glue_1.6.2   dplyr_1.0.10   ggplot2_3.4.0

[9] margins_0.3.26

loaded via a namespace (and not attached):

[1] pillar_1.8.1   compiler_4.2.0   tools_4.2.0

[4] lifecycle_1.0.3   tibble_3.1.8   gtable_0.3.1

[7] pkgconfig_2.0.3   DBI_1.1.3   cli_3.4.1

[10] rstudioapi_0.14   withr_2.5.0   generics_0.1.3

[13] vctrs_0.5.0   grid_4.2.0   tidyselect_1.2.0

[16] data.table_1.14.4 R6_2.5.1   rstatix_0.7.1

[19] fansi_1.0.3   prediction_0.3.14 carData_3.0-5

[22] car_3.1-1   purrr_0.3.5   tidyr_1.2.1

[25] magrittr_2.0.3   backports_1.4.1   scales_1.2.1

[28] MASS_7.3-58.1   abind_1.4-5   assertthat_0.2.1

[31] colorspace_2.0-3 ggsignif_0.6.4   utf8_1.2.2

[34] stringi_1.7.8   munsell_0.5.0   broom_1.0.1
#版本信息展示结束

(1) 导入数据,生成分组变量。①

```
grdat = mtcars[, c('vs','am','wt','mpg')]
grdat$am = factor(grdat$am, levels = c(0,1), labels=c('Manual','Automatic'))
grdat$vs = factor(grdat$vs, levels=c(0,1), labels=c('Vertical','Straight'))
```

(2) 作图(geom_bar 设定统计量,其他为格式和色彩设置)。

```
ggplot(grdat[, c('mpg','am','vs')], aes(y=mpg, x=am, fill=vs)) +
geom_bar(position='dodge', stat='summary', fun='mean') +
theme(text = element_text(size=12), panel.grid.major = element_blank(), panel.grid.minor = element_blank(), panel.background = element_rect(fill = "transparent", colour = NA),
plot.background = element_rect(fill = "transparent", colour = NA)) +
scale_fill_viridis_d() +
labs(x='',y='Fuel Efficiency')
```

图 8.4 表明,引擎方向为立式(Vertical)或换挡方式为手动(Manual)时,燃油经济性较低。

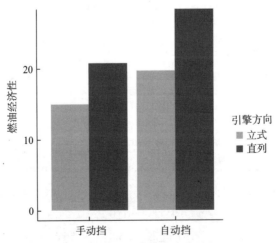

图 8.4　燃油经济性与汽车特征

---

① "(1)"表示步骤序号,其后内容不能够出现在代码中(否则代码运行时会报错);若改写为"#(1)",则其后内容既可以出现在代码中,又能表达步骤序号。以下类同。

第三节 边际效应作图

接下来,我们使用上述 mtcars 数据集进行广义线性回归分析和边际效应作图,即边际效应随某个自变量变化而产生的趋势。在回归分析中,除了讨论系数的统计显著性,还可以通过展示边际效应(marginal effect)来直观地阐述观点。[①] 对于线性回归模型,边际效应与系数大小一致,且为常数;对于广义线性回归模型(如逻辑回归模型),边际效应则与系数大小不一致,且不为常数。[②] 本节以逻辑回归模型为例,对广义线性回归模型下的边际效应进行作图展示。

我们计算的边际效应是平均边际效应(average marginal effects, AME)。给定所关注自变量的取值,计算时需要代入其他自变量的所有观测值,得出每个观测值下的边际效应,最后求这些边际效应的平均值。每次计算边际效应的方法是:给定估计好的模型,因变量对关注的自变量求一阶导数。

其他常见的边际效应衡量方式有代表值边际效应(marginal effect at representative values, MER)和均值边际效应(marginal effect at means, MEM)。MER 可以取所关注自变量的最小值、25%分位数、中位数、75%分位数、最大值;MEM 则取所关注自变量的均值。

margins 软件包使用条件作图(cplot)来展示边际效应。条件作图方法默认从所关注自变量的最大值和最小值之间等间距取 25 个值,给定每个取值计算该取值下的平均边际效应,最后计算 25 个边际效应的平均值作为因变量的 25 个取值。

以下举例说明条件作图流程(承接本章第二节的代码)。cpdata 是条件作图的计算值,我们复现其中的点估计(yvals)中的第一个值(-0.002282505)。复现方法是利用估计好的逻辑回归系数(coefs),给定 xvals 中的第一个值(1.513)——也就是所关注的自变量(wt)25 个取值中的第一个,循环代入其他两个变量(cyl 和 vs)的观测值,计算因变量相对于 wt 的边际效应并储存在 ames 这个变量下,最后对 ames 求平均值得到-0.002282505,与 cplot 计算结果一样。

建立逻辑回归模型并计算边际效应。

```
model_glm = glm(am ~ cyl + vs + wt, data = mtcars, family = binomial)
cpdata = cplot(model_glm, "wt", what = "effect", type = "response",
main = "Average Marginal Effect of Weight")
wt1 = unlist(cpdata[1])[1]      # 取 xvals 中第一个值 1.513
coefs = model_glm $ coefficients
```

[①] 本节只讨论边际效应作图,不关注统计推断。
[②] 技术细节可参考 Ai and Norton(2003)和 Powers(2005)。

```
ames = c()
for (i in 1:nrow(mtcars)){
    Xbeta = coefs[1] + coefs[2] * mtcars[i,] $ cyl + coefs[3] * mtcars[i,] $ vs + coefs[4] * wt1
    Y = exp(Xbeta) /(1+exp(Xbeta))
    ames[i] = coefs[4] * Y * (1-Y)     # 逻辑回归模型 am = Logit(b1 + b2 * cyl + b3 * vs + b4 * wt + e)相对于 wt 的一阶导数
}
print(mean(ames))
print(unlist(cpdata $ yvals)[1])
```

在了解条件作图的原理后,我们将上述逻辑回归模型加入带有哑变量的交互效应,并进行边际效应条件作图。这里加入交互效应是为了讨论广义线性模型有交互效应时该如何展示边际效应,并呈现边际效应作图与交互项回归系数可能存在的差异。

我们整理 cplot 中的功能,并结合交互效应对比需求、避免标准误过大需求[1]、即时显示需求编写了 cplot_ext 函数,并调用该函数作图。

```
cplot_ext = function(model, xname, whatname = "effect", typename, dataname, addname = ", funcname = identity, toplot = 1){
    funclit = as.character(substitute(funcname))
    is_list = if (nchar(addname) > 0) 1 else 0
    if (is_list == 1){
        if
(! grep(' \\w+ \\s * \\= \\s * \\d+ \\s * ; \\s * \\w+ \\s * \\= \\s * \\d+ \\s *', addname)){
            throw(glue("Expected: argument addname in the form var1 = value1; var2 = value2 \nProvided: {addname}"))
        }
        ss1 = str_trim(str_split(addname,';')[[1]][1])
        ss11 = str_trim(str_split(ss1,'=')[[1]][1])
        ss12 = str_trim(str_split(ss1,'=')[[1]][2])
```

---

[1] margins 软件包基于 delta 方法计算标准误,可能出现某些自变量取值下标准误过大导致置信区间过大,展示边际效应时图形比例失调的问题。margins 软件包的细节说明(Details)中认为这是正常现象:cplot_ext 允许采用 plogis 函数将置信区间统一到[0, 1],避免出现比例失调问题。https://www.rdocumentation.org/packages/margins/versions/0.3.26/topics/cplot。

```
        ss2 = str_trim(str_split(addname,';')[[1]][2])
        ss21 = str_trim(str_split(ss2,'=')[[1]][1])
        ss22 = str_trim(str_split(ss2,'=')[[1]][2])
    }

    data1_ = if (is_list == 1) filter(dataname, eval(parse(text = ss11)) %in% ss12) else dataname
    if (is_list == 1){
        data2_ = filter(dataname, eval(parse(text = ss21)) %in% ss22)
    }
    yname = if (whatname == "effect") "AME" else "prediction"
    sname = if (typename == "response") "Logit(Xbeta)" else "Xbeta"
    cplotdat = cplot(model, xname, what = whatname, type = typename, data = data1_, draw = FALSE)
    #print(class(cplotdat))# "summary.margins" "data.frame"
    #print(length(cplotdat[,1]))# cplot data 长度为 25
    cplotdat = as.data.frame(cplotdat)
    cplotdat$subsample = if (is_list == 1) ss1 else ''

    cplot_out = ggplot() + #plogis 将输入值转换为 0 和 1 之间的值,如 plogis(0) = 0.5 = e^0 /(e^0 + 1)
    geom_line(data = cplotdat, aes(x = xvals, y = funcname(yvals), color = subsample)) +
    geom_line(data = cplotdat, aes(x = xvals, y = funcname(upper), color = subsample), linetype = 'twodash') + #max of upper is 1 under plogis
    geom_line(data = cplotdat, aes(x = xvals, y = funcname(lower), color = subsample), linetype = 'twodash') #min of lower is 0 under plogis

    if (is_list == 1){
        cplot2dat = cplot(model, xname, what = whatname, type = typename, data = data2_, draw = FALSE)
```

```
        cplot2dat = as.data.frame(cplot2dat)
        cplot2dat$subsample = ss2
        cplot_out = cplot_out +
            geom_line(data = cplot2dat, aes(x = xvals, y = funcname(yvals), color = subsample)) +
            geom_line(data = cplot2dat, aes(x = xvals, y = funcname(upper), color = subsample), linetype = 'twodash') +
            geom_line(data = cplot2dat, aes(x = xvals, y = funcname(lower), color = subsample), linetype = 'twodash')
        }

    cplot_out = cplot_out +
        theme_few() +
            scale_color_viridis_d() +
        theme(legend.position = if(is_list == 1) "bottom" else "none") # based on linetype/color within aes()

    if(toplot == 1){
        cplot_out
        }
    return(cplot_out)
}
```

我们考虑一个带有交乘项的逻辑回归模型: am = Logit(b1 + b2 * cyl + b3 * vs + b4 * wt + b5 * wt * vs + e), 并针对 wt 自变量的 25 个不同取值展示平均边际效应。model_glm_int 是我们估计的模型(其中 vs:wt 下的 3.587 表示交互效应系数); "wt"是所关注的自变量; "effect"表示作图因变量是平均边际效应(AME); "response"表示模型预测 am 时使用 Logit(线性模型)而非广义线性模型本身; mtcars 是数据名称; "vs = 0; vs = 1"表明对比引擎方向不同时所关注的自变量的边际效应; plogis 用于控制置信区间在[0, 1]范围内。

建立交乘项逻辑回归模型并作图展示(见图 8.5)。

```
model_glm_int = glm(am ~ cyl + vs * wt, data = mtcars, family = binomial)
print(model_glm_int)
cplot_ext(model_glm_int, "wt", "effect", "response", mtcars, "vs = 0; vs = 1", plogis)
```

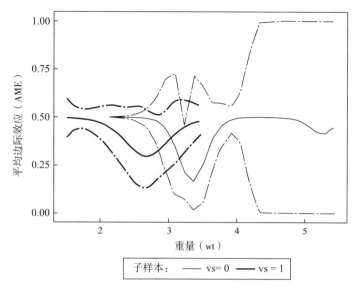

图 8.5　交互效应逻辑回归模型

从图 8.5 可以看出,不管 vs 取值是 0 还是 1,所关注的自变量 wt 的平均边际效应随 wt 的变化而不同。而且,vs 从 0 提升到 1 不一定代表 wt 的边际效应增强,也不一定代表 wt 的边际效应减弱。如果我们只看交乘项回归系数 3.587 并简单地理解为当 vs 从 0 提升到 1 时 wt 的边际效应增强,就会错误地进行假设检验和经济解释。

第四节　特殊数据作图:地图类数据、社交网络类数据

当数据中存在地理信息(如省份)时,可以借助地图类数据进行展示,将主要变量的地理分布情况直观地呈现给读者,帮助读者将复杂抽象的地理坐标数据投射到二维平面上。我们以 CNRDS 异地商会基本信息(曹春方和贾凡胜,2020;程玲等,2021;宁博等,2022)为例,展示商会原籍地和活动地域的地理分布。该商会数据包含异地省级商会原籍地与活动地域等基本信息。[①] 另外,展示地理分布所使用的地图信息来自中华人民共和国民政部[②]:行政区划代码和对应的地图矢量信息为 json 格式文件,用 sf 软件包读取;行政区划代码和名称关联文件为 xlsx 格式文件,用 readxl 软件包读取。由于商会数据中使用川渝而没有区分四川和重庆,我们将地图中的四川和重庆合并为川渝。

1. 导入数据

先导入相关模块并通过 sessionInfo( ) 展示涉及模块的版本信息,版本信息开始于"R version 4.2.0",截止处用"#版本信息展示结束"提示(这段内容不是代码,不需要输入)。

[①] 我国民政部于 2003 年 11 月出台《关于异地商会登记有关问题的意见》,地域商会组织的合法性得以确立。
[②] http://xzqh.mca.gov.cn/data/quanguo.json 和 http://xzqh.mca.gov.cn/2020.html

```
packages <- c("geojsonsf","sf","ggplot2","readxl","dplyr","stringr","ggthemes","scales","cowplot", "quanteda")
install.packages(setdiff(packages, rownames(installed.packages())))
lapply(packages, require, character.only = TRUE)
> sessionInfo()
```

R version 4.2.0 (2022-04-22 ucrt)

Platform: x86_64-w64-mingw32/x64 (64-bit)

Running under: Windows 10 x64 (build 19043)

Matrix products: default

locale:

[1] LC_COLLATE=English_United States.utf8

[2] LC_CTYPE=English_United States.utf8

[3] LC_MONETARY=English_United States.utf8

[4] LC_NUMERIC=C

[5] LC_TIME=English_United States.utf8

attached base packages:

[1] stats   graphics grDevices datasets utils   methods

[7] base

other attached packages:

[1] quanteda_3.2.3   cowplot_1.1.1   scales_1.2.1

[4] ggthemes_4.2.4   stringr_1.4.1   dplyr_1.0.10

[7] readxl_1.4.1   ggplot2_3.4.0   sf_1.0-9

[10] geojsonsf_2.0.3

loaded via a namespace (and not attached):

[1] Rcpp_1.0.9   pillar_1.8.1   compiler_4.2.0

[4] cellranger_1.1.0   stopwords_2.3   class_7.3-20

[7] tools_4.2.0   lattice_0.20-45   lifecycle_1.0.3

[10] tibble_3.1.8   gtable_0.3.1   pkgconfig_2.0.3

```
 [13] rlang_1.0.6        fastmatch_1.1-3       Matrix_1.5-3
 [16] DBI_1.1.3          cli_3.4.1             rstudioapi_0.14
 [19] e1071_1.7-12       withr_2.5.0           generics_0.1.3
 [22] vctrs_0.5.0        classInt_0.4-8        grid_4.2.0
 [25] tidyselect_1.2.0   glue_1.6.2            R6_2.5.1
 [28] fansi_1.0.3        purrr_0.3.5           magrittr_2.0.3
 [31] units_0.8-0        assertthat_0.2.1      colorspace_2.0-3
 [34] utf8_1.2.2         KernSmooth_2.23-20    proxy_0.4-27
 [37] stringi_1.7.8      RcppParallel_5.1.5    munsell_0.5.0
#版本信息展示结束
```

商会原始数据(曹春方和贾凡胜,2020)文件如下:

```
merch_path = "g:/基本信息.xlsx"
```

地图原始数据文件如下:

```
dsn = "g:/quanguo.json"
```

行政区划代码原始数据文件如下:

```
mca_code_path = "g:/mca_code_2020.xlsx"
```

(1) 调用商会相关信息。

```
Sys.setlocale(category = "LC_ALL", locale = "en_US.UTF-8")    # 防止
   文件路径有中文时无法读取
Sys.setlocale(category = "LC_CTYPE", locale = "chs")    # 也可以尝试
   该行,如果上一行Sys.setlocale命令无法读取
```

(2) 整理数据。

```
merch = read_excel(merch_path, skip=1) %>%
    filter(活动地域 ! = "赛场上") %>%
    mutate(原籍地 = str_trim(原籍地)) %>%
    mutate(活动地域 = str_trim(活动地域)) %>%
    mutate(原籍地 = ifelse(str_detect(原籍地,"四川|重庆"),"川渝",原籍
地)) %>%
    mutate(原籍地 = ifelse(str_detect(原籍地,"黑龙"),"黑龙江",原籍
地)) %>%
    mutate(原籍地 = ifelse(str_detect(原籍地,"内蒙"),"内蒙古",原籍
```

```
地))%>%
    mutate(原籍地 = substr(原籍地,1,2)) %>%     #地名只取前两个字符,如
"内蒙古"显示为"内蒙","黑龙江"显示为"黑龙"
    add_count(原籍地) %>%
    rename(From 原籍地 = n) %>%
    mutate(活动地域 = ifelse(str_detect(活动地域,"安徽"),"安徽",活动
地域)) %>%
    mutate(活动地域 = ifelse(str_detect(活动地域,"贵州"),"贵州",活动
地域)) %>%
    mutate(活动地域 = ifelse(str_detect(活动地域,"四川|重庆"),"川渝",
活动地域)) %>%
    mutate(活动地域 = substr(活动地域,1,2)) %>%
    add_count(活动地域) %>%
    rename(To 活动地域 = n) %>%
    select(原籍地,From 原籍地,活动地域,To 活动地域)

原籍地 = distinct(merch,原籍地,From 原籍地,.keep_all = FALSE)
活动地域 = distinct(merch,活动地域,To 活动地域,.keep_all = FALSE)
```

行政区划代码与名称相关数据。

```
mca_code = read_excel(mca_code_path) %>%
    mutate_at(c("area_code"), as.character) %>%
    mutate(area_name = str_trim(area_name))
```

地图类数据。

```
map_chn = st_read(dsn = dsn, stringsAsFactors=FALSE)

map_chn = map_chn %>%
    mutate(NAME = ifelse(! str_detect(NAME, "\\d+"),QUHUADAIMA,
NAME)) %>%
    mutate(NAME = ifelse(QUHUADAIMA == "daodian","daodian",NAME))
%>%
    rename(area_code = NAME) %>%
    left_join(mca_code, by = c("area_code")) %>%
    select(area_code, fcolor = FillColor, area_name, geometry) %>%
```

```r
    mutate(area_name = ifelse(startsWith(area_code,"50"),"重庆市",
area_name)) %>% # somehow 重庆 is not merged...it is an empty string
    mutate(area_name = ifelse(grepl("^(50|51)", area_code),"川渝",
area_name)) %>%      #商会数据中使用川渝
    mutate(area = substr(area_name,1,2))

map_原籍地 = map_chn %>%
    left_join(原籍地, by = c("area" = "原籍地")) %>%
    mutate(area_name = ifelse(grepl("^50", area_code),"",area_
name))     #商会数据中使用川渝(商会数据只填充四川部分,避免近距离重复填充)

top_原籍地 = 原籍地 %>%
    slice_max(From原籍地, n = 5, with_ties = TRUE) %>%
    mutate(is_top = 1) %>%
    select(原籍地, is_top)

map_原籍地 = map_原籍地 %>%
    left_join(top_原籍地, by = c("area" = "原籍地")) %>%
    mutate(area_name = ifelse(is.na(From原籍地)|is_top!=1,"",
area_name)) %>%
    mutate(area_name = ifelse(duplicated(area_name),"",area_
name))

cent_原籍地 = map_原籍地 %>% st_centroid()

map_活动地域 = map_chn %>%
    left_join(活动地域, by = c("area" = "活动地域")) %>%
    mutate(area_name = ifelse(grepl("^50", area_code),"",area_
name))     #商会数据中使用川渝(商会数据只填充四川部分,避免近距离重复填充)

top_活动地域 = 活动地域 %>%
    slice_max(To活动地域, n = 5, with_ties = TRUE) %>%
    mutate(is_top = 1) %>%
    select(活动地域, is_top)
```

```
map_活动地域 = map_活动地域 %>%
    left_join(top_活动地域, by = c("area" = "活动地域")) %>% mutate
    (area_name = ifelse(is.na(To活动地域) | is_top ! = 1, "", area_
    name)) %>%
        mutate(area_name = ifelse(duplicated(area_name), "", area_
name))

cent_活动地域 = map_活动地域 %>% st_centroid()
p1 = ggplot(map_原籍地) +
    geom_sf(aes(fill = From原籍地), show.legend = TRUE) +
    geom_sf_text(data = cent_原籍地, aes(label = area_name), color =
"red", size = 3.5, angle = 45) +
    theme_map() +
    theme(legend.position = "bottom") +
    scale_fill_viridis_c() +
    labs(title = "商会原籍地", size = 8)

p2 = ggplot(map_活动地域) +
    geom_sf(aes(fill = To活动地域), show.legend = TRUE) +
    geom_sf_text(data = cent_活动地域, aes(label = area_name), color =
"red", size = 3.5, angle = 45) +
    theme_map() +
    theme(legend.position = "bottom") +
    scale_fill_viridis_c() +
    labs(title = "商会活动地域", size = 8)
plot_grid(p1, p2)
```

2. 作图

作图结果(未展示)中,颜色偏黄(紫)代表观测值个数多(少),观测值个数最多的五个地区用红色文字展示。从图中容易看出,异地商会原籍地和活动地域均呈现一定的聚集态势。其中,商会原籍地聚集在北京市、山东省、福建省、甘肃省及川渝地区,商会活动则聚集在天津市、广东省、海南省、广西壮族自治区和川渝地区。

以上,我们分别针对异地商会的原籍地和活动地域分别作图,但这类图并不能显示原籍地和活动地域的关联关系。接下来,我们将原籍地和活动地域作为社交网络(social network)中的节点(node)和边(edge),对社交网络数据进行作图以直观表达社交网络中纷繁复杂的多对多关系。① 由于原籍地和活动地域之间有明显的方向性,作图时每个边设置为单向边。

先导入相关模块并通过sessionInfo()展示涉及模块的版本信息,版本信息开始于"R version 4.2.0",截止处用"#版本信息展示结束"提示(这段内容不是代码,不需要输入)。

```
packages <- c("ggraph", "igraph","tidygraph")
install.packages(setdiff(packages, rownames(installed.packages())))
lapply(packages, require, character.only = TRUE)
> sessionInfo()
R version 4.2.0 (2022-04-22 ucrt)
Platform: x86_64-w64-mingw32/x64 (64-bit)
Running under: Windows 10 x64 (build 19043)

Matrix products: default

locale:
[1] LC_COLLATE=English_United States.utf8
[2] LC_CTYPE=English_United States.utf8
[3] LC_MONETARY=English_United States.utf8
[4] LC_NUMERIC=C
[5] LC_TIME=English_United States.utf8

attached base packages:
[1] stats     graphics  grDevices datasets  utils     methods
[7] base

other attached packages:
[1] tidygraph_1.2.2 igraph_1.3.5    ggraph_2.1.0
[4] ggplot2_3.4.0

loaded via a namespace (and not attached):
[1] Rcpp_1.0.9            pillar_1.8.1          compiler_4.2.0
```

---

① 当然,也可以使用本章第一节以 Ahern(2017)提及的着色表格形式对社交网络数据作图。

```
 [4] viridis_0.6.2          tools_4.2.0           digest_0.6.30
 [7] viridisLite_0.4.1      lifecycle_1.0.3       tibble_3.1.8
[10] gtable_0.3.1           pkgconfig_2.0.3       rlang_1.0.6
[13] DBI_1.1.3              cli_3.4.1             rstudioapi_0.14
[16] ggrepel_0.9.2          gridExtra_2.3         withr_2.5.0
[19] dplyr_1.0.10           graphlayouts_0.8.3    generics_0.1.3
[22] vctrs_0.5.0            grid_4.2.0            tidyselect_1.2.0
[25] glue_1.6.2             R6_2.5.1              fansi_1.0.3
[28] polyclip_1.10-4        farver_2.1.1          tidyr_1.2.1
[31] purrr_0.3.5            tweenr_2.0.2          magrittr_2.0.3
[34] scales_1.2.1           MASS_7.3-58.1         assertthat_0.2.1
[37] ggforce_0.4.1          colorspace_2.0-3      utf8_1.2.2
[40] munsell_0.5.0
#版本信息展示结束
```

(1) 构建社交网络类数据。

```
merch_nw = merch %>%
    select(原籍地, 活动地域) %>%
    rename(from = 原籍地, to = 活动地域) %>%
    as.data.frame()


tg = as_tbl_graph(graph_from_data_frame(merch_nw, directed = TRUE,
vertices = 原籍地)) %>%
    activate(nodes) %>% #activate nodes (instead of edges) so that mutate applies to nodes
    mutate(label = name)


v.size <- V(tg)$From原籍地
```

(2) 设置随机种子。

```
set.seed(123)
```

(3) 绘制社交网络图。

```
tg %>%
```

```
ggraph(layout = "fr") +
geom_edge_link(color=viridis_pal()(2)[1], lineend = "round",
arrow = arrow(length = unit(0.2, "inches"), type = "closed"), aes
(edge_width = .2, alpha = .2)) +
geom_node_point(size=log(v.size)*2, color=viridis_pal()(2)
[2]) +
geom_node_text(aes(label = name), repel = TRUE, point.padding =
unit(0.2, "lines"), size=sqrt(v.size), color="black") +
scale_edge_width(range = c(0, 2.5)) +
scale_edge_alpha(range = c(0,.3)) +
theme_graph(background = "white") +
theme(legend.position = "top") +
guides(edge_width = "none", edge_alpha = "none") +
labs(title="From 原籍地 To 活动地域", size = 8)
```

图 8.6 显示，字体和节点越大代表该地区注册异地商会越积极。箭头由原籍地指向活动地域，箭头越密集的点代表该地区越欢迎异地商会开展活动。比如，在原籍地和活动地域的地理分布都排前五的川渝地区，字体和节点大、箭头密集，说明该地区既积极形成异地商会便利本地区企业在异地开展经济活动，又对外地企业在本地区形成商会持开放态度。

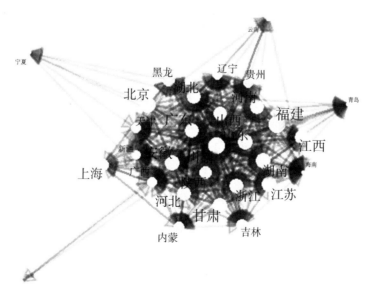

图 8.6　异地商会社交网络（单向）

第五节 双重差分类模型作图

在本节,我们将讨论估计双重差分类模型时的作图方法,主要分为交错双重差分、合成控制、断点回归三种作图。前两种作图不仅可以展示动态处理效应,还是一种检验实验是否设置合理(即平行趋势)的方法;而断点回归作图是断点回归法不可或缺的部分(Imbens and Lemieux,2008)。

一、交错双重差分及改进的估计方法

在进行因果推断时,政策交错干预可以减轻单一政策处理效应受其他因素的影响。据 Baker et al.(2022)统计,2000—2019 年国际顶级财务与会计期刊使用双重差分的论文中,有 54.7%使用交错双重差分(staggered DID,TWFE 或 TWFE DID)是一种流行的双重差分方法。

交错双重差分的处理效应可以通过式(8.1)所示的最小二乘(OLS)模型估计。其中,δ 为处理效应;D_{it} 为参与实验的哑变量,标识所有接受实验的个体处于实验后的时间段;α_i 和 λ_t 分别为个体固定效应与时间固定效应,用于控制自主选择参与实验对因变量的影响;ε_{it} 为残差项。

$$y_{it} = \alpha_i + \lambda_t + \delta D_{it} + \varepsilon_{it} \tag{8.1}$$

交错双重差分在估计处理效应时,OLS 仅对参与实验这个哑变量的变化敏感(Callaway and Sant'Anna,2021),而对同一哑变量取值下的个体间差异不敏感。因此,当不同政策执行方之间存在执行效力(对因变量的影响)差异,或单项政策在开始执行后的不同时间效力存在差异时,交错双重差分对处理效应 δ 的估计可能存在偏误。[①]

针对上述政策执行中的两种差异,Baker et al.(2022)总结了三种改进的估计方法[②]:堆叠双重差分[Gormley and Matsa,2011(以下简称 Stacked);Callaway and Sant'Anna,2021(以下简称 CS);Sun and Abraham,2021(以下简称 SA)]。三种方法意图都在于为交错干预下的实验组找到合适的控制组,但控制组的构建方式不同:Stacked 的样本由每次政策执行构建的双重差分子样本(cohort)组成[③],回归模型中使用"子样本—个体"和"子样本—时间"固定效应;CS 的控制组针对每次政策执行,选取当时还未参与实验的个体并

[①] 此外,当同一政策有多次且不同的方案实施时,需要在一个模型里估计多个处理效应。这种情况直接使用交错双重差分估计处理效应也会产生偏误,可参考 de Chaisemartin and D'Haultfœuille(2022)。

[②] 该文还比较了不同方法的点估计技术细节和统计推断等方面,并在文末给出操作建议。

[③] 同一个体可以存在于多个子样本中,且"身份"可以不同。可以在一个子样本中是实验组个体而在另一个子样本中是控制组个体。

允许通过协变量进一步匹配以满足平行趋势假设(如 Sant'Anna and Zhao,2020),总体的处理效应由每次政策执行的效应加权平均得出,且允许不同的加权方式;SA 与 CS 类似,也针对单次执行选取控制组个体,再加权平均单次处理效应得出总体的处理效应,并通过单次政策所涉及的观测值在样本中的占比加权,但控制组只能选取从不参与实验或最后一次才参与实验的个体[1]并且不允许通过协变量[2]进一步匹配。[3]

接下来,我们主要根据 Baker et al.(2022)、Callaway and Sant'Anna(2021)分别编写的 did 软件包和 feols 软件包,使用上述四种双重差分法进行估计和作图。数据来自 did 软件包自带的青年就业率数据(mpdta)。该数据主要变量是 2003—2007 年美国郡(countyreal)级别青年就业率对数(lemp)和郡级别提升最低工资政策年份(first.treat)(可能取值为 2004,2006,2007;并非所有郡都执行该类政策),共 2 500 个观测值。待估计的政策效应为提升最低工资政策对青年就业率的影响。

由于不同估计方法涉及的参数和调用方式差异较大,我们对不同类型的代码进行了整理,使得给定新数据集只需根据数据与假设调整代码开头部分的重要参数即可在四种方法下作图。

先导入相关模块并通过 sessionInfo() 展示涉及模块的版本信息,版本信息开始于 "R version 4.2.0",截止处用"#版本信息展示结束"提示(这段内容不是代码,不需要输入)。

```
packages <- c("ggplot2", "dplyr", "did", "fixest", "tidyverse", "fastDummies", "purrr", "scales", "cowplot", "glue", "haven", "stringr")
install.packages(setdiff(packages, rownames(installed.packages())))
lapply(packages, require, character.only = TRUE)

> sessionInfo()
R version 4.2.0 (2022-04-22 ucrt)
Platform: x86_64-w64-mingw32/x64 (64-bit)
Running under: Windows 10 x64 (build 19043
```

---

[1] 最后一次参与实验的个体被选入控制组后,无法再进入实验组。
[2] 如果不允许通过协变量匹配,可能存在所选取的控制组不满足平行趋势假设的情况。此外,CS 还允许添加预期窗口(anticipation),将事件之前(pre-treatment)阶段最晚的时间点从执行时点前移至预期窗口之前,使得事件之前阶段不受政策执行预期的影响。
[3] Rambachan and Roth(2021)开发了一种在不满足平行趋势假设下估计处理效应的方法,并配有软件包 honestdid。这种方法的基本思想是根据事件前阶段实验组和控制组在因变量上的差异,设定反事实下事件后实验组和控制组的差异范围,从而在事件后从观测到的因变量总差异中扣除反事实差异范围。

```
Matrix products: default

locale:
[1] LC_COLLATE=English_United States.utf8
[2] LC_CTYPE=English_United States.utf8
[3] LC_MONETARY=English_United States.utf8
[4] LC_NUMERIC=C
[5] LC_TIME=English_United States.utf8

attached base packages:
[1] stats     graphics  grDevices datasets  utils     methods
[7] base

other attached packages:
 [1] haven_2.5.1       glue_1.6.2          cowplot_1.1.1
 [4] scales_1.2.1      fastDummies_1.6.3   forcats_0.5.2
 [7] stringr_1.4.1     purrr_0.3.5         readr_2.1.3
[10] tidyr_1.2.1       tibble_3.1.8        tidyverse_1.3.2
[13] fixest_0.11.0     did_2.2.0.901       dplyr_1.0.10
[16] ggplot2_3.4.0

loaded via a namespace (and not attached):
 [1] Rcpp_1.0.9            lubridate_1.9.0       lattice_0.20-45
 [4] zoo_1.8-11            assertthat_0.2.1      utf8_1.2.2
 [7] R6_2.5.1              cellranger_1.1.0      backports_1.4.1
[10] reprex_2.0.2          httr_1.4.4            pillar_1.8.1
[13] rlang_1.0.6           googlesheets4_1.0.1   readxl_1.4.1
[16] rstudioapi_0.14       data.table_1.14.4     car_3.1-1
[19] googledrive_2.0.0     munsell_0.5.0         broom_1.0.1
[22] compiler_4.2.0        numDeriv_2016.8-1.1   modelr_0.1.10
[25] pkgconfig_2.0.3       Bmisc_1.4.5           tidyselect_1.2.0
[28] fansi_1.0.3           crayon_1.5.2          tzdb_0.3.0
[31] dbplyr_2.2.1          withr_2.5.0           ggpubr_0.5.0
[34] grid_4.2.0            nlme_3.1-160          jsonlite_1.8.3
```

```
[37] gtable_0.3.1          lifecycle_1.0.3      DBI_1.1.3
[40] magrittr_2.0.3        cli_3.4.1            stringi_1.7.8
[43] carData_3.0-5         dreamerr_1.2.3       ggsignif_0.6.4
[46] fs_1.5.2              xml2_1.3.3           ellipsis_0.3.2
[49] generics_0.1.3        vctrs_0.5.0          sandwich_3.0-2
[52] Formula_1.2-4         tools_4.2.0          hms_1.1.2
[55] abind_1.4-5           timechange_0.1.1     colorspace_2.0-3
[58] gargle_1.2.1          rstatix_0.7.1        rvest_1.0.3
#版本信息展示结束
```

(1) 设定重要参数。

```
PRE = 3        #估计政策效应的窗口(前,大于2的整数)
POST = 3       #估计政策效应的窗口(后,大于2的整数)
dataname = "mpdta"     #数据名称
Yname = "lemp"     #因变量
entityname = "countyreal"     #个体标识
yearname = "year"     #观测值时点
groupname = "first.treat"     #首次参与实验的时点,从未参与实验的个体取值
    为0
treatdummy = "treat"     #个体是否参与实验(与时点无关)
clustervars = c(entityname)     #聚类标准误,注:CS不能使用年份等时间维
    度聚类;TWFE,CS和SA按entityname聚类,Stacked按cohort*entityname
    聚类
Xvars = ""     #使用协变量进一步筛选控制组;由于SA不能使用协变量匹配,因此
    统一不匹配;如果要使用协变量,可以写成如"size roa mtb"的形式
CSestname = "dr"     #协变量匹配的模型,协变量为空时没有使用模型
CScontrol = "nevertreated"     #CS控制组选取样本区间内从未参与实验的个
    体;当样本所有个体都接受实验,用接受最后一次政策干预的个体(last-treated)作
    为控制组,并将这些个体移出实验组;此外,也可填"notyettreated",但SA控制组不
    允许使用尚未接受实验的个体;如果填"notyettreated"且不存在从未参与实验的个
    体,那么最后一次政策干预的个体将被移除,否则最后一次政策干预找不到控制组
CSanticipation = 0     #CS允许填入预期窗口;如0表示个体没有政策预期,2表
    示个体在干预前两年形成预期,实验组和控制组的因变量差异在此时就开始显现
```

（2）导入数据并生成必要的变量。

```
dset = eval(parse(text=dataname))
YRmax = max(dset[,yearname])
GPmax = max(dset[,groupname])
NOnevertreated = if_else(summary(dset %>% filter(dset[,yearname]
    >= GPmax) %>% pull(treatdummy))["Mean"] == 1, 1, 0)    # 样本是否
  不存在从未参与实验的个体
dset["rel_year"] = dset[,yearname] - dset[,groupname]
dset["treatpost"] = ifelse(dset[,yearname] >= dset[,groupname] &
  dset[,groupname] != 0, 1, 0)
dset["rel_year"][dset[groupname] == 0] = NA_real_
dset = dset %>%
    dummy_cols("rel_year", ignore_na = TRUE) %>%
    mutate(across(starts_with("rel_year_"), ~replace_na(., 0)))


f_twfe = as.formula(paste(Yname, paste(c(trimws(paste(c("treat-
  post", gsub("[[:space:]]", " + ", Xvars)), collapse=" + "), whitespace =
  '[ \\+]'), paste(c(entityname, yearname), collapse = " + ")), col-
  lapse = " | "), sep=" ~ "))
twfe = feols(f_twfe, dset, cluster = clustervars)
summary(twfe)
```

使用交错双重差分估计处理效应。得到点估计-0.037, 统计意义上显著, 说明最低工资政策降低了青年就业率。

```
CHKmax = if_else(NOnevertreated == 1, GPmax, -1)    # 设为-1 是为了保
  留所有的组
cohorts = dset %>%
    filter(!(dset[,groupname] %in% c(0, CHKmax))) %>%    # 保留实
  验组,并剔除最后一个实验组(如果存在所有实验组都参与实验的时间段)
    pull(groupname) %>%
    unique()


create_co = function(j) {
    temp = dset[(dset[,groupname] == j | dset[,groupname] == 0 |
```

```
dset[, groupname] > (j + POST)), ]
    temp = temp[(temp[, yearname] >= (j - PRE) & temp[, yearname] <=
(j + POST)), ]
    temp %>%
        mutate(cohort = j)
    }
```

(3) 使用 cohort 数据估计 Stacked 模型。

```
stacked_data = map_df(cohorts, create_co)
stacked_data = stacked_data %>%
    mutate(rel_year = if_else(cohort == groupname, rel_year, NA_
real_)) %>%
    dummy_cols("rel_year", ignore_na = TRUE) %>%
    mutate(across(starts_with("rel_year_"), ~replace_na(., 0)))

formula_stacked = as.formula(paste(Yname, paste(c(trimws(paste(c
("treatpost", gsub("[[:space:]]", " + ", Xvars)), collapse = " + "),
whitespace = '[ \\+]'), paste(c(paste(c(entityname, "cohort"), col-
lapse = " ^"), paste(c(yearname, "cohort"), collapse = " ^")),
collapse = " + ")), collapse = " | "), sep=" ~ "))
summary(feols(formula_stacked, stacked_data))      #标准误默认按
    cohort^entityname 聚类
```

使用 Stacked 估计处理效应。得到点估计-0.043(注意与交错双重差分点估计的差异),统计意义上显著。

(4) CS 方法。

```
CHKbstrap = if (length(clustervars) > 0) TRUE else FALSE
formula_matching = as.formula(if_else(Xvars == "", "~ 1", paste(" ~ ",
trimws(paste(c(unlist(strsplit(Xvars, " "))), collapse = " + "),
whitespace = '[ \\+]'))))
CS_out = att_gt(yname = Yname,
    gname = groupname,
    idname = entityname,
    tname = yearname,
    bstrap = TRUE, cband = TRUE,
```

```
    anticipation = CSanticipation,
    data = dset,
    control_group = CScontrol,
    xformla = formula_matching,
    est_method = CSestname,
    clustervars = clustervars,
    panel = TRUE,
    allow_unbalanced_panel = TRUE)
```

bstrap,cband 是两个与统计推断相关的选项;Callaway 建议都设为 TRUE[①];注意这里影响的是自助抽样中的标准误,不影响模型估计时是否使用聚类标准误(clustervar)。

```
print(aggte(CS_out, type = "dynamic", na.rm = TRUE))
```

使用 CS 估计处理效应。得到点估计 −0.077(注意与交错双重差分点估计的差异),统计意义上显著。

```
CHKmax = if_else(NOnevertreated == 1, as.integer(GPmax - 1), as.in-
teger(YRmax))
sa_data = dset[dset[, yearname] <= CHKmax, ] %>%
filter(dset[, treatdummy] == 0 |(rel_year >= -POST & rel_year <=
POST))
formula_sa = as.formula(paste(Yname, paste(c(trimws(paste(c(glue
("sunab({groupname}, {yearname})"), gsub("[[:space:]]", " + ",
Xvars)), collapse = " + "), whitespace = '[ \\+]'), paste (c
(entityname, yearname), collapse = " + ")), collapse = " |"), sep =
" ~ "))
SA_out = feols(formula_sa, sa_data, cluster = clustervars)
summary(SA_out, agg = "att")
```

使用 SA 估计处理效应。得到点估计 −0.040(注意与交错双重差分点估计的差异),统计意义上显著。综上,三次提高最低工资政策执行效力差异较大,或单项政策在开始执行后的不同时间效力存在差异。

最后,我们针对以上四种估计方法作图,更直观地展示处理效应。注意,作图时我们不再关注总体处理效应,而关注动态(不同时点)处理效应。如图 8.7 所示,虽然肉眼观

---

① https://bcallaway11.github.io/did/articles/did-basics.html

察四种方法点估计（点）和推断（竖线）的差异不大①，但都支持提高最低工资会降低青年就业率的结论。

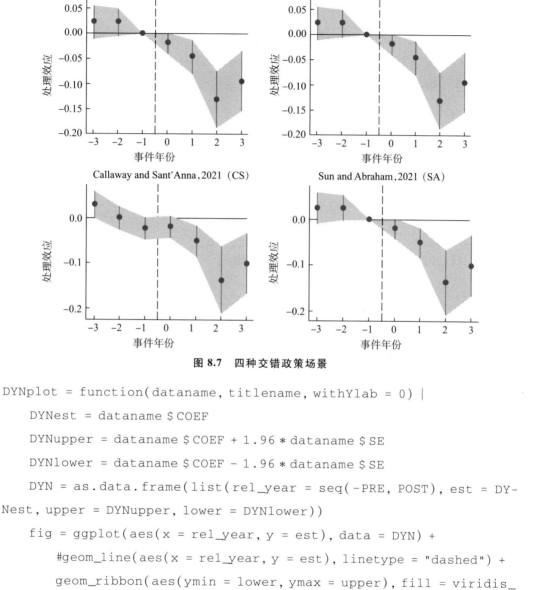

图 8.7 四种交错政策场景

```
DYNplot = function(dataname, titlename, withYlab = 0){
    DYNest = dataname$COEF
    DYNupper = dataname$COEF + 1.96 * dataname$SE
    DYNlower = dataname$COEF - 1.96 * dataname$SE
    DYN = as.data.frame(list(rel_year = seq(-PRE, POST), est = DYNest, upper = DYNupper, lower = DYNlower))
    fig = ggplot(aes(x = rel_year, y = est), data = DYN) +
        #geom_line(aes(x = rel_year, y = est), linetype = "dashed") +
        geom_ribbon(aes(ymin = lower, ymax = upper), fill = viridis_pal()(2)[1], alpha = 0.2) +
        geom_pointrange(aes(ymin = lower, ymax = upper), color = viridis_pal()(2)[2], show.legend = FALSE) +
        geom_hline(yintercept = 0) +
```

① 除 CS 外，其他三种方法都默认事件前一期时点的处理效应为 0，其余时点的处理效应为相对值。

```
        geom_vline(xintercept = -0.5, linetype = "dashed") +
        scale_x_continuous(breaks = -PRE:POST) +
        labs(x = "Event Year", y = if_else(withYlab == 1, expression
(widehat(delta)), expression(" "))) +
        ggtitle(titlename) +
        theme(plot.title = element_text(size = 10), axis.title.x =
element_text(size = 10), axis.title.y = element_text(angle = 360,
hjust = 0.5, vjust = 0.5), axis.line = element_line(color = "black"),
panel.grid.major = element_blank(), panel.grid.minor = element_
blank(), panel.border = element_blank(), panel.background =
element_blank())
    return(fig)
}
```

(5) 针对四种方法构建模型并输出计算结果。

```
DYNtwfe,DYNstacked,DYNcs,DYNsa
L1 = "TWFE"; L2 = "Gormley and Matsa 2011 (Stacked)"; L3 = "Callaway
and Sant'Anna 2021"; L4 = "Sun and Abraham 2021"
rel_years = c(unlist(lapply(seq(-PRE, -2), function (x) paste0
(paste0("`rel_year_", toString(x)), "`"))), unlist(lapply(seq(0,
POST), function (x) paste0("rel_year_", toString(x)))))

formula_twfe = as.formula(paste(Yname, paste(c(trimws(paste(c
(rel_years, gsub("[[:space:]]", " + ", Xvars)), collapse = " + "),
whitespace = '[ \\+]'), paste(c(entityname, yearname), collapse = " +
")), collapse = " | "), sep = " ~ "))
DYNtwfe = tidy(feols(formula_twfe, dset, cluster = clustervars))
DYNtwfe = as.data.frame(list(COEF = c(DYNtwfe$estimate[1:(PRE-
1)], 0, DYNtwfe$estimate[PRE:(PRE+POST)]), SE = c(DYNtwfe$std.er-
ror[1:(PRE-1)], 0, DYNtwfe$std.error[PRE:(PRE+POST)])))
print(L1); print(DYNtwfe)

formula_stacked = as.formula(paste(Yname, paste(c(trimws(paste(c
(rel_years, gsub("[[:space:]]", " + ", Xvars)), collapse = " + "),
```

```
whitespace = '[ \\+]'), paste(c(paste(c(entityname, "cohort"), col-
lapse = " ^"), paste(c(yearname, "cohort"), collapse = " ^")),
collapse = " + ")), collapse = " |"), sep = " ~ "))
DYNstacked = tidy(feols(formula_stacked, stacked_data)) # by
default s.e.is clustered by countyreal^cohort
DYNstacked = as.data.frame(list(COEF = c(DYNstacked$estimate[1:
(PRE-1)], 0, DYNstacked$estimate[PRE:(PRE+POST)]), SE = c(DYN-
stacked$std.error[1:(PRE-1)], 0, DYNstacked$std.error[PRE:(PRE+
POST)])))
print(L2); print(DYNstacked)


DYNcs = aggte(CS_out, type = "dynamic", min_e = -PRE, max_e = POST,
bstrap = CHKbstrap, cband = CHKbstrap, na.rm = TRUE)
DYNcs = as.data.frame(list(COEF = DYNcs$att.egt, SE = DYNcs$se.
egt))
print(L3); print(DYNcs)


formula_sa = as.formula(paste(Yname, paste(c(trimws(paste(c(glue
("sunab({groupname}, {yearname})"), gsub("[[:space:]]", " + ",
Xvars)), collapse = " + "), whitespace = '[ \\+]'), paste(c(entityname,
yearname), collapse = " + ")), collapse = " |"), sep = " ~ "))
DYNsa = feols(formula_sa, sa_data, cluster = clustervars)
DYNsa = as.data.frame(list(COEF = c(tidy(DYNsa)$estimate[1:(PRE-
1)], 0, tidy(DYNsa)$estimate[PRE:(PRE+POST)]), SE = c(tidy(DYNsa)
$std.error[1:(PRE-1)], 0, tidy(DYNsa)$std.error[PRE:(PRE+
POST)])))
print(L4); print(DYNsa)
```

（6）根据四种模型的计算结果分别作图。

```
plot_grid(DYNplot(DYNstacked, L1, 1), DYNplot(DYNstacked, L2), DYN-
plot(DYNcs, L3, 1), DYNplot(DYNsa, L4), nrow = 2, ncol = 2)
```

二、合成控制法

合成控制法（synthetic control）由 Abadie and Gardeazabal（2003）和 Abadie et al.（2010）提出，通过将高权重赋予控制组中与实验组在实验前行为（特别是因变量）接近的个体，从而"合成"实验组的反事实(counterfactual)个体,使实验符合平行趋势假设。合成控制与传统双重差分的主要区别在于:前者控制组的观测值非等权重且针对的实验仅有一次,实验对象仅有单个或少量个体。① Athey and Imbens(2017)认为该方法可以说是过去15年对政策评估研究最重要的贡献。

作为合成控制法的改进,Arkhangelsky et al.(2021)提出合成双重差分法,是一种将更综合的权重用于合成的方法。该文比较了双重差分(did)、合成控制(sc)与合成双重差分(sdid)三种方法的目标函数。拟合时,双重差分(did)对于每个控制组的观测值都给予等权重,合成控制(sc)利用个体权重 $\hat{\omega}_i^{sc}$ 对控制组加权平均(但去掉个体固定效应 α_i),而合成双重差分(sdid)既有个体权重 $\hat{\omega}_i^{sdid}$ 也有时间权重 $\hat{\lambda}_t^{sdid}$ ②。其中,个体权重"对不同个体进行合成",使得控制组和实验组的因变量加权平均值接近,而时间权重"对同一控制组个体不同时间进行合成",使得控制组实验前后的因变量加权平均值差值为常数。③

不管是合成控制法还是合成双重差分法,目的都是"合成"控制组,使得处理效应的估计符合平行趋势假设。④

下面,我们基于美国加利福尼亚州(加州)Proposition 99 法案数据和 synthdid 软件包使用说明⑤,使用上述三种方法估计该法案对香烟消费的影响(处理效应),并作图比较。

该数据集背景为 1988 年加州控制烟草的法案(Proposition 99),具体措施包括将烟草税费每包提高 0.25 美元,为禁烟广告提供资金等。由于美国其他一些州在当时也有类似法案通过,这些州数据被剔除,由此数据集包含 39 个州从 1970 年到 2000 年的观测值,主要变量为实验哑变量 treated(加州 1988 年及以后为 1,其余情况为 0)和因变量个人香烟消费 PacksPerCapita。

第一步,我们导入相关软件包和数据,并使用 did、sc 和 sdid 三种估计方法对处理效应进行估计,将处理效应系数存储在点估计 estimates 变量中。⑥ 三种方法的点估计都表明,该法案对于烟草消费有抑制作用。

导入相关模块并通过 sessionInfo() 展示涉及模块的版本信息,版本信息开始于"R version 4.2.0",截止处用"#版本信息展示结束"提示(这段内容不是代码,不需要输入)。

```
packages <- c("dplyr", "tidyr", "tibble", "ggplot2", "xtable", "dev-
tools")
```

---

① Ben-Michael et al.(2020)提出针对多个实验个体的合成控制法,并编写了 augsynth 软件包。
② sdid 在训练个体权重时还加入对个体权重的正则化(regularization),但时间权重没有正则化。
③ 在控制组个体因变量在个体维度和时间维度有较高特异性时,加权平均才是适合的方法。
④ 这两种方法都允许将协变量(控制变量)纳入目标函数,本节使用的 synthdid 软件包,默认不纳入协变量。
⑤ 由 Arkhangelsky et al.(2021)作者之一的 Hirshberg 维护,详情参见 https://synth-inference.github.io/synthdid/。
⑥ 根据 Arkhangelsky et al.(2021),由于实验组只有一个个体,如果要进行推断,那么在实验组和控制组残差同方差的假设下,可以使用安慰剂方法估计标准误。本节不讨论统计推断,只对处理效应作图。

```
install.packages(setdiff(packages, rownames(installed.packages
())))
lapply(packages, require, character.only = TRUE)
devtools::install_github("synth-inference/synthdid")
library(synthdid)
> sessionInfo()
```
R version 4.2.0 (2022-04-22 ucrt)

Platform: x86_64-w64-mingw32/x64 (64-bit)

Running under: Windows 10 x64 (build 19043)

Matrix products: default

locale:

[1] LC_COLLATE=English_United States.utf8

[2] LC_CTYPE=English_United States.utf8

[3] LC_MONETARY=English_United States.utf8

[4] LC_NUMERIC=C

[5] LC_TIME=English_United States.utf8

attached base packages:

[1] stats   graphics grDevices datasets utils   methods

[7] base

other attached packages:

[1] synthdid_0.0.9 xtable_1.8-4 ggplot2_3.4.0 tibble_3.1.8

[5] tidyr_1.2.1   dplyr_1.0.10

loaded via a namespace (and not attached):

[1] rstudioapi_0.14   magrittr_2.0.3   tidyselect_1.2.0

[4] munsell_0.5.0   colorspace_2.0-3   R6_2.5.1

[7] rlang_1.0.6   fansi_1.0.3   tools_4.2.0

[10] grid_4.2.0   gtable_0.3.1   utf8_1.2.2

[13] cli_3.4.1   DBI_1.1.3   withr_2.5.0

[16] assertthat_0.2.1 lifecycle_1.0.3   purrr_0.3.5

[19] vctrs_0.5.0   glue_1.6.2   compiler_4.2.0
[22] pillar_1.8.1   generics_0.1.3   scales_1.2.1
[25] mvtnorm_1.1-3   pkgconfig_2.0.3
#版本信息展示结束

```
data("california_prop99")
setup = panel.matrices(california_prop99)
estimators = list(did = did_estimate, sc = sc_estimate, sdid = synthdid_estimate)
estimates = lapply(estimators, function(estimator) { estimator
(setup$Y, setup$N0, setup$T0) })    #N0:控制组个体数，T0:实验前时间
(年份)数
print(estimates)
```

did，sc 和 sdid 在估计处理效应的同时，也估计了控制组的权重。[①] 其中，did 方法的个体权重和时间权重相等，sc 方法估计的个体权重为 $[0,1]$ 且不估计时间权重，sdid 方法估计的个体权重和时间权重为 $[0,1]$。下面，我们将 estimates 中的估计权重提取出来，并将 sdid 权重前五的个体显示在表 8.2 中。

```
omegas = synthdid_controls(estimates, weight.type = "omega", mass = 1)
lambdas = synthdid_controls(estimates, weight.type = "lambda", mass = 1)
Tomega = as.data.frame(round(omegas, digits = 3))
Tlambda = as.data.frame(round(lambdas, digits = 3))
print(Tomega[order(Tomega$sdid, decreasing = TRUE), ][1:5, ])
print(Tlambda[order(Tlambda$sdid, decreasing = TRUE), ][1:5, ])
```

表 8.2 合成控制方法权重比较（显示 sdid 权重前五的个体）

个体	did	sc	sdid
	个体权重		
Nevada	0.026	0.204	0.124
New Hampshire	0.026	0.045	0.105
Connecticut	0.026	0.104	0.078
Delaware	0.026	0.004	0.070
Colorado	0.026	0.013	0.058

---

① 参见 Arkhangelsky et al.(2021) 中的式(1.1)至式(1.3)。

（续表）

年份	did	sc	sdid
		时间权重	
1988	0.053	0.000	0.427
1986	0.053	0.000	0.366
1987	0.053	0.000	0.206
1985	0.053	0.000	0.000
1984	0.053	0.000	0.000

第二步，我们使用估计的权重，分别在事件前后对控制组的因变量在个体维度和时间维度（若有）求加权平均，与事件前后加州（实验组）的因变量平均值进行比较。软件包 synthdid 中的 synthdid_plot 作图命令还可以显示估计的处理效应（图 8.8 中箭头所示）和时间权重（图 8.8 中 did、sdid 图左下方的折线）以及控制组（图 8.8 中上方曲线）、实验组（图 8.8 中下方曲线）每个时点的因变量加权平均。箭头向下印证了之前估计的处理效应；sc 和 sdid 方法下的控制组曲线和实验组曲线表明控制组和实验组在事件前符合平行趋势假设，而 did 方法下趋势不明晰，体现了 sc 和 sdid 在符合平行趋势假设方面的优势。

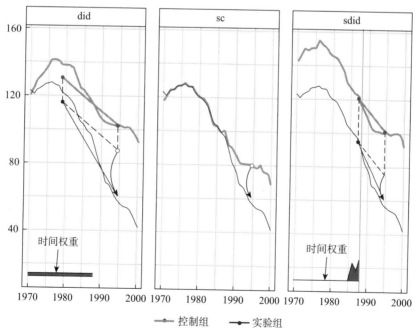

图 8.8 合成控制方法点估计趋势

作图命令为:

```
synthdid_plot(estimates, facet.vertical = FALSE, control.name = "control", treated.name = "treat",
onset.alpha = 0.5, trajectory.alpha = 1, lambda.comparable = TRUE, se.method = "none")
```

三、断点回归法

断点回归(regression discontinuity)是对比有相似参与实验条件(配置变量 running variable)的个体,以体现个体处理效应的一种因果推断方法。① Lee(2008)证明,当实验个体无法精准选择是否参与实验时,即使实验本身非随机,断点回归法也能准确估计处理效应。断点回归法估计的是,当断点左右两边的条件期望函数满足连续性假设(即断点左右两侧函数都可以平滑延伸至对侧)时,断点处两函数的差异,即两函数的截距项之差。断点回归法通常需要进行密度检验(如 McCrary,2008;Cattaneo et al.,2020),如果配置变量在断点处分布连续,那么我们更能相信配置变量在断点附近不是内生排序的(Cattaneo and Titiunik,2022)。正如第七章第四节介绍的,断点回归法属于财务、会计领域的论文中较为常见的一种因果推断方法。本节着重从作图和代码的角度介绍断点回归法。

Lee and Lemieux(2010)认为,相比于其他非自然实验因果推断,断点回归法具有假设容易满足、方法论透明、应用范围广的特征;使用断点回归法的作图是标准流程,能够直观地展示原始数据、反映处理效应幅度、合理化拟合函数、识别离群值。需要注意的是,断点回归法聚焦于断点附近可以看作被随机安排参与实验的个体②,因此其点估计是局部处理效应(LATE),通常要讨论外部效度(external validity)。

本节通过模拟数据对断点回归作图并进行密度检验。

第一步,我们导入相关软件包并生成1 000个观测值的模拟数据集 rddat。该数据集中,构成因变量的截距项为30,配置变量为 x(取样自正态分布),系数为0.2,具有断点75,处理效应为20,残差项独立同正态分布。其中,D = if_else(x > CUTOFF, 1, 0)是清

---

① 相似条件一般由分箱(binning)或带宽(bandwidth)度量。断点回归拟合时,常使用全局或局部多项式模型。在基于带宽估计处理效应(如-rdrobust-模块)时,先选择拟合断点左右两边数据的多项式项数(项数越低越能避免过度拟合,但偏误也可能越高),再选择给定项数下使得断点处理效应估计方差与偏误平方尽量均衡的带宽(可以通过核函数对靠近断点的观测值赋予更高权重),最后断点左右两边的拟合曲线的截距项之差为处理效应。对处理效应进行统计推断时,使用聚类标准误(Lee and Lemieux,2010)可能不是最佳选择(Kolesár and Rothe,2018),可以使用稳健偏误修正标准误(Calonico et al.,2014)。这里的偏误指由于使用多项式模型近似真实模型所产生的处理效应估计偏误。

② 对于清晰断点回归,断点左右执行政策的概率分别为0和1,所有参与者都是合规者(complier),因此局部处理效应就是平均处理效应(average treatment effect,ATE);对于模糊断点回归,断点左右执行政策的概率不再是0和1,部分参与者是合规者,断点回归估计的是局部处理效应而非平均处理效应。

晰断点(sharp regression discontinuity),通过 if_else 语句,配置变量 x 在断点处参与实验 D 的概率从 0 提升为 1。[①]

先导入相关模块并通过 sessionInfo() 展示涉及模块的版本信息,版本信息开始于"R version 4.2.0",截止处用"#版本信息展示结束"提示(这段内容不是代码,不需要输入)。

```
packages <- c("tidyverse", "stargazer", "glue", "rdrobust", "rddensity", "scales")
install.packages(setdiff(packages, rownames(installed.packages())))
lapply(packages, require, character.only = TRUE)
> sessionInfo()
R version 4.2.0 (2022-04-22 ucrt)
Platform: x86_64-w64-mingw32/x64 (64-bit)
Running under: Windows 10 x64 (build 19043)

Matrix products: default

locale:
[1] LC_COLLATE=English_United States.utf8
[2] LC_CTYPE=English_United States.utf8
[3] LC_MONETARY=English_United States.utf8
[4] LC_NUMERIC=C
[5] LC_TIME=English_United States.utf8
attached base packages:
[1] stats     graphics  grDevices datasets  utils     methods
[7] base

other attached packages:
[1] scales_1.2.1    rddensity_2.2    rdrobust_2.1.0
[4] glue_1.6.2      stargazer_5.2.3  forcats_0.5.2
[7] stringr_1.4.1   dplyr_1.0.10     purrr_0.3.5
[10] readr_2.1.3    tidyr_1.2.1      tibble_3.1.8
```

[①] 此外,当概率提升前后为(0,1)时,模糊断点回归(fuzzy regression discontinuity)在估计处理效应需要考虑参与实验的概率提升。

```
[13] ggplot2_3.4.0    tidyverse_1.3.2

loaded via a namespace (and not attached):
 [1] pillar_1.8.1        compiler_4.2.0      cellranger_1.1.0
 [4] dbplyr_2.2.1        tools_4.2.0         timechange_0.1.1
 [7] lubridate_1.9.0     jsonlite_1.8.3      googledrive_2.0.0
[10] lifecycle_1.0.3     gargle_1.2.1        gtable_0.3.1
[13] pkgconfig_2.0.3     rlang_1.0.6         reprex_2.0.2
[16] DBI_1.1.3           cli_3.4.1           rstudioapi_0.14
[19] haven_2.5.1         xml2_1.3.3          withr_2.5.0
[22] httr_1.4.4          generics_0.1.3      vctrs_0.5.0
[25] fs_1.5.2            hms_1.1.2           googlesheets4_1.0.1
[28] grid_4.2.0          tidyselect_1.2.0    R6_2.5.1
[31] lpdensity_2.3.1     fansi_1.0.3         readxl_1.4.1
[34] tzdb_0.3.0          modelr_0.1.10       magrittr_2.0.3
[37] MASS_7.3-58.1       ellipsis_0.3.2      backports_1.4.1
[40] rvest_1.0.3         assertthat_0.2.1    colorspace_2.0-3
[43] utf8_1.2.2          stringi_1.7.8       munsell_0.5.0
[46] broom_1.0.1         crayon_1.5.2
#版本信息展示结束

set.seed(123)
CUTOFF = 75         # 断点
TREAT = 20          # 处理效应
INTERCEPT = 30
COEF = 0.2
NOBS = 1000
rddat = tibble(x = rnorm(NOBS, CUTOFF, 10)) %>%        # 配置变量
    mutate(D = if_else(x > CUTOFF, 1, 0)) %>%          # 清晰断点设置
    mutate(y = INTERCEPT + COEF * x + TREAT * D + rnorm(NOBS, 0, 10))
    # 因变量
```

(1) rdplot 作图。

```
rdplot(rddat$y, rddat$x, c = CUTOFF, nbins = c(10, 10), kernel = "triangular",
```

```
p = 2, col.lines = viridis_pal()(2)[1], col.dots = viridis_pal()(2)
[2],
x.label = glue("Running variable cut-off at {CUTOFF}"), y.label = "
Outcome")
```

（2）密度检验；原假设：断点左右两边没有密度差异。

```
rdensity = rddensity(rddat$x, c = CUTOFF)
print(rdensity$hat)
print(rdensity$test$p_jk)
```

在生成模拟数据集 rddat 后，我们根据 Calonico et al.(2015)的算法及其提供的 rdplot 软件包作图。nbins 是断点左右因变量平均值（图 8.9 中的点）的个数[①]，个数越大分箱越细，每个分箱所占区间越小；kernel 和 p 分别是用于局部多项式拟合的核函数和阶数，用于拟合断点左右两边的数据（图 8.9 中曲线）。图 8.9 表明，在断点（配置变量取值 75，图中竖线）处，左边没有参与实验的个体比右边参与实验的个体的因变量取值小 20 个单位左右[②]，符合模拟数据中处理效应对 treat 的设定。

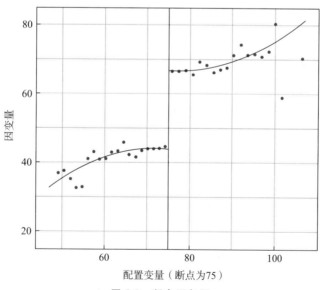

图 8.9　断点回归图

第二步，我们基于 Cattaneo et al.(2020)的局部多项式算法及其编写的 rddensity 软件包对断点数据进行密度检验。[③] 密度检验原假设为断点左右两边没有密度差异，也就是

---

① 除直接指定个数外，还可以通过特定的分箱选择方法（如 Calonico et al.,2014）确定最优分箱值。
② 要显示处理效应估计值和做统计推断，可以使用 rdrobust 软件包。
③ 该文献作者还编写了 rdplotdensity，可以通过生成配置变量的密度函数图帮助我们判断实验个体是否存在操纵配置变量的情况，以辅助密度检验。

邻近断点左右,个体不能精准控制自己是否参与实验。检验结果表明,密度差异不显著异于0,从而接受原假设。

我们基于模拟数据进行了断点回归作图,并针对个体操纵参与实验的可能性,在断点附近进行了密度检验。由此可见,断点回归作图能够直观反映断点的存在和处理效应。在实际应用中,为了进一步说明断点的合理性,还可以进行以下讨论和稳健性检验:(1)通过对相关政策的详细描述,说明当政策不存在时,断点也不存在,此时因变量关于配置变量的函数在断点处是连续的(即验证连续性假设);(2)如果模型中有协变量(控制变量),协变量应当不存在断点(即验证连续性假设);(3)将因变量替换为协变量后,配置变量应当不存在断点(即协变量均衡);(4)确保左右两边配置变量中位数不是断点(Imbens and Lemieux,2008);(5)使用不同模型进行拟合(Lee and Lemieux,2010),尽量避免可能产生过度拟合的高阶多项式模型(Gelman and Imbens,2019)。

思考与练习

1. 回忆你最近做过的数据分析,思考如何通过作图的方式展示数据分析结果。用图形展示与用表格展示有何异同?

2. 生成图8.5时,不同(颜色)实线分别进行了多少次边际效应计算?

3. 交错双重差分在什么条件下容易产生偏误?自选近五年交错执行的一项经济政策,分析这些条件是否满足?如果满足,那么应当如何估计政策的处理效应?

4. 在什么情形下合成控制法可能给出等权重?此时用双重差分法估计处理效应,在只考虑平行趋势假设的情形下会产生偏误吗?

5. 合成控制法、Stacked、CS、SA、断点回归匹配控制组时的共同目标是什么?依据有何不同?

参考文献

曹春方,贾凡胜,2020.异地商会与企业跨地区发展[J].经济研究(4):150-166.

程玲,李建成,刘晴,2021.异地商会与跨区域贸易[J].世界经济(10):30-56.

宁博,潘越,汤潮,2022.地域商会有助于缓解企业融资约束吗[J].金融研究(2):153-170.

杨旭东,莫小鹏,2006.新配股政策出台后上市公司盈余管理现象的实证研究[J].会计研究(8):44-51.

Abadie A, Alexis D, Jens H, 2010. Synthetic control methods for comparative case studies: Estimating the effect of California's tobacco control program[J]. Journal of the American Statistical Association, 105 (490): 493-505.

Abadie A, Gardeazabal J, 2003. The economic costs of conflict: A case study of the basque country[J]. American Economic Review, 93(1): 113-132.

Ahern K R, 2017. Information networks: Evidence from illegal insider trading tips[J]. Journal of Financial Economics, 125(1): 26-47.

Ahern K R, Sosyura D, 2014. Who writes the news? Corporate press releases during merger negotiations[J]. Journal of Finance, 69(1): 241-291.

Ai C, Norton E, 2003. Interaction terms in logit and probit models[J]. Economics Letters, 80(11): 123-129.

Arkhangelsky D, Susan A, David A H, et al., 2021. Synthetic difference-in-differences[J]. American Economic Review, 111(12): 4088-4118.

Athey S, Imbens G W, 2017. The state of applied econometrics: Causality and policy evaluation[J]. Journal of Economic Perspectives, 31(2): 3-32.

Baker A C, Larcker D F, Wang C C Y, 2022. How much should we trust staggered difference-in-differences estimates[J]. Journal of Financial Economics, 144(2): 370-395.

Ben-Michael E, Avi F, Jesse R, 2020. The augmented synthetic control method[J]. Journal of the American Statistical Association, 116(536): 1789-1803.

Callaway B, Sant'Anna P H C, 2021. Difference-in-differences with multiple time periods[J]. Journal of Econometrics, 225(2): 200-230.

Calonico S, Cattaneo M D, Titiunik R, 2014. Robust nonparametric confidence intervals for regression-discontinuity designs[J]. Econometrica, 82(6): 2295-2326.

Calonico S, Cattaneo M D, Titiunik R, 2015. Optimal data-driven regression discontinuity plots[J]. Journal of the American Statistical Association, 110(512): 1753-1769.

Cattaneo M D, Jansson M, Ma X, 2020. Simple local polynomial density estimators[J]. Journal of the American Statistical Association, 115(531): 1449-1455.

Cattaneo M D, Titiunik R, 2022. Regression discontinuity designs[J]. American Review of Economics, 14: 821-851.

de Chaisemartin C, D'Haultfœuille X, 2022. Two-way fixed effects and differences-in-differences estimators with several treatments[Z]. Working Paper.

Gelman T A, Imbens G, 2019. Why higher-order polynomials should not be used in regression discontinuity designs[J]. Journal of Business and Economic Statistics, 37(3): 447-456.

Gormley T A, Matsa D A, 2011. Growing out of trouble? Corporate responses to liability risk[J]. Review of Financial Studies, 24(8): 2781-2821.

Healy K, 2018. Data Visualization: A Practical Introduction[M]. Princeton: Princeton University Press.

Imbens G W, Lemieux T, 2008. Regression discontinuity designs: A guide to practice[J]. Journal of Econometrics, 142(2): 615-635.

Kolesár M, Rothe C., 2018. Inference in regression discontinuity designs with a discrete running variable[J]. American Economic Review, 108(8): 2277-2304.

Lee D S, 2008. Randomized experiments from non-random selection in U. S. house elections[J]. Journal of Econometrics, 142(2): 675-697.

Lee D S, Lemieux T, 2010. Regression discontinuity designs in economics[J]. Journal of Economic Literature, 48(2): 281-355.

McCrary J, 2008. Manipulation of the running variable in the regression discontinuity design: A density test[J]. Journal of Econometrics, 142(2): 698-714.

Powers E A, 2005. Interpreting logit regressions with interaction terms: An application to the management turnover literature[J]. Journal of Corporate Finance, 11(): 504-522.

Rambachan A, Roth J, 2021. An honest approach to parallel trends[Z]. Working Paper.

Sant'Anna P H C, Zhao J, 2020. Doubly robust difference-in-differences estimators[J]. Journal of Econometrics, 219(1): 101-122.

Sun L, Abraham S, 2021. Estimating dynamic treatment effects in event studies with heterogeneous treatment effects[J]. Journal of Econometrics, 225(2): 175-199.

Weisbach M, 2021. The Economists' Craft: An Introduction to Research, Publishing, and Professional Development[M]. Princeton: Princeton University Press.

第九章
CHAPTER 9

事件研究法

本章先阐述事件研究法的基本原理,然后介绍事件研究法的基本过程。在此基础上,阐述事件研究法中非常重要的正常收益模型估计,并介绍事件研究法的常用程序。最后,阐释事件研究法失效的可能原因。

第一节　事件研究法的应用背景

事件研究(event study)是一种在财务、会计等实证研究中常用的经典方法。事件研究法探讨当证券市场上某一起事件发生时,证券价格是否会发生波动,产生异常收益,并判断股价波动是否与事件相关。事件研究法的历史较为悠久,关于这一研究方法的著作可追溯至 Dolley(1933)。然而,更具科学性的事件研究法的方法论则出现于20世纪60年代末。Fama et al.(1969)在其富有创造性的研究中开创了事件研究法的科学之路。经济学和金融学中经常听到的一个说法是,任何一篇文章在十年内每年被引用10次或更多次都是经典。自 Fama et al.(1969)引入事件研究法后,后续文献中该文被学术界广泛引用,数量远远超过十年内年10次被引的标准。因此,Fama et al.(1969)当属经典之中的经典。Fama et al.(1969)在会计、经济和金融领域掀起了一场方法论革命,事件研究法已成为衡量证券价格对公告或事件反应的标准方法,被广泛应用。例如,大量文献运用事件研究法考察会计准则变化、盈余公告、监管措施变化等事件中的证券价格变化规律。

第二节　事件研究法的基本原理与过程

一、基本原理

事件研究法建立在有效市场假说(efficient markets hypothesis,EMH)的基础上,其基本原理是:假设市场理性,由于投资者是理性的,投资者对新信息的反应也是理性的,则有关事件的影响将会立即反映在证券价格之中,即股票价格反映所有已知的公共信息。根据研究目的选择某一特定事件,研究事件发生前后样本证券收益率的变化,进而可以解释特定事件对样本证券价格变化或收益率的影响,因此利用相对来说较短期的可观测的证券价格变化就可以测定某一事件的经济影响。

需要特别注意的是,在运用事件研究法针对事件的影响展开研究时,应假定市场是有效的。不同信息对价格具有不同程度的影响,因而存在三种不同程度的市场效率,即弱式有效、半强式有效和强式有效。事件研究法可以用于分析市场是否半强式有效,即证券价格是否会立即反映公开信息对公司价值的影响。当不能判断证券市场的效率状态时,也可以使用事件研究法针对市场效率状态本身进行判断。如图9.1所示,事件研究法有效实施的前提是市场有效,即有效反应(efficient reaction)线针对的情况,而不是反应不足(under reaction)或过度反应(over reaction)针对的情况。利用特定事件对市场价格的影响,通过事件研究法可以判断市场属于有效反应、反应不足或过度反应。

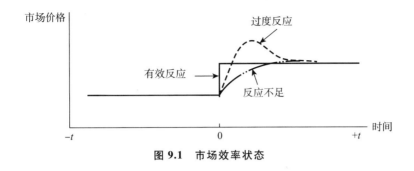

图 9.1 市场效率状态

二、事件研究法的步骤

(一)事件定义

事件研究中需要进行事件定义,即明确所要研究的事件,所定义的事件应是未被市场预期的。已经被明确预期的事件由于其信息含量已经被证券市场吸收,往往导致事件研究法的应用失效。例如,在通货膨胀、物价上涨较快的经济环境下,市场预期中央银行即将加息,如果以中央银行实际加息政策的出台作为事件研究的对象,就可能并不能获得加息政策的实际影响,因为市场已经预期中央银行即将加息。但是,如果中央银行加息的程度与市场预期有较大差异,那么这种加息的程度差异就是未预期事件,可以作为事件研究的对象。

在定义事件时,我们要知道事件的明确时间,一般而言为证券市场获悉事件信息的第一时间。然而,事件发生时间的确定常常是一个难题。例如,利用《中国证券报》披露某一信息作为事件时间可能并不妥当,因为证券市场在此之前可能已经获悉该事件信息并已经将信息反映在证券价格中。因此,使用事件研究法时需要确定所要研究的事件日。所谓的"事件日",是指市场"接收"到事件即将发生或可能发生的时点,而非事件"实际"发生的时点,通常以"宣告日"为准。时点认定的适当与否对研究的正确性具有决定性的影响。

在明确研究对象时,我们还要确定事件的研究期间——对事件涉及公司的证券价格进行考察的时期,称为"事件窗口"(event window)。例如,如果一个人在查看包括每日盈余公告的信息内容时,事件就是盈余,事件窗口则可能是公告中的某一天,也有可能被延长为事件发生日前后几天——公告前几天和公告后几天。以图 9.2 为例,时间轴上 0 点为事件日,T1—T2 即为事件窗口。

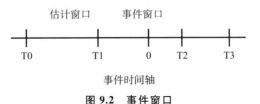

图 9.2 事件窗口

那么,如何确定事件窗口的长度呢?这取决于事件信息被吸收纳入证券价格的时间长度,若事件信息纳入价格的时间较长,相应的事件窗口长度则较长。例如,公司并购相关事项可能由于事件本身过程较长,并购过程中任一时点发生信息泄露都会对证券价格产生影响,因此为了较完整地考察并购对证券价格的整体影响,往往需要确定较长的事件窗口。与此相关的考虑还有证券市场效率。若市场效率状态较好,则可以使用较短的事件窗口进行考察;反之,则需要较长的事件窗口观察事件的影响。

事件研究中短事件窗口和长事件窗口具有不同的作用。短事件窗口(例如,事件发生日前后1个月)可以用于考察事件信息如何快速地被证券价格吸收。长事件窗口(例如,事件发生日后5年)可以用于考察证券市场本身的效率状态,也可以用于检验事件的长期影响。

(二) 选取样本

在进行事件研究时,我们要考虑所选取的样本能否代表总体的特征、是否具有普适性,需要避免样本选择偏差给研究造成的影响,还要考虑样本的可获得性。

(三) 界定正常收益和异常收益

在估计某一事件发生或公布后对证券价格的影响时,必须建立证券收益率的"预期模式",以此估计"预期收益"或"正常收益"。正常收益是指假设不发生事件条件下的预期收益,异常收益是指事件期间该证券事前或事后实际收益与同期正常收益之差。正常收益通过运用正常收益率模型对事件窗口内的数据计算获得。确定正常收益率模型的核心就在于确定正常收益率模型的参数。正常收益率模型参数的确定常常通过估计窗口的样本数据进行估计。一般而言,估计窗口在事件窗口之前进行选择确定,因为此时估计窗口的样本数据没有受到事件的影响,如图9.2所示。

(四) 累计异常收益率

估计出正常收益率之后,即可得到异常收益率。为了了解某一特定事件对证券产生的整体异常收益率或累计异常收益率,在获得异常收益率之后需要继续计算累计异常收益率(CAR)。异常收益(abnormal returns, AR)是指事件期的实际收益减去事件期的预期收益,累计异常收益率(cumulative abnormal returns, CAR)则为特定期间内日异常收益率的累加值。

$$AR_{it} = R_{it} - E(R_{it})$$

其中,AR_{it}表示i公司第t期之异常收益率;R_{it}表示i公司第t期之实际收益率;$E(R_{it})$表示i公司第t期之预期收益率。

$$CAR_{it,t+k} = \sum_k AR_{i,t+k}$$

若累计异常收益率为正,则可以推论事件对证券价格有正向影响;若累计异常收益率为"负",则可以推论事件对证券价格有负向影响。但只知道"正""负"仍不够,因为我们不确定此种影响在统计意义上是否有显著性,必须进行显著性检验。

可以通过参数检验对累计异常收益率进行检验。假如固定 k,则可以计算 CAR 的方差。因此,在特定条件下累计异常收益率服从如下分布:

$$CAR_{it,t+k*} \sim N(0, \sigma_{i,t+k}^2)$$

一般而言,在执行事件研究法时最好能够发现非零的累计异常收益率的存在,因此有必要考虑在计算出的给定水平的累计异常收益率下,拒绝原假设(即异常收益率为零)的可能性有多大,此时需要评价检验的势(power of test)。势越大,发现非零的异常收益率的可能性越大。

当显著性水平为 a 时,异常收益率的势为:

$$P(\alpha, H_A) = \text{pr}\left(\theta_1 < c\left(\frac{\alpha}{2}\right) \middle| H_A\right) + \text{pr}\left(\theta_1 > c\left(1 - \frac{\alpha}{2}\right) \middle| H_A\right)$$

一般而言,随着样本量的增加,势会增大;随着异常收益率水平的提升,势会增大;随着异常收益率的方差增加,势则会减小。

(五)利用累计异常收益率的进一步分析

以上关于异常收益率的检验是测试事件对证券价格的平均影响。然而,有时候我们需要针对累计异常收益率进行更为深入的分析,可以针对累计异常收益率进行横截面分析(cross-sectional models)。横截面分析可以检验事件的股价效应与公司特征的关系等。横截面分析属于对异常收益更细致的研究,即通过回归分析揭示各个公司的具体特征变量(如规模、盈利状况等)与异常收益的关系。例如,Halpem(1982)运用事件研究法对公司并购进行相关的研究,验证有关公司并购的一些财务理论。Manuel and Pilotte(1996)运用事件研究法分析前次股票分割对股票收益率的影响,并据此预测本次股票分割对股票收益率的影响,结果证明可以利用前次事件对股票收益率的影响来合理地预测类似事件再次发生所造成的影响。此时,预测股票收益率的变动不仅要考虑股票分割事件本身,还要考虑前次股票分割后公司盈余收益变化这一因素。El-Gazzar(1998)研究表明,机构投资者持股比例越高,跟踪公司的金融分析师越多,盈余公告的信息效应越弱。Steiner and Volker(2001)研究了欧洲债券价格变化与标准普尔(Standard & Poor)等关于信用评级公告之间的联系,发现:(1)当公司信用评级下降时,债券价格将有显著的变化;当公司信用评级上升时,并没有很显著的公告效应。(2)特别地,当公司信用等级降为投机级(speculative grade)时,公司股票价格变化尤其显著。

累计异常收益率的横截面分析为区分各种研究假设提供了基础,横截面测试是几乎所有事件研究的标准组成部分。即使事件的平均股价效应为零,横截面分析也是可行的。累计异常收益率在横截面上变化的一个原因是,事件的经济效应可能因公司而有所差异。

(六) 分析实证结果

依据研究假说,对于异常收益率以及检验的结果进行分析,并给出解释。

第三节 正常收益率的计量模型及其应用

计量正常收益率有两类模型:统计模型(statistical models)和经济模型(economic models)。其中,统计模型假定证券收益率服从一定的统计分布,比如多元正态分布(multivariate normality),即便有时正态分布的假定不一定合适,只要证券收益率分布属于稳定状态,统计模型仍然适用(Owen and Rabinovitch,1983)。经济模型在统计模型的基础上,假定参与证券交易的投资者行为满足一定的特征,经典的资本资产定价模型(CAPM)、套利定价模型(APT)就属于经济模型。其中,资本资产定价模型的假定包括:投资者都是在期望收益率和方差的基础上选择投资组合;投资者具有完全相同的预期且均按投资组合理论来选择证券组合;在资本市场上没有摩擦。这些严格的要求与现实市场状况存在较大差距,从而导致这类模型的适用性存在一定的局限。然而,当现实状况与模型所要求的条件接近时,经济模型则可以获得更为精准的估计。

以下介绍常见的正常收益率计量模型,包括市场模型(market model)、市场调整模型(market-adjusted return model)、常量均值模型(constant mean return model)、多因素模型(multi-factor model)等。

一、市场模型

市场模型即假定市场收益率与证券收益率之间存在稳定的线性关系,并基于市场收益率建立股价收益率的回归模式。市场模型在事件研究中的使用最为广泛,其具体形式为:

$$R_{i,t} = \alpha_i + \beta_i R_{m,t} + \varepsilon_i$$

其中,$R_{i,t}$ 表示 i 公司第 t 期的收益率,计算方式为(i 股 X 日收盘价 $-i$ 股 $X-1$ 日收盘价)/i 股 $X-1$ 日收盘价;$R_{m,t}$ 表示第 t 期的市场加权指数股票之收益率,计算方式为(市场 X 日收盘指数 $-$ 市场 $X-1$ 日收盘指数)/市场 $X-1$ 日收盘指数;α_i 表示回归截距项;β_i 表示回归斜率,其中 $R_{m,t}$ 通常情况下可以使用市场指数作为市场组合的代替,如上证指数、深证指数;ε_i 表示回归残差项。

市场模型法的优点在于剔除了证券收益中与市场收益波动相关的部分,从而降低了异常收益率估计误差。但是,市场模型的有效性取决于一元一次回归方程的可决系数 R^2,R^2 越大市场模型获得异常收益率的能力越强,利用市场模型获得异常收益率的收效越大。

市场模型中异常收益率的方差为:$\sigma_{\varepsilon_i}^2 = (1 - R_i^2) \mathrm{Var}(R_{it})$。该方差越大,事件研究检验的势越小;反之,势越大。

二、市场调整模型

市场调整模型以市场证券组合收益率作为个股的正常收益率预期值,即在市场模型中,令 $\alpha_i = 1, \beta_i = 1$。市场调整模型相对于市场模型而言较为简单,但是利用市场调整模型获取异常收益率时不能单独针对个体证券考虑其独有的特征,因此异常收益率的计量结果相对而言没有市场模型的精确。不过,市场调整模型可以应用于无法事前估计模型参数的情况,例如研究 IPO 相关问题时不存在事件窗口之前的估计窗口样本以估计模型的参数,故不能运用市场模型,此时市场调整模型就显出其独特的优势了。

三、常量均值模型

常量均值模型假定个体证券 i 的预期收益率为常量,即假定某一证券的平均收益率不随时间的改变而改变。

$$R_{int} = E[R_{with} | X_t] + \xi_{dett}$$
$$E = [R_{int} | X_t] = \mu$$
$$E[\xi_{wint}] = 0$$
$$\mathrm{Var}[\xi_{witness}] = \sigma_{\xi,1}^2$$

其中,

Brown and Warner(1980,1985)发现,常量均值模型与其他更复杂的模型的计量结果非常相似,其中原因可能在于异常收益的方差并不容易通过更为复杂的模型来减小。MacKinlay(1997)比较了利用市场模型和常量均值模型关于盈余公告效应的结果,具体如图 9.3 所示,发现二者之间差异并不明显。

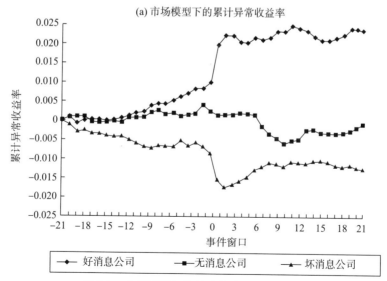

图 9.3 市场模型与常量均值模型的对比(1)

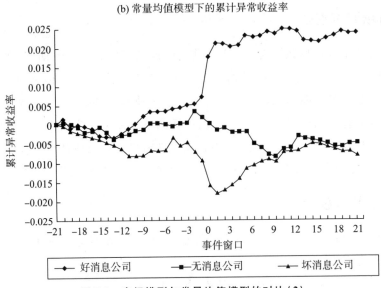

图 9.3 市场模型与常量均值模型的对比(2)

常量均值模型有时也可以用均值调整模型(mean-adjusted return model)代替,即假定证券的正常收益率是证券前几期的平均收益率。

四、多因素模型

多因素模型中较为常用的是 Fama and French(FF)(1993)的三因子模型。该模型利用三个因子确定证券的期望收益率,分别为市场风险因子($R_m - R_f$)、公司市值规模因子(SMB)和账面市值比因子(HML)。在 Fama and French(1993)三因子模型的基础上,后续研究陆续添加了其他因子,例如 Carhart(1997)在 FF 三因子的基础上加入了动量因子(momentum factor)。Fama and French(2015)进一步提出了五因子定价模型,以解释之前模型未能解释的关于股票组合收益率差异的问题。这五个因子分别为市场风险因子($R_M - R_f$)、市值规模因子(SMB)、账面市值比风险因子(HML)、盈利水平风险因子(RMW)、投资水平风险因子(CMA)。

第四节 程序与运用

为了说明如何使用 Stata 软件进行事件研究,下文给出事件研究法的 Stata 程序例子。① 该例中,计算预期正常收益率的模型为市场模型。在运用程序之前,需要事先准备好相关数据文件,包括:(1)事件信息文件 eventtime.dta,文件中要有公司代码(变量 stkcd)、事件日期(变量 date)等信息;(2)公司股票价格信息文件 returndata.dta,文件中要

---

① 本程序例子编写参考 Event study with Stata:A step-by-step guide,https://libguides.princeton.edu/eventstudy。

有公司代码(变量 stkcd)、日期(变量 date)、个股收益率(变量 ret)、市场收益率(变量 market_return)等信息。准备好这些文件之后,将其存储在 Stata 软件的工作目录"D:\event with stata\"之中。

```
clear all
cd "D:\event with stata\"
use eventtime, clear
by stkcd: gen eventnum=_N
by stkcd: keep if _n==1
sort stkcd
keep stkcd eventnum
save eventnum
use returndata, clear
sort stkcd
merge stkcd using eventnum
tab _merge
keep if _merge==3
drop _merge
expand eventnum
drop eventnum
sort stkcd date
by stkcd date: gen set=_n
sort stkcd set
save returndata2
use eventtime, clear
by stkcd: gen set=_n
sort stkcd set
save eventtime2
use returndata2, clear
merge stkcd set using eventtime2
tab _merge
list stkcd if _merge==2
keep if _merge==3
drop _merge
```

```
egen group_id = group(stkcd set)
sort group_id date
by group_id: gen datenum = _n
by group_id: gen target = datenum if date = = event_date
egen td = min(target), by(group_id)
drop target
gen dif = datenum-td
by group_id: gen event_window = 1 if dif >= -5 & dif <= 5
egen count_event_obs = count(event_window), by(group_id)
by group_id: gen estimation_window = 1 if dif < -20 & dif >= -80
egen count_est_obs = count(estimation_window), by(group_id)
replace event_window = 0 if event_window = = .
replace estimation_window = 0 if estimation_window = = .
tab group_id if count_event_obs < 10
tab group_id if count_est_obs < 60
drop if count_event_obs < 10
drop if count_est_obs < 60
set more off

gen predicted_return = .
egen id = group(stkcd set)
forvalues i = 1(1)N {      # note: N 为 id 最大值
   l id stkcd if id = = `i' & dif = = 0
   reg ret market_return if id = = `i' & estimation_window = = 1
   predict p if id = = `i'
   replace predicted_return = p if id = = `i' & event_window = = 1
   drop p
}
sort id date
gen abnormal_return = ret - predicted_return if event_window = = 1
by id: egen cumulative_abnormal_return = sum(abnormal_return)
by id: gen cum_abn_ret = sum(abnormal_return)
sort id date
by id: egen ar_sd = sd(abnormal_return)
```

```
gen test =(1/sqrt(10)) * (cumulative_abnormal_return /ar_sd)
list stkcd cumulative_abnormal_return test if dif==0

collapse (mean) cum_abn_ret  if  event_window==1,by(dif)
ren dif date
line cum_abn_ret date
```

第五节 事件研究法失效的可能原因

事件研究法能够发现事件对证券价格的影响的前提是市场有效。由于投资者是理性的,投资者对新信息的反应也是理性的,有关事件的影响将会立即反映在证券价格之中,因此运用相对来说较短期的可观测的证券价格变化就可以测定某一事件的经济影响。然而,当市场处于无效率状态时,投资者对事件相关信息并不能理性反应,用事件研究法所观测到的证券价格变化并不是事件的全部影响或恰当反应,导致事件研究法失效。

当事件信息已经完全被市场预期或被市场部分预期时,利用事件发生时开展的事件研究法所获得的结果只是事件影响的一部分,并不能完全反映事件的全部影响,进而导致事件研究法失效。比如,由于内幕交易的存在,事件信息在正式公布之前已经影响了一部分投资者(内幕交易者),这些内幕交易者的交易行为使得证券价格已经反映了事件的部分影响,因此当事件信息正式公布时利用事件研究法也只能获得事件的部分而非全部影响,进而导致事件研究法失效。此外,当针对难以精确识别事件日期的事件展开研究时,也会导致事件研究法失效。

思考与练习

1. 事件研究法有效的前提是什么?
2. 选取特定事件,运用事件研究法展开研究。
3. 如何选择确定正常收益率的计量模型?
4. 估计窗口如何确定?
5. 事件窗口的长短如何确定?

参考文献

Brown S, Warner J, 1980. Measuring security price performance[J]. Journal of Financial Economics, 8: 205-258.

Brown S, Warner J, 1985. Using daily stock returns: The case of event studies[J]. Journal of Financial Economics, 14(1): 3-31.

Carhart M M, 1997. On persistence in mutual fund performance[J]. Journal of Finance, 52(1): 57-82.

Dolley J C, 1933. Characteristics and procedure of common stock split-ups [J]. Harvard Business Review, 11(3): 316-326.

El-Gazzar S M, 1998. Predisclosure information and institutional ownership: A cross-sectional examination of market revaluations during earnings announcement periods[J]. The Accounting Review, 73(1): 119-129.

Fama E, Fisher L, Jensen M, et al., 1969. The adjustment of stock prices to new information[J]. International Economic Review, 10(1): 1-21.

Fama E, French K R, 1993. Common risk factors in the returns on stocks and bonds[J]. Journal of Financial Economics, 33(1): 3-56.

Fama E F, French K R, 2015. A five-factor asset pricing model[J]. Journal of Financial Economics, 116(1): 1-22.

Halpem P, 1982. Corporate acquisitions: A theory of special cases? A review of event studies applied to acquisitions[J]. Journal of Finance, 38(2): 297-317.

Kothari S P, 2001. Capital markets research in accounting[J]. Journal of Accounting and Economics, 31(2): 105-231.

MacKinlay A, 1997. Event studies in economics and finance[J]. Journal of Economic Literature, 35(1): 13-39.

Manuel T, Pilotte E, 1996. The market's response to recurring events: The case of stock splits[J]. Journal of Financial Economics, 41(1): 111-127.

Owen J, Rabinovitch R, 1983. On the class of elliptical distributions and their applications to the theory of portfolio choice[J]. Journal of Finance, 38(3): 745-752.

Kothari S P, Jerold B W, 2006. Econometrics of event studies[M]// Handbook of Corporate Finance: Empirical Corporate Finance, by Espen Eckbo. North Holland.

Steiner M, Volker G H, 2001. Event study concerning international bond price effects of credit rating actions[J]. International Journal of Finance and Economics, 6(2): 139-157.

第十章
CHAPTER 10

文本分析法[①]

文本分析是指从大量文本中提取有价值的信息的过程,例如判断文本的情感色彩、识别相似文本等。随着互联网中文本信息的与日俱增,以及文本分析技术的进步,文本大数据在财务、会计领域的应用越来越广泛。在知网搜索摘要中含"文本分析"的、在经济与管理科学学术期刊发表的论文篇数可见端倪:2001—2005年为10篇,2006—2010年为105篇,而2011—2015年跃升为659篇,2016—2020年更达到1 512篇。

---

① 本章代码基于 Python 3.8 版本编写。

文本分析可以将非结构化的文本信息转化为结构化的变量,并与财务、会计领域的传统变量相关联,拓宽研究视野和范围。例如,Tetlock(2007)使用关键词匹配对财经新闻进行分类,发现悲观的新闻会引发噪声以及流动性交易者的交易;Kostovetsky and Warner(2020)利用基金产品描述的文本相似度,衡量共同基金的产品差异化竞争策略;Li et al.(2021)利用文本向量相似度衡量并购双方的文化契合程度,从而判断并购表现;Li(2010)使用朴素贝叶斯分类器对公司信息披露文本进行情感分类,并将其与未来业绩关联来验证文本内容是否有信息含量;Huang et al.(2018)使用主题模型对比分析师报告和业绩报告会的内容,提取出分析师报告的信息增量。这些文本分析的应用百花齐放,关键词匹配和分类器可以将文本信息这一市场中重要但难以通过其他方式量化的元素转化为表征文本情感的哑变量;文本相似度将产品差异化、文化如此抽象的概念数字化;主题模型将文本内容解构为不同主题,使得不同市场参与者之间的信息差异可以被描述为有经济意义的主题差异。这些文本分析应用的共同点在于赋予文本经济含义,并应用于财务、会计领域的实证研究。

本章将介绍文本分析的常见方法,包括关键词匹配、分词(中文文本特有,作为使用接下来三种方法的前提条件)、文本向量与文本相似度、分类器(以朴素贝叶斯模型为例)、LDA 主题模型。通过对文本分析的学习和对相关代码的了解,读者可以在实证研究中更方便地描述并使用文本分析法。①

我们还将介绍目前在财务、会计领域应用较少,但在整个自然语言处理领域(文本分析的母学科)发扬光大的、拥有出色的关注上下文能力的神经网络模型,以注意力机制以及基于其开发的 Transformer 和 BERT 为例,就连 2023 年年初引发全球各行各业关注的、由 OpenAI 公司开发的 ChatGPT 模型中的 GPT(generative pre-trained transformer)架构基础也是 Transformer。截至 2023 年 4 月,提出注意力机制和 Transformer 的文献——Vaswani et al.(2017)已经被引近 7 万次。介绍这类模型,一方面可以使读者了解文本分析以及自然语言处理领域的技术前沿,另一方面可以激发读者思考如何利用这些对文本解析能力更强的、被广泛引用的模型(Devlin et al.,2018)深化或拓展财务、会计领域的实证研究。

第一节 关键词匹配

在本章介绍的文本分析法中,关键词匹配是操作最便捷、理解起来最直观的方法。通过在文本中进行关键词匹配,可以生成有经济意义的哑变量,例如姜付秀等(2017)使

---

① 本章第三节至第六节代码考虑了不同文本下的通用性,只需将代码中 texts 变量替换为读者需要分析的中文文本,代码其他部分不用改动就可以实现绝大部分代码中的文本分析功能。

用关键词匹配衡量融资约束;也可以在多个关键词匹配时进行文本情感分析,例如姜富伟等(2020)衡量财经媒体文本情绪,Jiang et al.(2019)匹配财报文本中情感倾向的词汇来衡量管理层情绪。

值得注意的是,关键词匹配对上下文的考虑较少,可能存在实际意义与匹配本意差异较大的问题。比如,句中有否定词,但匹配了关键词,实际意义可能是否定的,但匹配本意是肯定的。此外,在情感分析时,有些文本(如上市公司公告)可能本身有偏向(Loughran and McDonald,2016),导致正向词和负向词的匹配概率不同。

本节通过正则表达式等常用 Python 文字处理方法举例,展示关键词匹配所需的大部分功能。涉及的功能有字符串的拼接、替换、截取、判定,以及正则表达式的匹配、替换、拆分、循环匹配。① 掌握这些功能可以使用户更全面地应对关键词匹配问题。

下面第一个例子要匹配字符串中代表整数的字符,但数字书写形式多种多样,可以是"1,234",也可以是"1234",还可以是"123"或"12"等,无法穷尽。这个例子使用正则表达式,可以通过一个简单的表达式匹配多种多样的数字书写形式。后续例子也展示了其他一些常用的文字处理方法。

```
import re
# 提取类似"共1,234条"样式字符中的数字字符②
a = '共1,234条'
print(re.search('[ \d,]+',a).group(0))     # group(0)代表整个匹配的部分

# 字符加法(没有减法),给定数值变量 a 的取值如"123",在"B012"后加上"A123"并
倒序字符得到"210BA321";倒序字符:string[::-1]。注:倒序方括号内各数字的意
思为[start:stop:step]

B,a = 'B012',123
(str(a)+'A'+B)[::-1]

# 给定一个 stkcd,确定交易所变量 exchg 的取值(400000 及以上为上海证券交易所
SH,其他为深圳证券交易所 SZ);将 stkcd 变更为长度为 6 的字符(在前方填充 0)
stkcd = 2
exchg = 'SZ' if stkcd<400000 else 'SH'
print(str(stkcd).zfill(6))

# in 用于判定特定字符是否在文本中出现
```

---

① 有关字符串方法的总结可以参阅 https://docs.python.org/3.8/library/stdtypes.html#string-methods;有关正则表达式的总结可以参阅 https://docs.python.org/3.8/library/re.html。

② #开头的字段是对邻近代码的注释,输入后不会影响代码运行,仅作显示。以下类同。

```
'123' in 'ab123cd'

# replace 替换字符串中的部分字符

'ab123cd'.replace('123','')

# re.split 将字符串拆分

#'1 Eugene Fama (2013) John Keynes' 变成 ['Eugene Fama','John Keynes']
re.split(' \s*[\d\(\)]+\s*',x)[1:]

#"?="表示之后需要匹配,"?<!"表示之前不能匹配

re.search('a(?=bc)','abc')         #可以匹配
re.search('a(?=bc)','ade')         #不能匹配
re.search('a(?=(bc|de))','ade')    #可以匹配
```
　　注：此类匹配若括号中有多种字符,则字符长度必须相同;若不相同,则需要用 regex.search(先 pip install regex)。
```
re.search('(?<!de)a(?=bc)','deabc')      #不能匹配

#匹配任意字符.+?;使用 re.compile 方便在代码中多次使用同一个正则表达式

xpat = re.compile('.+?((委托|授权).+?(表决|主持|出席))')
m1 = re.search(xpat,'董事长因在国外无法出席会议,委托副董事长主持会议')
if m1 is not None: print(m1.group(0))
m2 = re.search(xpat,'总经理有要事无法参加会议,故授权副总经理主持会议')
if m2 is not None: print(m2.group(0))

#flags 可以改变匹配方式;S 表示可以匹配换行符 \n;I 表示匹配时不区分大小写

re.search('abc.def','abc\nDef',flags=re.S|re.I)

#^ and $ 表示匹配字符开头和结尾

re.search('^abc','abc_def_abc')     #匹配开头的 abc
re.search('def$','def_abc_def')     #匹配结尾的 def

#自定范围的字符连续匹配若干次

re.search('[adg]{,5}','aaxxyyzz')
re.search('[axy]{,5}','aaxxyyzz')
re.search('[ayz]{,5}','aaxxyyzz')

#字符变量(比如上一个 re.search 的结果)匹配
```

```python
m = re.search('^a','abc')
b = 'b'
re.search('{0}(.*?){1}'.format(m.group(0),b),'a123b').group(1)
#*和**都是循环取值,但应用场景不同
alist = [1,2,3]
print(*alist)
adict = {'x':1,'y':2,'z':3}
print(*adict)
def f(x,y,z): print(x,y,z)      #变量名必须和词典中的key x,y,z 一样
f(**adict)
blist = [(1,2),(3,4),(5,6)]
x,y = zip(*blist)
print(x,y)

#text 转换为[(A,n1),(B,n2),(C,n3)];利用splitlines将文本拆成行,然后用正则表达式拆分每行,最后用zip从另一个维度合并拆分的内容
text = '''
A    B    C
n1   n2   n3
'''
lines = text.splitlines()
list(zip(re.split('\s+',lines[1]),re.split('\s+',lines[2])))
#A 前面也有一行(没有字符)

#选出密集出现关键词的区域(过滤掉较长文本中不相关的部分):每隔最多 lenREL 选出前后 Span 个字符
bondtext = '''
1.万科企业股份有限公司(以下简称"发行人"、"本公司"、"公司"或"万科股份")已于 2020 年 2 月 25 日获得中国证券监督管理委员会(以下简称"中国证监会")"证监许可[2020]319 号"文核准面向合格投资者公开发行面值总额不超过人民币 30 亿元(含 30 亿元)的住房租赁专项公司债券(以下简称"本次债券")。
2.发行人本次债券采取分期发行的方式。本期债券为本次债券的第一期发行。
3.本期债券面值为人民币 100 元,发行价格为每张人民币 100 元,本期债券发行规模不超过 30 亿元(含 30 亿元)。
```

4. 根据《公司债券发行与交易管理办法》(以下简称《管理办法》)相关规定,本期债券仅面向合格投资者发行,公众投资者不得参与发行认购。合格投资者应当具备相应的风险识别和承担能力,且符合《管理办法》《深圳证券交易所债券市场投资者适当性管理办法》(以下简称《适当性管理办法》)及相关法律法规的规定。本期债券上市后将被实施投资者适当性管理,仅限合格投资者参与交易,公众投资者认购或买入的交易行为无效。

5. 经中诚信国际信用评级有限责任公司(以下简称"中诚信国际")综合评定,发行人主体信用等级为AAA,评级展望为稳定,本期债券信用等级为AAA,说明发行人偿还债务的能力极强,基本不受不利经济环境的影响,违约风险极低。

本期债券上市前,发行人截至2019年12月31日的净资产为2,705.79亿元,归属于母公司所有者权益合计为1,880.58亿元,发行人合并报表口径资产负债率为84.36%,合并口径扣除预收账款后的资产负债率为50.96%,母公司资产负债率为75.21%;发行人截至2020年9月30日的净资产为3,026.42亿元,归属于母公司所有者权益合计为2,026.75亿元,合并报表口径资产负债率为83.32%,合并口径扣除预收账款后的资产负债率为47.97%,母公司资产负债率为69.20%;本期债券上市前,发行人最近三个会计年度实现的年均可分配利润为335.66亿元。
'''

```
lasta,lenREL,reltxt,Span = 0,100,'',10
for a in re.finditer('债券',bondtext):
    print(a.start(),lasta)
    if lasta ! = 0 and a.start() - lasta > + 2 lenREL: lasta = a.start();
    continue#lasta!      # =0是因为第一次出现关键词,不用管之前;+2代表"债券"
    二字
    reltxt += bondtext[max(0,a.start()-Span):a.start()+2+Span]
    print('= = = = = = = = = = = = = \n',bondtext[max(0,a.start()-Span):a.start()+2+Span])    # +2代表"债券"二字
    lasta = a.start()
print(reltxt)
```

第二节 分 词

词向量、分类器、主题模型等文本分析法都是以词而非字为基本单位的。但是,中文写作时并没有对词进行分割,导致在输入中文文本时,这些方法都需要先将文本拆分为

不同的词。① 本节介绍一些常见的分词方法。其中,条件随机场和 ELECTRA 两种方法是本章后续代码使用的分词方法(在代码中"segstyle = seglist[1]"可以选择,0 是条件随机场分词,1 是 ELECTRA 分词)。此外,词典法(用户自定义词典)可以作为条件随机场或 ELECTRA 的补充,在模型判断和词典判断不一致时优先使用用户自定义词典判断。②

1. 词典法

词典法的基本思路是分割文本字符串,使得分割后的各元素尽可能匹配词典中的词。词典法的优点是容易理解和调整,不需要花费时间训练分词模型;缺点是对于词典外的词没有办法分割,而且可能存在多种分割方法,需要额外制定策略。比如,匹配词数越多越好,匹配最多的分割策略就是该文本分词的策略。本章中用于补充条件随机场或 ELECTRA 的自定义词典基于清华大学开放中文词库(THUOCL)中的财经词库和 CLMAD 数据集。此外,词典也允许我们根据自己的需要另行添加新词。

2. N-gram 方法

N-gram 方法基于条件概率,加入给定分词策略下的前文词来辅助判断分词策略。比如 N 取 2 时(假设每个词的条件概率服从一阶马尔科夫链),给定某种分词策略,前一个词和当前词构成一个 2-gram,并形成每个词基于前一个词的条件概率 p(当前词|前一个词);最优的分词策略就是使得分割后所有词基于前一个词的条件概率相乘的乘积最大的那个策略。条件概率的计算基于事先由人工分好词的语料,等于语料中前一个词和当前词接连出现的次数除以前一个词出现的总次数。相对于词典法,N-gram 方法考虑了上文③。

3. 隐式马尔科夫模型

隐式马尔科夫模型(hidden markov model,HMM)由 Baum and Petrie(1966)提出。HMM 在应用于中文分词时,"隐式"代表针对一个字符用一个隐变量标注字符的分词状态。隐变量可取值为 B、M、E、S,分别表示字符的状态为词头、词中、词尾、单字词。④ 而马尔科夫模型代表隐变量基于马尔科夫链假设,即假设字符与其对应的隐变量取值的组合服从 k 阶马尔科夫链:第 i 个字符的隐变量取值基于且仅基于之前 k 个字符的隐变量取值。相比于 N-gram 简单的上文关系,HMM 通过更复杂的结构(同时具备隐变量和马尔科夫链假设)来刻画上文关系。

刻画马尔科夫链中隐变量条件概率(transition probability)的转移矩阵,即 p(当前隐变量|前一个隐变量),由人工分好词的语料统计得出。分好词的语料还有一个功能,就

---

① 分词属于自然语言处理而不属于文本分析,但对文本进行分词是使用一些文本分析法的前提条件。
② 在本章后续代码中涉及分词时,读者可以通过设置 UD、otherUD、reCJ 三个参数来控制使用词典法补充分词。
③ 文本分析中的上文,类似上下文中"上"的用法。
④ 人工标注 BMES 的语料库构建,可以参考 Peng et al.(2004)。

是统计每个字符隐变量取值的状态概率(state probability),即 p(当前字符|当前隐变量),表示该字符在语料中以 B、M、E、S 出现的次数分别除以 B、M、E、S 在语料中出现的总次数。

相比于词典法,隐式马尔科夫模型的优势在于对新词的处理,需要分词的文本中有人工语料中未出现的字符组合。比如,如果人工语料中有很多"想 S 学 S 机 B 器 M"(如"想学机器猫超能力"或"想学机器维修"),即便要分词的文本"机器学习"是人工语料中未出现的字符组合,在"机"的隐变量取值被模型判定为 B 后,模型会根据状态概率和转移矩阵把"器"的隐变量取值判定为 M(假设一阶马尔科夫链)。此外,词典法可能因没有"机器学习"但有"机器"和"学习"而错误分词。

4. 条件随机场

条件随机场(conditional random field,CRF)[①]与隐式马尔科夫模型类似,也是一种基于隐变量来分词的模型。与隐式马尔科夫模型不同的是,条件随机场是一种区别(discriminative)模型而不是生成(generative)模型,即条件随机场预测的只是反映隐变量和字符依存关系的条件概率 p(隐变量|字符),而隐式马尔科夫模型预测的是联合概率 p(隐变量|字符)。因为隐式马尔科夫模型要求计算反映隐变量依存关系的条件概率,以及反映隐变量和字符依存关系的条件概率,所以条件随机场相对来说假设更宽松(Sutton and McCallum,2012)。此外,与隐式马尔科夫模型用于预测的特征限于一个由隐变量转移矩阵(前后隐变量的依存关系)和状态概率(隐变量基于字符的条件概率)组成的函数不同,条件随机场允许更灵活地设置隐变量特征与字符特征(比如不仅包含前一个隐变量和前一个字符,还可以包含下一个隐变量和下一个字符),且用于预测的特征个数可以大于 1。式(10.1)是条件随机场的一种表达式,其灵活性体现在 f_k 的形式以及涉及的前后隐变量和字符并不唯一,且 K 可以大于 1。本章代码使用的两种分词方式中就有基于条件随机场的 pkuseg[②]。

$$p(y|x) = \frac{1}{Z} e^{\sum_{k=1}^{K} \lambda_k f_k(a,b)} \tag{10.1}$$

其中,等号左侧的 y 和 x 分别是当前关注的某个隐变量取值和字符,针对每个字符共有四个需要计算的 $p(y|x)$,其中的 y 分别是 B、M、E、S,计算得出的四个条件概率中最大的就对应 y 的预测取值;Z 用于标准化分子,使计算结果在 0 和 1 之间(含);K 表示一共有 K 种描述隐变量与字符的特征 f_k(每种特征都是一个根据隐变量或字符形成的判定,输出 0 或 1);λ_k 表示 f_k 的权重;a 和 b 分别表示人为设定的隐变量 y 的特征和字符 x 的特征。

[①] 我们关注的是线性链式条件随机场(linear-chain conditional random field),属于条件随机场的一种,比其他条件随机场模型(如广义条件随机场)的结构更便于理解。

[②] https://github.com/lancopku/pkuseg-python

训练条件随机场需要事先有一个人工标注好隐变量取值的语料库(训练集),并人为设定各特征f_k的具体形式。在训练时,调整λ_k,使得预测的隐变量取值与人工标注尽可能接近。在用于预测时,只需输入字符和相关的隐变量和字符特征,就可以根据训练好的权重计算出$p(y|x)$。我们用一个例子进一步理解条件随机场训练过程,其中的特征由人为设定,也可以设定为例子以外的其他形式。

(1) 人工标注训练集的每个字符,如字符串"机器学习与深度学习",人工标注为:BMMESBMME。

(2) 假设当前关注"与"字,针对四个要计算的概率$p(B|与)$、$p(M|与)$、$p(E|与)$、$p(S|与)$,各人工指定一个特征f_1、f_2、f_3、f_4[①]:

针对$p(B|与)$的f_1:若当前字符是"机"字,则$f_1=1$,否则$f_1=0$,初始权重λ_1设为随机数0.1。

针对$p(M|与)$的f_2:若当前字符是"与"字,且前两个隐变量中有一个是M,则$f_2=1$,否则$f_2=0$,初始权重λ_2设为随机数0.7。

针对$p(E|与)$的f_3:若下一个隐变量取值B,则$f_3=1$,否则$f_3=0$,初始权重λ_3设为随机数0.5。

针对$p(S|与)$的f_4:若当前字符在字符串中间出现,且前一个字符的隐变量预测为E(假设前一个字符已经预测为E),则$f_4=1$,否则$f_4=0$,初始权重λ_4设为随机数0.3。

(3) 调整权重使得预测与标注一致。因为只有f_2和f_4满足(取值为1),人工标注是S,所以提高λ_4降低λ_2,不调整λ_1和λ_3。

(4) 使用训练集中的字符和标注迭代(2)和(3),调整权重至调整幅度收敛。

5. 深度学习类

本节以深度学习类中的ELECTRA(Clark et al.,2020)为例。本章代码使用的两种分词方式中就有基于ELECTRA的hanlp[②]。ELECTRA基于Transformer神经网络构建生成器(generator)和识别器(discriminator),二者相互竞争。生成器的目标是替换输入文本的部分词,使得识别器无法区分哪些词被替换;识别器的目标是根据生成器提供的被替换文本和原文比对,提高识别被替换词的能力。训练同时对生成器和识别器进行,训练完成后用识别器实现分词等自然语言处理功能。[③] 相比于前四种方法,深度学习类模型在

[①] 也可以针对每个要计算的概率指定不同个数的特征,比如f_1、f_2、f_3、f_4、f_5,其中前两个特征针对$p(B|与)$,其他概率都各对应一个特征。

[②] https://github.com/hankcs/HanLP

[③] 对训练好的ELECTRA模型,输入文本通过识别器生成隐向量(hidden representation,可以理解为识别器将文本转化为数字矩阵),然后训练分词模型:输入为隐向量,模型为一个新的神经网络,输出为预测的分词,训练分词模型使预测的分词尽量接近人工标注。Transformer能处理的文本长度上限为512个词,但hanlp使用滑动窗口缩减模型复杂度,允许更长文本输入。https://github.com/hankcs/HanLP/blob/doc-zh/plugins/hanlp_demo/hanlp_demo/zh/tok_stl.ipynb。

训练集和算力充分的前提下，其复杂结构可能捕捉输入文本更高维度的特征，从而提高分词的准确性。

第三节 文本相似度与文本向量

一、文本相似度与文本向量的计算方法

文本相似度类似于数值型变量的相关系数，衡量两个多维向量的一致程度。[①] 虽然实际应用中先生成向量再计算相似度，但由于相似度概念相对简单，我们先介绍相似度的定义，再介绍四种文本向量计算方法（独热、词袋、词频与逆文本频率指数、word2vec）和一种直接计算文本相似度的方法 Jaccard。值得注意的是，这五种方法都以词为最小单位，使用这些方法前需要先按第二节介绍的方法对文本进行分词。

在介绍相似度定义和向量计算方法前，有两点需要特别说明。第一，本节代码中，我们对文本进行分词并删除重复且信息含量不高的词（称为停用词，如"为了""虽然""有的"和特殊符号）[②]。

第二，独热、词袋、词频与逆文本频率指数的计算结果都是一个 n 维向量，n 的取值为语料中的总词数；word2vec 的计算结果是一个 d×v_i 维矩阵，其中 d 是人为设定值（比如 d=300）而 v_i 是文本 i 中的词数量，在计算文本相似度时需要对 v_i 中每个词向量求平均得到 d 维文本向量；与前四种用于计算余弦相似度的向量计算方法不同，Jaccard 相似度是基于用词集合来计算的，不需要计算文本向量。

首先，我们介绍文本相似度（也称余弦相似度）的定义。假设有维度相同的两个文本向量[③] x,y，‖x‖和‖y‖分别代表 x,y 到原点的欧式距离，则：

  两个文本向量的余弦相似度（cosine similarity）

  = x,y 点乘积/（‖x‖ * ‖y‖）

  = x 在 y 上的投影 * ‖y‖ / （‖x‖ * ‖y‖）

  = x 在 y 上的投影 / ‖x‖

  =两个文本向量 x,y 在多维空间中的夹角

从几何上理解，余弦相似度衡量的是两个从原点出发的向量之间的夹角；余弦相似度越高，两个向量夹角越小。余弦相似度的值域为[-1,1]。不过，当向量基于词袋或词频与逆文本频率指数构建时，向量中元素都是非负整数，余弦相似度的值域为[0,1]。

我们还可以用 Jaccard 等其他方式定义相似度，比如 Cohen et al.（2020）计算公司公

[①] 可以证明，当相似度以余弦相似度衡量、相关系数以皮尔逊相关系数衡量且两个高维向量 x,y 各维度的均值和期望值均为 0 时，x,y 的相似度在数值上等于 x,y 的相关系数。

[②] 我们使用的停用词表下载地址为 https://github.com/fighting41love/funNLP/tree/master/data/停用词。

[③] 文本向量代表文本信息的高维度向量。下文会介绍常见的将文本转化为文本向量的方法。

告间的相似度以衡量信息增量。由于 Jaccard 对相似度的定义本身就是一种计算方法，我们将 Jaccard 的定义和计算放在计算方法部分介绍。

接下来，我们介绍几种常见的将文本信息转化为计算相似度所需向量的方法。

（1）独热（one-hot）。使用该方法的财会论文如 Cohen et al.（2020），使用独热法计算公告相似度。

独热法是一种根据词是否在文本中使用，并将文本转化成向量的方法。具体而言，给定语料中所有文本（分词和清洗后）的词库有 n 个词，每个文本的独热向量就是一个 n 维向量，其中每个元素对应词库中的一个词，元素的值（0 或 1）取决于该文本是否使用这个词。

（2）词袋（bag-of-words，BOW）。使用该方法的财会论文如 Cohen et al.（2020），使用词袋法计算公告相似度。

词袋法与独热法类似，也是根据词的使用情况将文本向量化的方法。与独热法不同的是，词袋法不考虑是否使用一个词，而是考虑这个词在每个文本中的使用频率。也就是说，元素的值（非负整数）取决于文本使用这个词的次数。

（3）词频与逆文本频率指数（term frequency-inverse document frequency，tf-idf）。Gentzkow et al.（2019）认为该方法非常实用，且能剔除非常常见和非常罕见的词。与独热法和词袋法类似，tf-idf 法也是基于词在文本中的使用情况对文本向量化。与前两种方法不同的是，tf-idf 法不但考虑词在每个文本内的使用情况，而且注意区分同一个词在不同文本间的使用情况差异。具体而言，当一个词同时满足在某个文本中的词频（term frequency，tf）很高以及语料中文本总数除以出现该词的文本数（即逆文本频率，inverse document frequency，idf）很高时，该词的 tf-idf 值才高。[①]据此，一种对于 tf-idf 值的理解是词相对于文本的代表性，一个只在某文本出现且在该文本中使用频率很高的词就是对该文本有代表性（tf-idf 高）的词。

（4）word2vec（Mikolov et al.，2013）。使用该方法的财会论文如 Li et al.（2021），其基于 word2vec 方法衡量企业文化相似度，以检验企业文化对并购绩效的影响。

与独热法、词袋法、词频与逆文本频率指数法将每个词计算为标量不同，word2vec 基于"上下文"对每个词计算词向量。其核心思想可以概括为对每个词构造词向量，使得语料里经常出现在一起（如前后共五个词的窗口）的词和词向量（注意不是文本向量）相似度高，反之则低。[②]

在训练词向量时，先人为设定词向量的维度（如 300），然后对每个词向量初始化（每个向量随机取 300 个值），接着根据词的出现位置调整向量的取值，使得经常出现在五词

---

① 计算时可以对 tf 和 idf 值进行平滑，计算值虽然原理不变，但可以不等于文中定义的 tf 和 idf 乘积。
② 在计算出词向量后，整个文本的向量可以通过计算文本中所有词向量的平均值得到。

窗口内的词余弦相似度高(每个维度取值更接近),而很少出现在五词窗口内的词余弦相似度低(每个维度取值更远离)。

两词(w1,w2)之间的余弦相似度可以表达为这两个词组成的条件概率的分子,而作为条件的那个词(如 w2)与语料中所有词的余弦相似度可以表达为以 w2 为条件的条件概率的分母。由于语料中所有词数量多、计算成本高,在实际应用中使用负采样(negative sampling)简化分母计算成本。训练 word2vec 其实是通过调整每个词向量各维度的取值,最大化所有词的条件概率(用余弦相似度表达)乘积。[①]

(5) Jaccard。使用该方法的论文如 Cohen et al.(2020)。

Jaccard 方法基于词集合计算两个文本的相似度。给定 A,B 两个分词后的列表,Jaccard = A,B 交集/A,B 并集。Jaccard = 0 表示两个文本没有交集,Jaccard = 1 表示两个文本完全重合。注意,和前四种方法一样,这里的文本并不是原始文本,而是经过分词和停用词清洗后的文本。所以,Jaccard = 0 时原文本还是可能有交集,Jaccard = 1 时原文本还是可能不一样。

二、Phthon 操作

我们通过 Python 代码展示上述五种计算方法(前四种计算属于基于文本向量计算余弦相似度,在代码"vecs = ['hot','bow','tfidf','chnw2v'][-1]"行可以选择四种中的任意一种;Jaccard 是基于集合的文本相似度)计算三个文本两两之间的文本相似度。[②] 我们截取了三个上市公司公告,其中第一个公告关于经营合同签署,后两个公告关于回购;预期后两个公告之间的文本相似度更高。

(1) 导入软件包。

```
! pip install hanlp pkuseg gensim scikit-learn -U
import time,os,re,hanlp,pkuseg,gensim,numpy as np
from sklearn.feature_extraction.text import TfidfVectorizer,CountVectorizer
from sklearn.preprocessing import Binarizer
from sklearn.metrics.pairwise import cosine_similarity
from tqdm import tqdm
```

[①] 本节只介绍 word2vec 的基本思路。实际计算中,还会引入神经网络模型改变输出维度,目标函数改变为负自然对数似然函数,不同的条件概率表达方式等(Mikolov et al.,2013)。

[②] 本章使用的分词软件包之一 pkuseg 可能在一些较新生产的电脑上出现安装报错,导致代码无法正常使用。读者在运行本章第三、四、五节代码之前,最好参考以下网页中的步骤安装 Microsoft Visual C++和 GitHub 版本的 pkuseg:https://blog.csdn.net/LinLan_/article/details/127714448。此外,我们的代码允许读者使用另一种分词软件包 hanlp,在代码中"segstyle = seglist[1]"可以选择,0 是条件随机场(pkuseg)分词,1 是 ELECTRA(hanlp)分词。

(2) 定义将文本中每个词向量平均的函数。

```
def doc_avg(rmv,j,wvec_model,doc,isdict=0):
    WKs = list(wvec_model.key_to_index.keys() if isdict == 0 else wvec_model.keys())    # 词向量文件中的词列表
    doc = [word for word in doc if word in WKs]    # 剔除文本中不在词向量文件中的词
    if len(doc) == 0: rmv.append(j); return None    # 若剔除后不剩任何词汇,则返回 None 并做记录
    doc_avg = np.mean(np.array([wvec_model[x] for x in doc]),axis=0) if isdict == 1 else np.mean(wvec_model[doc],axis=0)    # axis=0 表示将 300*1 维的多个词向量横向求平均值,返回 300*1 维文本向量
    #np.array([wvec_model[x] for x in doc]).shape or wvec_model[doc].shape: embedding_dim * num words
    return doc_avg


def proc_text(text,style,save,seq):
    print('Reading text No.',seq)
    if style == 'pku':    #可以不将文本拆成句子,不影响分词
        tokens = pku_seg.cut(text)
        #https://github.com/lancopku/pkuseg-python/blob/master/tags.txt
```

(3) 定义 m 为数词,nr 为人名,nt 为机构名称,ns 为地名,nz 为其他专名,n 为名词。

```
        splist = ['m','nr','nt','ns','nz']

    if style == 'hanlp':    #hanlp 分词时会自动先分句
        x = HanLP(text[:max_seq_length],tasks=['tok','pos/pku'])
        tokens = list(zip(x['tok/fine'],x['pos/pku']))
        splist = ['m','nr','nt','ns','nz']

    LT = len(tokens)
    if LT == 0: tokens,LT,LS = [],0,-1
    else:
        try: LS = len([a for a,b in tokens if b in splist and re.search
```

```
('\W',a)])
        except: LS = -1
        if type(tokens[0]) = = list or type(tokens[0]) = = tuple:
            tokens_cleaned = [tok for tok,tag in tokens if (tok not in STOPLIST) and (not re.search('\W|\d',tok))]
        if type(tokens[0]) = = str:
            tokens_cleaned = [tok for tok in tokens if (tok not in STOPLIST) and (not re.search('\W|\d',tok))]
    print('Read text No.',seq)
    if save = = 0: return tokens_cleaned,len(tokens_cleaned),LT,LS
    else: save_obj([tokens_cleaned,len(tokens_cleaned),LT,LS],save_folder+'proc_temp{0}.pkl'.format(seq))

def GET_sim(j1,j2,SIMmat):      # 余弦相似度
    b,c = SIMmat[j1],SIMmat[j2]
    b = b if b.ndim = = 2 else b[NPnew]
    c = c if c.ndim = = 2 else c[NPnew]
    x = cosine_similarity(b,c).flatten()[0]
    x = x if x <= 1 else x/100
    return round(x,DIGIT)

def Jaccard(query,document):      # Jaccard 相似度
    setA,setB = set(query),set(document)
    intersection = setA.intersection(setB)
    union = setA.union(setB)
    return round(len(intersection)/len(union),DIGIT)

text1 = '''
证券代码:000555 证券简称:神州信息 公告编号:2020-050
神州数码信息服务股份有限公司
关于控股子公司签署重要经营合同的自愿信息披露公告
本公司及董事会全体成员保证信息披露的内容真实、准确、完整,没有虚假记载、误导性陈述或重大遗漏。
特别提示:
```

1.合同的生效条件、重大风险及重大不确定性。本合同自双方签字盖章后生效,在执行过程中可能存在受不可抗力等因素影响;在合同履行完毕之前,存在一定的不确定性风险,敬请投资者注意投资风险。

2.合同履行对公司本年度经营成果无重大影响的说明。

本合同金额为1 044.88万元,占公司2019年度经审计营业收入的0.10%。根据该项目的实施进度,预计将对公司2020年度的经营业绩不构成重大影响,但项目的实施对公司未来业务发展及经营业绩提升将产生积极影响。
'''

text2 = '''
证券代码:002892 证券简称:科力尔 公告编号:2020-030

科力尔电机集团股份有限公司

关于回购公司股份的进展公告

本公司及董事会全体成员保证信息披露的内容真实、准确、完整,没有虚假记载、误导性陈述或重大遗漏。

公司于2020年3月16日召开第二届董事会第九次会议,审议通过了《关于公司以集中竞价方式回购股份的方案的议案》,同意公司以自有资金通过二级市场以集中竞价方式回购部分社会公众股份。回购的资金总额不低于人民币500万元(含)且不超过人民币1,000万元(含),回购价格不超过人民币35元/股。回购的股份将用于员工持股计划或股权激励,回购期限为自公司董事会审议通过回购方案之日起6个月内。具体内容详见公司在《证券时报》《上海证券报》《中国证券报》和巨潮资讯(http://www.cninfo.com.cn)上披露的相关公告。
'''

text3 = '''
证券代码:300121 证券简称:阳谷华泰 公告编号:2020-049

山东阳谷华泰化工股份有限公司

关于回购公司股份的进展公告

山东阳谷华泰化工股份有限公司(以下简称"公司")于2019年11月12日召开第四届董事会第十一次会议和第四届监事会第十一次会议,审议通过了《关于回购公司股份方案的议案》,公司拟使用自有资金以集中竞价交易的方式回购公司股份,回购的股份将用于实施员工持股计划或股权激励。本次回购股份的价格为不超过10元/股(含),回购总金额不低于人民币3,000万元(含)且不超过人民币6,000万元(含),回购的实施期限为自公司董事会审议通过本回购方案之日起不超过12个月。具体回购股份的数量以回购结束时实际回购的股份数量为准。具体内容详见公司于2019年11月13日披露于巨潮资讯网的《关于回购公司股份方案的公告》(公告编号:2019-101)。公司于2019年11月20日披露了《回购报告书》(公告编号:2019-103)。
'''

```
texts = [text1,text2,text3]

time0 = time.time()
NPnew,DIGIT,MAXfeat = np.newaxis,5,10000    # MAXfeat 表示语料中的不
    同词上限,太高 onehot 和 tfidf 容易内存溢出报错
max_seq_length = int(1e7)    # 太长的文本 GPU 装不下会报错 1e4 = 10000
model_folder = 'g:/data/'    # 填入自己电脑上 data 文件夹存放的路径
save_folder = model_folder    # 在此基础上生成 chnstop 放置中文停用词表;
    CLMAD 训练集和测试集;THUOCL_caijing.txt;储存财经词集合 cj_vocab.txt
UD = 1    # 是否在分词模型中添加财经类词典
otherUD = ['员工持股计划']    # 在财经类词典外,根据研究题目添加更精确的词
    语(UD=1 时起效)
reCJ = 0    # 更改,需要重新制作财经词语集合


seglist = ['pku','hanlp']    # 前者是条件随机场分词,后者是 ELECTRA 分词
segstyle = seglist[1]
chnlist = ['haerbinIT_stopwords']
chnstop = model_folder +'chnstop/' +'{0}.txt'.format(chnlist[0])
STOPLIST = open(chnstop,encoding='utf-8').read().splitlines()
w2v_path = model_folder + 'sgns.financial.bigram-char'#http://www.
    cips-cl.org/static/anthology/CCL-2018/CCL-18-086.pdf
vecs = ['hot','bow','tfidf','chnw2v'][-1]    # 选择一种计算余弦相似度的
    向量化方法:独热、词袋、tf-idf、word2vec
```

(一) 准备分词工具

1. 读取自定义财经类词典

```
if UD == 1:
    CJpath = model_folder +'cj_vocab.txt'
    if reCJ == 1 or not os.path.exists(CJpath):
        #fetch train/test vocab from CLMAD
```

```
        a = open(model_folder +'CLMAD/finance.train','r',encoding ='
utf8').read().splitlines()
        b = open(model_folder +'CLMAD/stock.train','r',encoding ='
utf8').read().splitlines()
        c = open(model_folder +'CLMAD/finance.test','r',encoding ='
utf8').read().splitlines()
        d = open(model_folder +'CLMAD/stock.test','r',encoding ='
utf8').read().splitlines()
```

注:a,b,d = [],[],[]#电脑内存不够时,可以将 a、b、d 设成空列表,从而节省内存占用。

```
        cj_vocab = [re.split(' \s+',ax)[0] for ax in open(model_folder +
'THUOCL_caijing.txt',encoding ='utf-8').read().splitlines()] + other-
UD
        for line in list(set(a+b+c+d)): cj_vocab += re.split(' \s+',
line)
        cj_vocab = list(set(cj_vocab))
        with open(CJpath,'w',encoding ='utf-8') as f:
            for vocab in cj_vocab: f.write(vocab+' \n')
```

2. 装载分词模型,将自定义词典(UD = 1 时)加入分词模型

```
if segstyle = = 'hanlp':
    print('Loading hanlp')
    if UD = = 1:
```

3. 添加用户自定义词典

参考 https://github.com/hankcs/HanLP/blob/master/plugins/hanlp_demo/hanlp_demo/zh/demo_custom_dict.py

```
        from hanlp.components.mtl.multi_task_learning import Multi-
            TaskLearning
from hanlp.components.mtl.tasks.tok.tag_tok import TaggingTokeni-
            zation
HanLP: MultiTaskLearning = hanlp.load(hanlp.pretrained.mtl.CLOSE_
        TOK_POS_NER_SRL_DEP_SDP_CON_ELECTRA_SMALL_ZH)     # varname: X
```
设定 *varname* 为 *X* 属性

```
        tok: TaggingTokenization = HanLP['tok/fine']      # fine 表示细
分,分成尽可能短的短语
        #tok.dict_force = {'和服','服务行业'}
        #print(f'强制模式:\n{HanLP("商品和服务行业")["tok/fine"]}')
# 慎用,详见《自然语言处理入门》第二章
        #tok.dict_force = {'和服务':['和','服务']}
        #print(f'强制校正:\n{HanLP("正向匹配商品和服务、任何和服必按上
述切分")["tok/fine"]}')
        tok.dict_force = None       # 使用合并模式 dict_combine 而不是强制
模式

        # https://github.com/hankcs/HanLP/blob/doc-zh/plugins/hanlp_
demo/hanlp_demo/zh/tok_stl.ipynb
```

合并模式的优先级低于统计模型,即 dict_combine 会在统计模型的分词结果上执行最长匹配并合并匹配到的词条。一般情况下,推荐使用该模式。

```
        tok.dict_combine = {x for x in open(CJpath,'r',encoding='
utf8').read().splitlines()}     #readlines()结果包含换行号,read().
splitlines()结果不含换行号
    else: HanLP = hanlp.load(hanlp.pretrained.mtl.CLOSE_TOK_POS_NER_
SRL_DEP_SDP_CON_ELECTRA_SMALL_ZH)
    print('hanlp loaded')

if segstyle == 'pku':
    print('Loading pkuseg')
    if UD == 1: pku_seg = pkuseg.pkuseg(postag=True,user_dict=CJ-
path)
    else: pku_seg = pkuseg.pkuseg(postag=True)
    print('pkuseg loaded')
```

(二) 分词,去除停用词

```
corpus = []
for seq,text in enumerate(tqdm(texts)):
    tokens,LTclean,LT,LS = proc_text(text,segstyle,0,seq)
```

```
    #print(' \nTextHead',text[:300],' \n#CleanTokens',LTclean,'#Tokens',LT,'#EntityNames',LS)
    corpus.append(tokens)
```

(三)词—(onehot 或 tfidf 或 w2v)—词向量—(平均)—文本向量

```
if vecs == 'hot': X_train = CountVectorizer(max_features=MAXfeat).fit_transform([' '.join(x) for x in corpus]); X_train = Binarizer().fit_transform(X_train.toarray())
```

注:fit_transform 要求 corpus 中的每个文本是一个字符串,里面的词像英语一样用空格隔开。

```
if vecs == 'bow': X_train = CountVectorizer(max_features=MAXfeat).fit_transform([' '.join(x) for x in corpus])
```

```
if vecs == 'tfidf':
    X_train = TfidfVectorizer(tokenizer=lambda x: '##@ @ '.join(x).split('##@ @ '),lowercase=False,max_features=MAXfeat).fit_transform(corpus)
```

注:tokenizer:TfidfVectorizer 要求必须设置该参数;用特殊的分隔符##@ @ 是为了不和文本(已分好词)里的符号冲突。比如,若分隔符为简单的'#',原文里正好有词中带#,join split 命令之后会改变原文分割方式,导致 corpus 和 X_train 不一致。

```
    if 'w2v' in vecs:        # word2vec 是词向量,需要用 doc_avg 转化为文本向量
    rmv_train = []      # rmv_train 如果文本所有的词都没有出现在词向量文件里,则记录该文本的序号(X_train 中没有该文本,因为 x=None)
    wvec_model = gensim.models.KeyedVectors.load_word2vec_format(w2v_path, binary=False, encoding='utf-8', unicode_errors='ignore')
    X_train = [x for x in [doc_avg(rmv_train,j,wvec_model,' '.join(tokens)) for j,tokens in enumerate(corpus)] if x is not None]
    #def s(a,b):     # 词向量举例
    #a = wvec_model[a][NPnew]
    #b = wvec_model[b][NPnew]
    #print(cosine_similarity(a,b).flatten()[0])
    #s('国企','央企'); s('民企','国企'); s('民企','央企')
```

（四）计算两两相似度

```
print('计算余弦相似度使用的向量化方法:',vecs)
print(GET_sim(0,1,X_train))
print(GET_sim(0,2,X_train))
print(GET_sim(1,2,X_train))

print('Jaccard集合相似度')
print(Jaccard(corpus[0],corpus[1]))
print(Jaccard(corpus[0],corpus[2]))
print(Jaccard(corpus[1],corpus[2]))

print('程序耗时',round(time.time()-time0,1))
```

第四节 朴素贝叶斯分类器

一、朴素贝叶斯与分类器的原理

除了对文本进行关键词匹配以及对文本间的相似度进行分析,我们还可以通过机器学习方法对文本进行分类,如正向情感、负向情感。本节面向0,1(阴性、阳性)分类,介绍一种理解难度低、操作便捷、效果较好的机器学习分类器——朴素贝叶斯(naive Bayes, NB)。[1] 机器学习分类器的基本步骤包含分词和清洗、文本向量化、样本拆分、模型评价和交叉验证,通过本节的学习,读者不仅可以知晓朴素贝叶斯模型文本分类的原理和步骤,还可以掌握机器学习分类的通用流程,方便运用其他分类器(如随机森林)进行文本分类。

文本分类可以看作求 p(分类|文本特征)。根据贝叶斯公式[2],该概率等于 p(文本特征|分类)$\times p$(分类)$/p$(文本特征)。其中,p(文本特征)是边缘概率,可以通过所有分类的分子求和得出。

但是,文本特征变量可能有很多个(如不同词的词频),它们之间可能存在依存关系,导致直接估计分子和分母非常困难。朴素贝叶斯模型中的朴素(naive)指对贝叶斯公式进一步假设文本特征变量(共 n 个)之间不相关,进而得到 p(文本特征|分类)= p(文本特

---

[1] 朴素贝叶斯模型虽然也可以用于预测,但其优势在于分类效果较好,https://scikit-learn.org/stable/modules/naive_bayes.html。

[2] $p(A|B)=p(B|A)*p(A)/p(B)$,其中 A、B 为两个随机事件。

征 1|分类)×p(文本特征 2|分类)×⋯×p(文本特征 n|分类)。这里的 n 个文本特征变量指该分类下,分词与清洗后语料中共 n 个词各自的词频。[①] 在这种假设下,贝叶斯公式左侧的 p(分类|文本特征)会因两个因素而变高:一是文本中包含较多该分类中词频高的词;二是该分类在语料中出现频率较高。

条件概率 p(文本特征 i|分类)的计算会因对概率分布的假设不同而不同,导致朴素贝叶斯模型有不同的种类,常见的有多项式朴素贝叶斯(multinomial NB)、高斯朴素贝叶斯(gaussian NB)、二项式朴素贝叶斯(bernoulli NB)。由于词频适合多项式分布,因此基于词频对文本进行朴素贝叶斯分类采用的是多项式朴素贝叶斯。使用极大似然估计法估计多项式朴素贝叶斯模型,p(文本特征 i|分类)等于词 i 在该分类中的词频与该分类下语料中所有词的词频之比[②];p(分类)就是该分类文本在语料中出现的次数与语料中文本量之比。

二、分类器的使用流程

以上是我们所使用的模型的原理介绍。下面,我们按顺序介绍使用分类器的流程:分词和清洗、文本向量化、样本拆分、模型评价和交叉验证。

(1)分词和清洗与文本相似度中提到的一样,先对文本进行分词,再过滤掉停用词等信息含量低且混淆词频统计的词。

(2)文本向量化也重复余弦相似度计算时向量化文本的步骤。不过,由于多项式朴素贝叶斯是基于词频的,向量化方法中只有词袋法适用,因此我们使用词袋法对前述的分词后文本进行向量化。

(3)样本拆分是指将样本观测值按一定比例(如 70%训练、30%测试)随机拆分成训练集和测试集。训练集用于训练模型参数,即用极大似然估计法估计 p(文本特征 i|分类)和 p(分类),并计算边缘概率(同样基于特征间不相关假设)。测试集则用于测试朴素贝叶斯模型,即给定估计好的参数,以测试集文本作为输入,求 p(分类|文本特征)。

(4)模型评价是指将测试集求出的 p(分类|文本特征)与测试集实际分类对比,进而评价模型。评价模型有不同的指标,以较常用的 F1 为例,其值是精准率(precision,预测阳性中真实阳性的占比)和召回率(recall,真实阳性中预测阳性的占比)的调和平均数,即 2×精准率×召回率/(精准率+召回率)。当精准率和召回率都较高时,F1 才较高。

(5)交叉验证针对模型的超参数进行调参,找到最优超参数取值。超参数是指模型中人为设定的参数,如多项式朴素贝叶斯模型中的拉普拉斯平滑值。调参是指设定超参数的取值范围和取值间隔,对所有超参数的取值在训练集(X)中分别填入模型训练一次,

---

[①] n 对应语料中所有词,而不仅限于该分类文本中使用的词。
[②] 在实际应用中,分子、分母还会加入拉普拉斯平滑项,防止条件概率连乘因语料中出现但相应分类中没有出现的词而变成 0。

并用训练集评价模型,得出最优超参数取值。这里的训练模型和评价模型都使用训练集,但各自使用的观测值不同,可以理解为将训练集又进行样本拆分,这次拆分的训练集(X1)用来训练、测试集(X2)用来评价。最初一次拆分的测试集(C)则用于评价调参结束后的模型。这种两次拆分样本的做法,主要目的是隔离测试集(C),保证其中的信息(观测值、词频等)不泄露到训练集(X)中,从而防止最终的模型评价因信息泄露而不准确。[①]

三、Phthon 操作

(1) 导入软件包。

```
! pip install hanlp pkuseg scikit-learn pandas pymupdf -U
import numpy as np,pandas as pd,sklearn,os,re,hanlp,pkuseg,fitz,
glob,pickle
from sklearn.feature_extraction.text import CountVectorizer
from sklearn.pipeline import Pipeline as skpipeline
from sklearn.model_selection import train_test_split
from sklearn.naive_bayes import MultinomialNB
from sklearn.model_selection import GridSearchCV,StratifiedKFold
from sklearn.metrics import classification_report,ConfusionMatrixDisplay
from tqdm import tqdm

def proc_text(text,style,save,seq):    # 函数:分词并过滤掉停用词
    print('Reading text No.',seq)
    if style == 'pku':
        tokens = pku_seg.cut(text)
        #https://github.com/lancopku/pkuseg-python/blob/master/tags.txt
```

(2) 定义 m 为数词,nr 为人名,nt 为机构名称,ns 为地名,nz 为其他专名,n 为名词。

```
        splist = ['m','nr','nt','ns','nz']
    if style == 'hanlp':
        x = HanLP(text[:max_seq_length],tasks =['tok','pos/pku'])
```

[①] 实际应用中,拆分 X 为 X1 和 X2 的方式很多,例子可参见 https://scikit-learn.org/stable/modules/cross_validation.html 中 3.1.1.标题上方的图,其中绿色 Fold 代表 X1,蓝色 Fold 代表 X2,橙色部分代表 C。

```
        tokens = list(zip(x['tok/fine'],x['pos/pku']))
        splist = ['m','nr','nt','ns','nz']

    LT = len(tokens)
    if LT == 0: tokens,LT,LS = [],0,-1
    else:
        try: LS = len([a for a,b in tokens if b in splist and re.search
('\w',a)])
        except: LS = -1
        if type(tokens[0]) == list or type(tokens[0]) == tuple:
            tokens_cleaned = [tok for tok,tag in tokens if (tok not in
STOPLIST) and (not re.search('\W|\d',tok))]
        if type(tokens[0]) == str:
            tokens_cleaned = [tok for tok in tokens if (tok not in
STOPLIST) and (not re.search('\W|\d',tok))]
    print('Read text No.',seq)
    if save == 0: return tokens_cleaned,len(tokens_cleaned),LT,LS
    else: save_obj([tokens_cleaned,len(tokens_cleaned),LT,LS],
save_folder+'proc_temp{0}.pkl'.format(seq))

def readpdf(path):        # 函数:读取 PDF 格式的公告,转化为字符串
    #print(path)
    doc = fitz.open(path)
    text = ''.join([page.get_text() for page in doc])
    return text


RS = 0      # 用于生成单个伪随机数
MAXfeat = 10000
max_seq_length = int(1e4)      # 太长的文本可能导致显存溢出报错 1e4 =
    10000
model_folder = 'g:/data/'
save_folder = model_folder
pdf_folder = 'g:/'
```

```python
texts,Y,KW_size = [],[],12
for KW in ['债券','董事会']:
    temp = []
    pdfs = glob.glob(os.path.join(pdf_folder +'{0}_files/'.format(KW),'*.pdf'))
    for pdf_path in pdfs:
        pdf_text = readpdf(pdf_path)
        if len(pdf_text) >= 20:
            temp.append(pdf_text)    # 如果大部分页面是扫描件,那么基本读不出文字(比如 len(pdf_text) < 20),忽略这种公告
            Y.append(KW)
        if len(temp) == KW_size:
            texts.extend(temp)
            break    # 样本(每个 KW 共 KW_size 个公告)
```

(3) 在此基础上生成 chnstop 放置中文停用词表;CLMAD 训练集和测试集 THUOCL_caijing.txt;储存财经词集合 cj_vocab.txt。

```python
UD = 1    # 是否下载公告 PDF,是否在分词模型中添加财经类词典
otherUD = ['员工持股计划']    # 在财经类词典外,根据研究题目添加更精确的词语(UD=1 时起效)
reCJ = 0    # 更改,需要重新制作财经词语集合
segstyle = 'hanlp'
chnlist = ['haerbinIT_stopwords']
chnstop = model_folder +'chnstop/' +'{0}.txt'.format(chnlist[0])
STOPLIST = open(chnstop,encoding='utf-8').read().splitlines()
STOPLIST += ['公司']    # 高频但在研究领域内无信息量的词,常用停用词中不包含,需要添加
CJpath = model_folder +'cj_vocab.txt'
if reCJ == 1 or not os.path.exists(CJpath):
    a = open(model_folder +'CLMAD/finance.train','r',encoding='utf8').read().splitlines()
    b = open(model_folder +'CLMAD/stock.train','r',encoding='utf8').read().splitlines()
    c = open(model_folder +'CLMAD/finance.test','r',encoding='utf8').
```

```
read().splitlines()
    d = open(model_folder +'CLMAD/stock.test','r',encoding ='utf8').
read().splitlines()
    #a,b,d = [],[],[]    # 电脑内存不够时,可以将a,b,d设成空列表从而节省
内存占用(需要将此行开头注释符#去掉)
    cj_vocab = [re.split('\s+',ax)[0] for ax in open(model_folder +'
THUOCL_caijing.txt',encoding ='utf-8').read().splitlines()] +
otherUD
    for line in list(set(a+b+c+d)): cj_vocab += re.split('\s+',
line)
    cj_vocab = list(set(cj_vocab))
    with open(CJpath,'w',encoding ='utf-8') as f:
        for vocab in cj_vocab: f.write(vocab+'\n')


print('Loading hanlp')
from hanlp.components.mtl.multi_task_learning import MultiTaskLe-
arning
from hanlp.components.mtl.tasks.tok.tag_tok import TaggingTokeni-
zation
HanLP: MultiTaskLearning = hanlp.load(hanlp.pretrained.mtl.CLOSE_
    TOK_POS_NER_SRL_DEP_SDP_CON_ELECTRA_SMALL_ZH)    # varname: X 设定
    varname 为 X 属性
tok: TaggingTokenization = HanLP['tok/fine']    # fine 表示细分,分成
    尽可能短的短语
tok.dict_force = None    # 使用合并模式 dict_combine 而非强制模式
tok.dict_combine = {x for x in open(CJpath,'r',encoding ='utf8').read
().splitlines()}
print('hanlp loaded')


results,corpus = [],[]
for seq,text in enumerate(tqdm(texts)):
    tokens,LTclean,LT,LS = proc_text(text,segstyle,0,seq)
    #print('\nTextHead',text[:300],'\n#CleanTokens',LTclean,'#
Tokens',LT,'#EntityNames',LS)
```

```
#print('\n#CleanTokens',LTclean,'#Tokens',LT,'#EntityNames',LS)
corpus.append(tokens)
results.append((seq,LTclean,LT,LS))
```

(4) 存储语料,在第五节 LDA 部分可以直接调用。

```
corpus_path = save_folder +'bond_drt.pkl'
with open(corpus_path,'wb') as f: pickle.dump(corpus,f,pickle.HIGHEST_PROTOCOL)
```

(5) 准备 Y,X。

```
vectorizer = CountVectorizer(max_features=MAXfeat)    # one-hot 向
    量化文本时要添加 Binarizer,这里不添加所以保留了 Count
X = vectorizer.fit_transform([' '.join(x) for x in corpus])
X = X.toarray()
print(X.shape)

Nbdata = pd.DataFrame(X)
Nbdata = pd.concat([pd.DataFrame(Y,columns=['Y']),pd.DataFrame
    ([r[0] for r in results],columns=['seq']),Nbdata],axis=1)
Xlist = [x for x in Nbdata.columns if x not in ['Y','seq']]
Nbdata['Ycode'] = pd.Categorical(Nbdata['Y']).codes    # 0:债券公告;
    1:董事会公告

x_train, x_test, y_train, y_test = train_test_split(Nbdata[Xlist],
    Nbdata['Ycode'],test_size=0.2,random_state=RS)
model = MultinomialNB().fit(x_train,y_train)
```

(6) 预测单个文本。

```
ex_num = 0    # 测试集的第 ex_num 个文本
ex = x_test.iloc[ex_num,:]
ex_seq = x_test.index[ex_num]    # 对应到样本中的顺序
ex = ex if ex.ndim == 2 else np.expand_dims(ex,axis=0)
print('部分显示要预测的文本 \n',texts[ex_seq][:300])
print('文本清洗和分词结果 \n',results[ex_seq])
print('预测值',model.predict(ex),'测试集实际值',y_test.iloc[ex_num])
```

（7）预测所有测试集文本并做模型评价。

```
y_prediction=model.predict(x_test)
print('朴素贝叶斯模型分类报告 \n',classification_report(y_test,y_prediction,digits=5))
#confusion matrix 作图(其他模型评价方法)①
#ConfusionMatrixDisplay.from_predictions(y_test,y_prediction,cmap='cividis',colorbar=False)
#AUC(其他模型评价方法)
#y_test 如果只有 1 种取值,则无法显示
#probs = model.predict_proba(x_test)
#preds = probs[:,1]#probs col 0 (1) is prob of 0 (1)
#print('AUC \n',sklearn.metrics.roc_auc_score(y_test, preds))
```

（8）CV 调参（StratifiedKFold 将训练集进一步进行样本拆分，GridSearchCV 基于进一步拆分的样本进行调参）。

```
pipeline = skpipeline(steps = [['classifier',MultinomialNB()]])
param_grid = {'classifier__alpha': np.logspace(-3,0,num=50)}
#np.logspace: Return numbers spaced evenly on a log scale. In linear space, the sequence starts at base ** start (base to the power of start) and ends with base ** stop (base defaults to 10)
stratified_kfold = StratifiedKFold(n_splits = 3, shuffle = True, random_state=RS)
grid_search = GridSearchCV(estimator=pipeline,param_grid=param_grid,scoring='f1_macro',cv=stratified_kfold,n_jobs=-1)
grid_search.fit(x_train,y_train)
cv_score = grid_search.best_score_
test_score = grid_search.score(x_test,y_test)   # 最终的模型评价是在第一次拆分(train_test_split 命令)的测试集上进行的
print(f'CV 结果:Cross-validation score: {cv_score} \nBest params: {grid_search.best_params_} \nTest score: {test_score}')
print('用 CV 调参好的模型进行单个文本分类预测 \n',grid_search.predict(ex))
```

---

① 注释符#起头的字符串是可以选择运行的程序（通过作图评价模型），但默认不运行。以下类同。

第五节　LDA 主题模型

一、LDA 主题模型的基本原理

LDA 主题模型依赖的隐含狄利克雷分配（latent Dirichlet allocation, LDA）由 Blei et al. (2003) 提出。LDA 是一种基于"文本—主题"和"词—主题"结构的生成模型（generative model）。其中，"文本—主题"表示每个文本有自己的主题分布，"词—主题"表示每个主题有自己的词分布，而文本的生成过程是一个文本根据主题分布选择包含的主题，包含的主题再根据"词—主题"分布选择该"文本—主题"下包含的词。通过拟合分布中的参数，LDA 可以将语料中的文本信息整合为不同主题，以及每个主题下的词分布。

LDA 是一种通过机器学习概括语料内容的文本分析方法，但在应用中通常要求使用者人为设定主题数量并根据模型输出的词分布概括主题内容（例如，Dyer et al., 2017; Huang et al., 2018）。

LDA 的拟合可以使用期望最大化（expectation maximization）或折叠吉布斯取样（collapsed Gibbs sampling），我们用一个简化的例子（主题设定为 3）说明折叠吉布斯取样算法在 LDA 中的应用（Griffiths and Steyvers, 2004）。由于折叠吉布斯算法是迭代的，我们只需要举例说明其中的一步即可：给定一个文本和其中每个词的主题，迭代更新某个词的主题。

（1）获取某文本当前的"文本—主题—词"统计。若是迭代的第一步，则基于 Gamma 分布初始化主题分布①；若是迭代中的一步，则基于上一步的主题分布。

某文本的"文本—主题"分布为："我们"（主题 1），"在"（主题 2），"学习"（主题 3），"文本"（主题 1），"分析"（主题 3）。

该文本中的词在语料（含多个文本）中各主题下的词频（"主题—词"分布）如表 10.1 所示。

表 10.1　当前的主题—词分布

	主题 1	主题 2	主题 3
我们	3	0	12
在	5	8	2
学习	15	12	6
文本	7	0	15
分析	4	22	1

---

① 从 Gamma 分布独立抽样 k 个值 $y_1, \cdots, y_k$ 后，$x_i = y_i/(y_1+\cdots+y_k)$ 服从狄利克雷分布（Dirichlet distribution）。

假设我们关注"在"这个词。由于我们要更新"在"的"主题—词"分布,因此把"在"(主题2)中的主题设为空值,同时把"文本—主题"分布变为主题1、空值、主题3、主题1、主题3,"主题—词"分布中"主题2—在"词频从8减为7。

(2)由该文本的"文本—主题"分布得到文本主题1当前的概率为$(1+1)/4=0.5$,主题2的概率为$0/4=0$,主题3的概率为$(1+1)/4=0.5$。

(3)由语料中"主题—词"分布得到"在"这个词当前属于主题1的概率为$5/(5+7+2)=5/14$,主题2的概率为$7/(5+7+2)=7/14$,主题3的概率为$2/(5+7+2)=2/14$。

(4)将(2)和(3)的概率按主题相乘,将乘积最大[①]的主题更新"在"的主题。主题1的乘积是$0.5\times5/14=2.5/14$,主题2的乘积是$0\times7/14=0$,主题3的乘积是$0.5\times2/14=1/14$。主题1的乘积最大,所以"在"的主题更新为主题1。也就是说,当前文本中某主题是否"流行"以及当前词在该主题中是否"流行",共同决定当前词是否出自该主题。

该文本的"文本—主题"分布更新为:"我们"(主题1),"在"(主题1),"学习"(主题3),"文本"(主题1),"分析"(主题3);"在"的"主题-词"分布更新为6(主题1),7(主题2),2(主题3)。

(5)重复第(2)—(4)步直到更新收敛,或者达到预设的迭代次数。迭代完毕的模型可以输出"主题—词"分布和"文本—主题"分布。

LDA主题模型可以通过干扰词(word intrusion)、困惑度(perplexity)、一致性(coherence)等方法进行评价,从而帮助我们选择合适的主题数。其中,干扰词是在"主题—词"中人为加入不属于该主题的干扰词,并让其他人判断主题中的词是否有不属于该主题的;困惑度是词的条件似然值的倒数,困惑度越低表示模型认为每个词可选的主题越少,也可以理解为模型剔除不适用主题的能力越强[②];一致性则考虑主题中各词的相互组合是否易于同时在参考语料(reference corpus)中出现,一致性越高越好。

二、Phthon 操作

接下来,我们通过代码将之前分好词的公告语料(corpus)进行 LDA 主题模型文本分析,并通过困惑度和一致性来评价模型。

(1)导入软件包。

```
! pip install gensim -U
from gensim.test.utils import datapath
from gensim.models.coherencemodel import CoherenceModel
```

[①] 当最大值不是唯一时,同一词可以出现在不同的主题中。

[②] 与困惑度(越低越好)相关的概念是对数困惑度(log perplexity,越高越好),困惑度$=2^{(-对数困惑度)}$。值得注意的是,Chang et al.(2009)指出模型困惑度低并不表示模型更符合人们对文本的理解。

```python
from gensim.models.ldamodel import LdaModel
import gensim
from operator import itemgetter
from pprint import pprint

save_folder = 'g:/data/'
```

(2) 调用朴素贝叶斯分类器代码中生成的公告语料对象。

```python
import pickle
corpus_path = save_folder + 'bond_drt.pkl'    # 读取第四节储存好的语料，不必再次生成语料
with open(corpus_path,'rb') as f: corpus = pickle.load(f)
```

(3) 准备词袋。

```python
lda_dictionary = gensim.corpora.Dictionary(corpus)
both_corpus = [lda_dictionary.doc2bow(tokens) for tokens in corpus]
pprint(sorted([(lda_dictionary[id],n) for id,n in both_corpus[0]],
key=itemgetter(1), reverse=True))    # 显示一个债券公告词袋
pprint(sorted([(lda_dictionary[id],n) for id,n in both_corpus[-1]], key=itemgetter(1), reverse=True))    # 显示一个董事会会议公告词袋
```

(4) 训练模型。

```python
Ntopic = 6
lda_both = LdaModel(both_corpus, num_topics=Ntopic, id2word=lda_dictionary)
```

(5) 显示训练结果。

```python
pprint(lda_both.print_topics(num_words=10))
```

(6) 模型评价(使用训练集语料)。

```python
print('Perplexity',lda_both.log_perplexity(both_corpus))
coherence_model_lda = CoherenceModel(model=lda_both, texts=corpus,dictionary=lda_dictionary)
print('Coherence Score',coherence_model_lda.get_coherence())
```

第六节 Transformer 神经网络

一、神经网络的基本原理

我们介绍神经网络和一些在自然语言处理中常见的深度学习模型(一般把结构较复杂的、层数较多的神经网络称为深度学习),以注意力机制、Transformer、BERT 为例。

什么是神经网络?神经网络可以看作线性回归模型的拓展:

$$y = f_k(\cdots f_1(X W_1 + b_1) \cdots W_k + b_k) + \varepsilon \tag{10.2}$$

线性回归模型和神经网络中各元素的对比可见表 10.2,二者的共同点是都可以看作矩阵乘法且训练目标是缩小误差项 ε 的幅度;不同点是神经网络可以刻画更高维度数据之间的非线性关系。本节先举例说明神经网络在自然语言处理中的应用(以训练好的模型为例),再简述该模型的拓展和训练过程。

表 10.2 线性回归模型与神经网络举例对比

元素	线性回归模型	神经网络举例[方括号内为 n = 1 时,下文注意力机制例子中的维度]
y	n × 1	n × 多个矩阵 [两个 1×4 词向量]
X	n × j	n × 多个矩阵 [两个 1×5 词向量]
W	j × 1	n × 多个矩阵 [三个 5×4 矩阵]
XW	n × 1	n × 多个矩阵 [两个词分别得出三个 1×4 向量]
b	n × 1	n × 多个矩阵 [两个词分别对应三个 1×4 向量]
$f_1,\cdots,f_k$	k = 1 f(A) = A	k 为设定的网络层数;f(A)一般是非线性函数[$f_1(A)$ = B 量化和整合上下文,输入两个词各三个 1×4 向量(A),输出两个 1×4 向量(B)] 解释: (1) 注意力可以堆叠多层,$f_1(A = XW_1 + b_1)$ 输出 B 作为下一层 $f_2(C = BW_2 + b_2)$ 的初始词向量,B 的角色相当于第一层的 X(B 和 X 维度可不同) (2) 非线性函数在不同神经网络中有不同形式,比如激活函数 $f(A) = \max(0, A)$ 就是一种常见的非线性函数
ε	n × 1	n × 多个矩阵 [两个 1×4 向量]

1. 注意力机制[①](Vaswani et al., 2017)

我们以仅有两个词(w1,w2)的文本输入一个训练好的注意力模型,举例展示注意力

---

① 注意力机制可以针对文本中不同的词进行并行训练,相比于其他按文本中词的顺序进行训练的神经网络(如 recurrent neural network,即循环神经网络等)具有结构上的优势。

模型如何作用于输入的词来量化词的上下文。

（1）词转为数字。根据词典将每个词置换为数字（s1,s2），也就是该词在词典中的序号；词典可以通过语料中的所有词构建。

（2）数字向量化。人工设定维度为5，由两个序号标量分别乘以1×5参数矩阵得到i1,i2两个1×5向量（表10.2中X）；用于相乘的1×5参数矩阵是神经网络训练的结果。

注：(1)和(2)方法不唯一，也可以使用如word2vec等其他词向量方法。

（3）向量升三维。人工设定维度为4，将每个1×5词向量分别乘以三个5×4参数矩阵并加入截距项参数矩阵（表10.2中W_1和b_1），得到六个1×4向量，即j1_KEY,j1_VALUE,j1_QUERY;j2_KEY,j2_VALUE,j2_QUERY；用于相乘的5×4参数矩阵和截距项参数矩阵是神经网络训练的结果；KEY和VALUE用来表示上下文（当前关注的词与文本中所有词的关联；如w1与w1和w2），QUERY用来表示当前关注的词（如w1）。

（4）量化上下文。选一个当前关注的词（如w1），j1_KEY $*$ j1_QUERY^T（点乘）和j2_KEY $*$ j1_QUERY^T（点乘）分别得到两个注意力分数标量$Score_{11}$和$Score_{12}$。$Score_{12}$相对于$Score_{11}$越高代表模型认为对w1来说用w2表达上下文越重要，$Score_{12}$越低则代表模型认为w2对于w1的语义理解没有帮助。注意，Score与文本中出现的顺序没有直接关系，并不一定出现在当前关注的词附近的词Score就越高。

（5）整合上下文。对于w1，使用j1_VALUE,j2_VALUE,$Score_{11}$,$Score_{12}$来表达含有上下文信息的w1。具体而言，量化和整合上下文的函数为w1输出1×4向量W1 = j1_VALUE $*$ $Score_{11}$ + j2_VALUE $*$ $Score_{12}$；对w2进行第(4)和(5)步可得W2 = j1_VALUE $*$ $Score_{21}$ + j2_VALUE $*$ $Score_{22}$。W1和W2即为单层注意力机制的输出。这里每个词只用了一组（KEY,VALUE,QUERY），所以是单头注意力。Vaswani et al.(2017)使用的是多头注意力，即每个词在每层注意力机制中会生成多组（KEY,VALUE,QUERY），用不同方式捕捉上下文信息。

2. 拓展：从注意力机制到Transformer

Transformer在注意力机制（Vaswani et al.,2017）同一文章中提出，可以看作是单层注意力机制的拓展，其中容纳了多头注意力（multi-head attention；针对同一输入，用不同的矩阵量化和整合上下文）、标准化（normalization；加快训练进度）、编码—解码结构（encoder-decoder；保证输入输出都是文字）等特性。

3. 训练：以BERT（Devlin et al.,2018）为例

BERT（Devlin et al.,2018）是基于Transformer的语言模型。在训练BERT神经网络模型时，一种任务是将输入文本中15%的词遮蔽（mask），让模型预测被遮蔽的词；另一种任务是给定输入文本（两个单句），让模型预测这两句话是否出自同一篇文章。由于文本中被遮蔽的词和两个单句都有原文，式(10.2)中的ε就是模型预测的原文损失（loss），类似于

线性回归模型中的残差。当然,文字形式的损失要先转化为数字形式,才能用于训练算法。① 以预测遮蔽词为例,如基于语料的词典为[w1,w2,w3,w4]四个词,某文本为"w1 w3",现遮蔽w3②,假设模型针对预测的遮蔽词概率分布为[0.05,0.4,0.15,0.4],而正确答案是[0,0,1,0],一种转化文字为数字的方法是$(0-0.05)^2+(0-0.4)^2+(1-0.15)^2+(0-0.4)^2=1.045$。

训练的对象就是注意力机制和Transformer各特性中的参数矩阵,通常是高维的,比如BERT中注意力的第一层(对应表10.2中的W,举例中的"三个5×4参数矩阵")有三个768×768参数矩阵。

训练的算法目的是通过迭代逐渐降低损失值,迭代步骤可以基于反向传播(back propagation)和随机梯度下降(stochastic gradient descent)。

以预测遮蔽词为例,反向传播是指给定输出层当前的损失值,得到输出的改变需求,比如预测遮蔽词例子中两个0.4需要的降幅较大而0.15需要的升幅较大。由于输出是上一层输入、上一层参数矩阵、上一层截距项矩阵的函数,因此可以根据要改变的方向来改变上一层这三者的数值。上一层输入的改变又来自上上一层的输入、参数矩阵、截距项矩阵,由此改变的需求传播到上上层。这样的反向传播直到整个模型的输入层结束。然后用原来的输入以及根据需求更新的参数矩阵和截距项矩阵正向传播至输出层,得到新的遮蔽词概率分布,完成一次迭代。

随机梯度下降控制了每个参数在反向传播过程中每次改变的大小,即损失函数对单个参数的偏导数(梯度值)乘以人为设定的0和1之间的值(学习率)。此外,随机梯度下降还控制了每次迭代的输入样本量(多少个文本;多个文本的改变需求就是单个文本改变需求的均值)。

实际应用中,我们可以用自己的语料(如上市公司公告)基于已经训练好的BERT中文模型(预训练模型,pre-trained model;使用非特定领域的语料训练)再次进行训练。当语料较小时,这样的训练通常不需要花费太多的时间。③ 这是因为模型初始状态下的参数不再是随机的,我们可以把预训练模型看作有一定识别非专业领域中文上下文能力的模型。

二、Phthon操作

我们基于公告语料和一个较易上手的BERT模块simpletransformers,对BERT中文预训练模型进行重新训练,并完成文本分类和文本向量化任务。

---

① 针对不同的训练任务有不同的转化方法,详见Devlin et al.(2018)。
② 为方便举例,假设50%的遮蔽率而非15%。
③ 当然,由于模型要训练的参数非常多,小语料样本很难训练出好的模型。我们主要展示利用自己研究领域内的语料对预训练模型再次训练的过程,而不要求模型表现良好。

注意:BERT 模型对输入的中文不进行分词,而是按单个字拆分,再将单个字转换为 ID;BERT 模型还自带文本清洗,我们输入文本即可,不需要额外进行文本清洗步骤。我们的文本是上市公司的债券(标签 0)和董事会(标签 1)公告各 12 个。

(1)导入软件包。

```
! pip install simpletransformers PySoundFile -U
from simpletransformers.classification import ClassificationModel
import pandas as pd,numpy as np
import glob,fitz,os
from sklearn.model_selection import train_test_split
from simpletransformers.language_representation import Representa-
tionModel
from simpletransformers.config.model_args import ModelArgs
from sklearn.metrics.pairwise import cosine_similarity


def readpdf(path):
    #print(path)
    doc = fitz.open(path)
    text = ''.join([page.get_text() for page in doc])
    return text


def GET_sim(b,c):
    b = b if b.ndim == 2 else b[NPnew]
    c = c if c.ndim == 2 else c[NPnew]
    x = cosine_similarity(b,c).flatten()[0]
    x = x if x <= 1 else x/100
    return round(x,DIGIT)


pdf_folder = 'g:/'
bert_folder = 'g:/data/bert_output/'
model_folder = 'g:/data/'

texts,Y,KW_size = [],[],12
for KW in ['债券','董事会']:
```

```
        temp = []
        pdfs = glob.glob(os.path.join(pdf_folder +'{0}_files/'.format
(KW),'*.pdf'))
        for pdf_path in pdfs:
            pdf_text = readpdf(pdf_path)
            if len(pdf_text) >= 20:
                temp.append(pdf_text)      # 如果大部分页面是扫描件,那么基本读
不出文字(比如 len(pdf_text) < 20),忽略这种公告
                Y.append(KW)
            if len(temp) == KW_size:
                texts.extend(temp)
                break      # 样本(每个 KW 共 KW_size 个公告)
text1,text2,text3 = texts[0],texts[5],texts[15]     # text1,text2 属
    于债券类,text3 属于董事会类


if __name__ == '__main__':

    NPnew,DIGIT,RS = np.newaxis,5,0
```

(2) BERT 应用一:训练分类器。

```
    to_train = 1     # 如果不训练 to_train = 0,就使用 bert-base-chinese
的默认参数(通过如维基百科等公开中文语料训练得来)进行模型评价和预测
    text_data = pd.DataFrame(zip(texts,Y),columns =['text','Y'])
    text_data['Ycode'] = pd.Categorical(text_data['Y']).codes
# 0:债券公告;1:董事会公告
    train_df, eval_df, y_train, y_eval = train_test_split(text_data
['text'],text_data['Ycode'],test_size = 0.2,random_state = RS)
```

建立 BERT 中文分类器对象,分类器的输出层是用来分类的单个词向量。[①]

```
    model = ClassificationModel('bert','bert-base-chinese',args = {'
overwrite_output_dir': True}, use_cuda = False)
```

因为 bert-base-chinese(第一次使用时会下载)本身不是一个分类器,所以会提示

---

① https://arxiv.org/pdf/1810.04805.pdf Figure 4

"Some weights of the model checkpoint…";这属于正常现象,不需要调整,训练时会加上一个分类层。也可以只训练特定的层加快训练速度,可参考 https://simpletransformers.ai/docs/tips-and-tricks/#custom-parameter-groups-freezing-layers。

```
if to_train == 1: model.train_model(pd.concat([train_df,y_train],axis=1),output_dir=bert_folder)    # 训练目标是最小化交叉熵损失值

result,model_outputs,wrong_predictions = model.eval_model(pd.concat([eval_df,y_eval],axis=1))    # 和训练时一样,测试时也是直接输入原文本
print('\n 训练好模型后评价模型:测试结果和预测错误的文本 \n',result,wrong_predictions)
```

注意:还会显示 mcc,auroc,auprc。mcc 也称 Phi 系数,是一种较综合的评价指标,考虑真阳、假阳、真阴、假阴,指标值越高越好;auroc 是 AUC-ROC(Y 轴为 TPR,X 轴为 FPR,越左上角越好);auprc 是 AUC-precision-recall-curve(Y 轴为 precision,X 轴为 recall,越右上角越好);auroc 和 auprc 都是改变分类时预测概率的门限,查看模型评价变化,越接近 1 越好。

用训练好的模型预测若干文本。

```
predictions,raw_outputs = model.predict(texts[:3]+texts[15:18])    # 一般情况下,texts 是没有人工标注的(就是我们真正要预测的、不知道类型的文本),我们为了能检验结果还是使用已经标注过的公告
print('\n 用训练好的模型预测若干文本(可以是没有标注分类的) \n',predictions,'\n\n',text_data.loc[np.r_[:3,15:18],'Ycode'])    # np.r_用于选出预测的文本对应的真实标签
```

(3) BERT 应用二:生成文本向量计算相似度。[①]

基于 transformer 中的编码结构(Encoder)生成文本向量。

```
model_args = ModelArgs(max_seq_length=512)    # 每个文本只截取前 512 个词
model = RepresentationModel('bert',list(os.walk(bert_folder))[1][0],args=model_args,use_cuda=False)    # [1]代表最新子文件夹在
```

---

① https://simpletransformers.ai/docs/text-rep-model/

os.walk 中的位置(也就是刚刚 model.train_model 生成的 output),[0]代表子文件夹的完整路径

```
    sent1_embeddings = model.encode_sentences(text1.split('。'),
combine_strategy='mean')    # 文本中句子数量 * 768;每个句子是 768 维向量(句中每个词也是 768 维向量,句向量是这些词向量的平均值)
    text1_embeddings = np.mean(sent1_embeddings,axis=0)    # 文本向量是句向量的平均值
    sent2_embeddings = model.encode_sentences(text2.split('。'),
combine_strategy='mean')
    text2_embeddings = np.mean(sent2_embeddings,axis=0)
    sent3_embeddings = model.encode_sentences(text3.split('。'),
combine_strategy='mean')
    text3_embeddings = np.mean(sent3_embeddings,axis=0)

    print('\n使用之前训练的 BERT 模型将文本向量化(词平均得到句向量,句平均得到文本向量);求余弦相似度\n')
    print(GET_sim(text1_embeddings,text2_embeddings))
    print(GET_sim(text2_embeddings,text3_embeddings))
    print(GET_sim(text1_embeddings,text3_embeddings))
```

思考与练习

1. 将字符串 X 用 re.split 和？<! 拆分成['A','B&C','D']
   X = 'A&B&C&D'

2. 比较第二节讨论的五种分词方法的优缺点。

3. 两个文本使用独热法和词袋法文本向量一样(余弦相似度都为 1),能否说明两个文本的原文一样?

4. 有一种计算文本向量的方法是以 tf-idf 为每个词的权重,使用 word2vec 词向量进行加权平均得到文本向量。如何理解这种方法?评价这种方法相对于 tf-idf 方法和 word2vec 方法的优势。

5. 要增强分类器预测能力或相似度的合理性,除调整参数外,还有哪些可以采取的措施?

6. 本章开头介绍了 Transformer 模型的广泛应用,请思考如何将其应用于财务、会计领域的实证研究。

参考文献

姜富伟,孟令超,唐国豪,2021. 媒体文本情绪与股票回报预测[J]. 经济学(季刊)(7): 1323-1344.

姜付秀,王运通,田园,等,2017. 多个大股东与企业融资约束[J]. 管理世界(12):61-74.

Baum L E, Petrie T, 1966. Statistical inference for probabilistic functions of finite state Markov chains[J]. The Annals of Mathematical Statistics, 37(6): 1554-1563.

Blei D M, Ng A Y, Jordan M I, 2003. Latent Dirichlet allocation[J]. Journal of Machine Learning Research, 3: 993-1022.

Chang J, Gerrish S, Wang C, et al., 2009. Reading tea leaves: How humans interpret topic models[J]. Neural Information Processing Systems, 22:288-296.

Clark K, Luong M, Le Q V, et al., 2020. Electra: Pre-training text encoders as discriminators rather than generators[C]. The International Conference on Learning Representations.

Cohen L, Malloy C, Nguyen Q, 2020. Lazy prices[J]. Journal of Finance, 75(3): 1371-1415.

Devlin J, Chang M, Lee K, et al., 2018. BERT: Pre-training of deep bidirectional transformer for language understanding[C]. Proceedings of the 2019 Conference of the North American Chapter of the Association for Computational Linguistics: Human Language Technologies.

Dyer T, Lang M, Stice-Lawrence L, 2017. The evolution of 10-K textual disclosure: Evidence from Latent Dirichlet allocation[J]. Journal of Accounting and Economics, 64(2-3): 221-245.

Gentzkow M, Kelly B, Taddy M, 2019. Text as data[J]. Journal of Economic Literature, 57(3): 535-574.

Griffiths T L, Steyvers M, 2004. Finding scientific topics[J]. Proceedings of the National Academy of Sciences, 101(1): 5228-5235.

Huang A, Lehavy R, Zang A, et al., 2018. Analyst information discovery and interpretation roles: A topic modeling approach[J]. Management Science, 64(6): 2833-2855.

Jiang F, Lee J, Martin X, et al., 2019. Manager sentiment and stock returns[J]. Journal of Financial Economics, 132(1): 126-149.

Kostovetsky L, Warner J, 2020. Measuring innovation and product differentiation: Evidence from mutual funds[J]. Journal of Finance, 75(2): 779-823.

Li K, Mai F, Shen R, et al., 2021. Measuring corporate culture using machine learning[J]. Review of Financial Studies, 34(7): 3265-3315.

Li F, 2010. The information content of forward-looking statements in corporate filings: A naïve Bayesian machine learning approach[J]. Journal of Accounting Research, 48(5): 1049-1102.

Loughran T, McDonald B, 2016. Textual analysis in accounting and finance: A survey[J]. Journal of Accounting Research, 54(4): 1187-1230.

Mikolov T, Sutskever I, Chen K, et al., 2013. Distributed representations of words and phrases and their compositionality[C]. Proceedings of the 26th International Conference on Neural Information Processing Systems.

Peng F, Feng F, McCallum A, 2004. Chinese segmentation and new word detection using conditional random fields[C]. Proceedings of the 20th International Conference on Computational Linguistics.

Sutton C, McCallum A, 2012. An introduction to conditional random fields[J]. Foundations and Trends in Machine Learning, 4(4): 267-373.

Tetlock P, 2007. Giving content to investor sentiment: The role of media in the stock market[J]. Journal of Finance, 62(3): 1139-1168.

Vaswani A, Shazeer N, Parmar N, et al., 2017. Attention is all you need[C]. Proceedings of the 31st International Conference.

第四部分

常用研究模型

第十一章 讲解常用会计研究模型，包括度量盈余价值相关性、盈余管理、盈余反应系数、会计信息可比性、会计稳健性等的常用模型。

第十二章 讲解常用财务研究模型，包括资本资产定价、Fama-French资产定价、隐含权益资本成本、股价崩盘风险等常用模型。

通过本部分的阅读和学习，学生可以快速掌握经典的会计、财务相关研究模型。

第十一章
CHAPTER 11

常用会计研究模型

在财务、会计研究中,构建合理的研究模型对于提高实证研究效率以及增强研究结果的可靠性具有非常重要的意义。本章将介绍会计实证研究中常用的研究模型,并提供与其相关的 Stata 命令,具体将从盈余价值相关性、盈余管理、盈余反应系数、会计信息可比性和会计稳健性五个部分进行展开说明。

第一节　盈余价值相关性的研究模型

会计盈余的价值相关性研究起源于会计盈余的有用性问题。这一问题最早由 Ball and Brown(1968)进行了讨论和检验。之后,大量研究关注会计盈余是否有信息含量,或者是否具有价值相关性。在检验这些问题时,学术界不但发展出统一的理论模型,而且开发出不同的实证模型。

一、价值相关性的含义和理论

什么是价值相关性?根据以往文献,最早使用"价值相关性"(value relevance)这一术语的是 Amir et al.(1993)。之后的文献(如 Barth,2000;Beaver,1998;Ohlson,1999)对价值相关性做出更为正式的界定,其共同点是:如果会计数字与权益市场价值存在显著的相关性,就认为会计数字具有价值相关性。Barth et al.(2001)则进一步认为,会计数字如果与权益市场价值存在可预测的关系,那么会计数字就具有价值相关性。

上述界定说明,会计盈余的价值相关性是一个实证检验的概念:如果会计数字(包括但不限于会计盈余)与权益市场价值存在显著的相关性(理论上和统计上的显著性),就说明会计数字具有价值相关性。这一界定决定了后续研究模型的设定。

虽然在许多情况下,价值相关性研究并没有正式的理论,而必须从模型设计中加以提炼,但显然,价值相关性研究利用直接估价理论和间接估价理论加以推理。

直接估价理论认为,会计盈余直接计量权益市场价值,或者与权益市场价值存在高度相关性。这意味着会计盈余和股东权益账面价值的大小或变化就是权益市场价值本身。在直接估价理论下,会计报表中相关项目直接按公允价值计量。

与此相对应,间接估价理论认为,会计盈余不能直接计量权益市场价值,而只是扮演提供信息的角色,帮助投资者判断权益的市场价值。在间接估价理论下,会计盈余的大小相对不重要,重要的是它能否为投资者判断公司价值提供额外信息。在这种情况下,相应的信息披露尤为重要。

实际上,直接估价理论和间接估价理论与会计计量的两种理论观点相联系:计量观和信息观。我们认为,两种理论都可以在 Ohlson 模型(Ohlson,1995)的框架下得到有效阐释,而 Ohlson 模型也是价值相关性研究中实证模型的基础。

Ohlson 模型来自预期股利折现模型。预期股利折现模型如下:

$$P_t = \sum_{\tau=1}^{\infty} R_f^{-\tau} E_t[\widetilde{d}_{t+\tau}] \qquad (11.1)$$

其中,P_t 为权益的市场价值或价格;d_t 为第 t 期支付的股利;R_f 为无风险收益率加 1;$E_t[\cdot]$ 为预期价值函数。

从预期股利折现模型到 Ohlson 模型,中间主要利用了净剩余关系。净剩余等于当期盈余减去分配的股利。净剩余关系指的是第 $t-1$ 期的权益价值加上第 t 期的盈余,减去第 t 期的股利,得到第 t 期的账面权益价值,即 $y_t = y_{t-1} - d_t + x_t$(其中,$y_t$ 指第 t 期的账面权益价值,d_t 指第 t 期的股利,x_t 指第 t 期的盈余)。

净剩余关系说明,股东价值的提高完全依赖于净剩余的变化。依赖于净剩余关系,并基于一些假设,可以得到 Ohlson 模型:

$$P_t = y_t + \alpha_1 x_t^a + a_2 v_t \tag{11.2}$$

其中,x_t^a 指异常盈余(abnormal earnings);v_t 指其他信息。式(11.2)是一个直观、漂亮的模型,它意味着权益市场价值是权益账面价值、异常盈余和其他信息的线性函数。这里有三点需要说明:

(1)有经典的预期股利折现模型,为什么还需要 Ohlson 模型?这是因为预期股利折现模型在实际应用中需要知道未来的股利(现金流),相对于盈余来说,这是更难估计的。

(2)Ohlson 模型是价值相关性研究的基础。Ohlson 模型告诉我们,权益市场价值至少由两个因素决定:权益账面价值和会计盈余。除此之外,其他信息 v_t 也能决定权益市场价值。这使价值相关性的研究不仅关注会计数字,还能够为非财务信息的价值相关性研究提供理论基础。

(3)通过 Ohlson 模型,我们可以解释直接估价理论和间接估价理论。直接估价理论中 $P_t = y_t + \alpha_1 x_t^a$,$v_t$ 所占比重很小甚至可以忽略。间接估价理论中 $P_t = \beta_0 y_t + \beta_1 x_t^a + \beta_2 v_t + \varepsilon$。重要的是,间接估价理论下的模型是实证检验中使用的一般价值相关性模型。

二、价值相关性研究的类别

价值相关性的实证研究大体可分为相对相关性研究、增量相关性研究和边际信息含量研究三类。除研究方法外,三类价值相关性研究的适用条件和具体变量界定也有较大的差异。

(一)相对相关性研究

相对相关性研究(relative association studies)主要对比权益市场价值与各种综合会计指标的关系。比如,研究者要检验新会计准则是否提高了价值相关性,就需要使用相对相关性。财务报表是会计准则规范下的结果,我们并不需要对所有会计数字进行检验,只需要关注会计准则规范下的综合结果,即股东权益账面价值和会计盈余。

利用 Ohlson 模型检验这一问题时,可将样本按会计准则变革前后分为两组,分别回归旧会计准则期间的股东权益、会计盈余与股票市场价值的关系,以及新会计准则期间的三者关系,得到两组回归结果。如果新会计准则下回归结果的拟合优度 R^2 大于旧会计准则下回归结果的拟合优度,就可以认为新会计准则具有更高的价值相关性(Alford et al.,1993)。

(二)增量相关性研究

增量相关性研究(incremental association studies)主要考察研究者感兴趣的某会计数字对权益市场价值的增量解释力。通常情况下,若这个会计数字在回归中显著异于零,则认为在给定其他会计数字的情形下,该会计数字具有增量价值相关性。

适用于这种方法的研究问题有很多,比如检验公允价值相对于历史成本是否具有增量价值相关性,检验非财务信息相对于财务信息是否具有增量价值相关性,检验研发支出是否具有增量价值相关性。增量相关性研究方法的理论基础是间接估价理论,因此以上问题都可通过以下模型进行检验:

$$P_t = \beta_0 y_t + \beta_1 x_t + \beta_2 v_t + \varepsilon \tag{11.3}$$

其中,x_t 和 y_t 分别是会计盈余和权益账面价值;v_t 是研究者感兴趣的变量,如公允价值、研发支出、非财务信息等。若估计量 β_2 显著异于零,则说明研究者感兴趣的信息具有增量价值相关性。

(三)边际信息含量研究

边际信息含量研究(marginal information content studies)主要考察一个特定的会计数字是否扩增投资者面对的信息集,从而有助于他们进行决策。边际信息含量研究往往使用事件研究法,关注的是短窗口内的股票价格反应。例如,Ball and Brown(1968)在考察会计盈余的有用性时就采用边际信息含量研究方法,即公告的会计盈余是否具有信息含量。

三、实证模型

在实证检验中,考察价值相关性的实证模型主要有两种:价格模型(price model)和回报模型(return model)。

价格模型如下:

$$\text{MVE}_{i,t} = \alpha_0 + \alpha_1 \text{NI}_{i,t} + \alpha_2 \text{BVE}_{i,t} + \alpha_3 v_{i,t} + \varepsilon \tag{11.4}$$

其中,$\text{MVE}_{i,t}$ 指权益的市场价值(每股价格);$\text{BVE}_{i,t}$ 指权益的账面价值(每股净资产);$\text{NI}_{i,t}$ 指净利润(每股收益);$v_{i,t}$ 指其他信息。

回报模型如下:

$$R_{i,t} = \beta_0 + \beta_1 \text{NI}_{i,t} + \beta_2 \Delta \text{NI}_{i,t} + \beta_3 v_{i,t} + \mu \tag{11.5}$$

在回报模型的具体变量定义中,$R_{i,t} = P_{i,t} / P_{i,t-1}$,$\text{NI}_{i,t}$、$\Delta \text{NI}_{i,t}$ 和 $v_{i,t}$ 都要用上一期股票价格 P_{t-1} 进行标准化处理。

Kothari and Zimmerman(1995)在前人研究(如 Christie,1987)的基础上,详细讨论了

价格模型和回报模型的差异。他们通过理论和实证分析发现,相对于回报模型,价格模型在计量上更容易产生异方差、模型设定误差等问题,但价格模型估计系数产生的估计偏差较小。因此,他们建议在实证检验中应该同时使用价格模型和回报模型,以使检验更有效。

四、Stata 相关命令

在实证研究中,现有文献大多通过在模型中增加盈余指标与关键变量的交乘项,考察关键变量对盈余价值相关性的影响。下面以研究公司内部控制质量与盈余价值相关性为例。

(1)价格模型为:

$$P_{i,t} = \alpha_0 + \alpha_1 \text{EPS}_{i,t} + \alpha_2 \text{BV}_{i,t} + \alpha_3 \text{IC}_{i,t} \times \text{EPS}_{i,t} + \alpha_4 \text{IC}_{i,t} + \alpha \text{Controls}_{i,t} + \varepsilon_{i,t} \tag{11.6}$$

其中,$P_{i,t}$ 为股票价格,由于我国上市公司披露财务报告的期限为会计年度结束之日起 4 个月内,因此多选取第 $t+1$ 年 4 月最后一个交易日股票的收盘价作为 $P_{i,t}$ 值;$\text{EPS}_{i,t}$ 为每股收益;$\text{BV}_{i,t}$ 为每股净资产;$\text{IC}_{i,t}$ 为内部控制质量指标(正向指标);Controls 为控制变量。

对模型(11.6)进行 OLS 回归:

```
. reg P EPS BV IC × EPS IC Controls
```

回归结果中,EPS 的系数通常显著为正,表明公司股价受到会计盈余信息的影响。应重点关注交乘项(IC × EPS)的系数,若交乘项系数显著为正,则表示内部控制质量越高,会计盈余信息的价值相关性越强;反之,则表示内部控制质量越高,会计盈余信息的价值相关性越弱。

(2)回报模型为:

$$R_{i,t} = \alpha_0 + \alpha_1 \frac{\text{EPS}_{i,t}}{P_{i,t-1}} + \alpha_2 \frac{\Delta \text{EPS}_{i,t}}{P_{i,t-1}} + \alpha_3 \text{IC}_{i,t} \times \frac{\Delta \text{EPS}_{i,t}}{P_{i,t-1}} + \alpha_4 \text{IC}_{i,t} + \alpha \text{Controls}_{i,t} + \varepsilon_{i,t} \tag{11.7}$$

其中,$R_{i,t}$ 为股票回报率,多以公司第 t 年 5 月至第 $t+1$ 年 4 月股票累计持有收益率取值;$\Delta \text{EPS}_{i,t}$ 为未预期每股收益,等于 $\text{EPS}_{i,t}$ 减去 $\text{EPS}_{i,t-1}$;$P_{i,t-1}$ 为公司第 t 年 4 月最后一个交易日股票的收盘价;Controls 为控制变量。

需要说明的是,$\text{EPS}_{i,t}$ 可以细分为预期盈余和未预期盈余之差额($\Delta \text{EPS}_{i,t}$),而实际上预期盈余与股票收益并不相关,未预期盈余才具有决策有用性,即价值相关性。因此,回归中我们主要关注未预期盈余及其相应交乘项的系数。

对模型(11.7)进行 OLS 回归:

· reg R EPS/P ΔEPS/P IC × ΔEPS/P IC Controls

回归结果中，ΔEPS/P 的系数通常显著为正，表明公司股价受到未预期盈余信息的影响。应重点关注交乘项(IC × ΔEPS/P)的系数，若交乘项系数显著为正，则表示内部控制质量越高，会计盈余信息的价值相关性越强；反之，则表示内部控制质量越高，会计盈余信息的价值相关性越弱。

第二节 盈余管理的研究模型

一、盈余管理的含义和基本研究主题

(一) 盈余管理的含义

盈余管理(earnings management)指管理层在生成财务报告的过程中利用判断或构造交易来改变会计报告结果，以误导利益相关者对公司潜在经营活动的理解，或者影响基于财务报告数字的契约结果。这一定义将盈余管理分为两种：应计盈余管理和真实盈余管理。

根据盈余管理的定义，应计盈余管理与真实盈余管理的目的都是改变财务报告的结果，以误导和影响基于会计数字的契约结果。两者的主要区别是方式和手段。应计盈余管理是在实际的交易和业务活动发生后，利用一般公认会计原则(GAAP)所给予的自由选择权(比如应收款项坏账准备的计提比例、累计折旧的计提方法等)调节盈余，它虽然可以改变某一期的会计数字，但从资产或公司的整个存续期间而言并没有差别。

真实盈余管理则涉及对真实交易和业务活动的操控。Ewert and Wagenhofer(2005)将盈余管理定义为：通过改变真实商业活动的时间和结构来改变盈余，这意味着改变后的真实交易与企业的最优选择存在差异，并为企业带来实际成本。Roychowdhury(2006)则将真实盈余管理定义为：管理层通过实施与正常经营活动相违背的活动，希望误导至少一部分利益相关者相信财务报告目标已经达到正常水平。

(二) 盈余管理的基本研究主题和思路

有关盈余管理的研究文献的基本关注点在于识别盈余管理是否发生、何时发生以及如何发生。从研究设计的角度看，尽管常识告诉人们普遍存在盈余管理，但研究者始终难以有说服力地识别并度量盈余管理，因为要确定盈余数字是否被操控，首先就要确定公司未被操控以前的盈余数字是多少。显然，这是有难度的。于是，研究者通常采取的做法是：先识别出管理层可能存在强烈动机实施盈余管理的状况，随后测试某些盈余管理度量指标(或会计选择行为)的表现特征是否与研究者所关注的盈余操控动机相符。此类研究存在两项关键的研究设计问题：其一，研究者必须识别出管理层的特定报告动

机;其二,研究者必须度量出管理层运用主观判断的程度或幅度。

对于第一项研究设计问题,现有文献已经检验盈余管理的多种动机,包括:(1)资本市场预期与定价;(2)基于会计数字订立的合约;(3)反垄断或其他政府监管。总体而言,该领域得出的证据基本支持通常的假说,比如公司在公开发行股票前更可能操纵盈余,管理层为了增加报酬或确保职位稳定而操纵盈余,为了避免出现违反债务合约的状况而操纵盈余,或为了降低监管成本而操纵盈余。

对于第二项研究设计问题,大量文献试图通过对应计盈余管理的估计来衡量管理层运用会计主观判断的程度,近期文献进一步通过对真实盈余管理的估计来度量管理层的操控行为。这些估计尽管不可避免地存在估计偏差,但反映了研究者不断探索和识别现实行为的努力。接下来,我们便对研究者如何设计指标以度量盈余管理行为进行概要的讨论。

二、应计盈余管理

(一)两类基本研究思路

对于应计盈余管理的研究,通常分为两类:一类是基于汇总性应计额的盈余管理研究;另一类是基于特定项目应计额的盈余管理研究。所谓汇总性应计额,是指研究者在估计公司盈余管理幅度时所度量的应计额是一笔汇总性(而非针对具体应计项目)数额。所谓特定项目应计额,是指研究者度量某特定项目的应计额。

1. 基于汇总性应计额的盈余管理研究

在基于汇总性应计额的盈余管理研究中,基本思想是基于总应计额(total accruals)与假设的解释变量之间的关系,识别出操控性应计额(discretionary accruals)。汇总性应计额盈余管理研究文献的起源是 Healy(1985)和 DeAngelo(1986),这两篇文献分别以总计额和总应计额的变动度量管理层对盈余数字的自主操控度。Jones(1991)引入一种回归方法,试图识别出影响总应计额的非操控部分(normal or non-discretionary accruals),并假设应计额与销售收入变动、固定资产变动之间存在线性关系。此研究设计随后得到极为广泛的讨论和应用,相关模型以及各种修正模型成为盈余管理文献使用最普遍的。

当然,此类估计模型也存在较明显的局限,不断有学者提出批评和改进建议。一个基本的问题是,基于汇总性应计额的盈余管理研究度量的应计额是一笔汇总性盈余管理额,难以区分汇总性应计额到底来自哪些具体应计项目,以及具体应计项目对应多少盈余管理额,由此限制了研究者对公司盈余管理的具体方式和幅度做出较为明确的推断。这一点使得政策制定者、监管者和会计审计实务人士很难理解基于汇总性应计额的研究成果,由此此类成果往往无法为实务界人士提供有说服力的、有明确指向的研究证据。

2. 基于特定项目应计额的盈余管理研究

与汇总性应计额模型类似,基于特定项目应计额的盈余管理研究同样希望识别某个特定项目总应计额中的非操控部分和操控部分。基于特定项目应计额的盈余管理研究通常要求研究者利用某些特定的研究情境(比如特定的行业),同时要求被观测的应计项目有相当的规模并涉及较大程度的估计,再结合特定的行业制度背景或对会计原则和会计处理惯例的深入理解,研究者才能有较大的优势对某项特定应计项目中的操控部分加以度量。

这类研究的典型例子是针对银行业考察贷款损失准备的计提行为,或针对保险业考察理赔损失准备的计提行为。尽管基于特定项目应计额的盈余管理研究受到较多的限制,这类研究仍被认为有助于人们更加深入地理解盈余管理行为并值得提倡和鼓励。

(二) 应计盈余管理模型

如前所述,应计盈余管理研究的思路是区分总应计额中的非操控部分和操控部分。我们以得到广泛应用的汇总性应计盈余管理估计模型为例。此类模型的基本思路是先估计正常性应计利润,然后用总应计利润减去正常性应计利润,得到的差额被视为操控性应计利润,用来反映盈余管理。

在估计应计盈余管理时,应先计算总应计利润(total accruals,TA)。计算 TA 通常有两种方法:一种是针对美国市场的盈余管理研究常用的 TA = OI-CFO,其中 OI 为营业利润,CFO 为经营活动现金流量净额;另一种方法是将线下项目也包括在总应计利润中,使用 TA = NI-CFO,其中 NI 为净利润,CFO 为经营活动现金流量净额。汇总性应计盈余管理的估计模型很多,在此我们主要介绍 Jones 模型和修正 Jones 模型。

1. Jones 模型

Jones 模型由 Jones(1991)提出。Jones(1991)在估计正常性应计利润时控制了公司经济环境的变化对正常性应计利润的影响。这里,我们考虑截面估计模型:

$$TA_{i,t}/A_{i,t-1} = \alpha_1(1/A_{i,t-1}) + \alpha_2(\Delta REV_{i,t}/A_{i,t-1}) + \alpha_3(PPE_{i,t}/A_{i,t-1}) + \varepsilon_i \quad (11.8)$$

其中,$TA_{i,t}$ 为公司当期总应计利润;$A_{i,t-1}$ 为公司 i 的上期期末总资产;$\Delta REV_{i,t}$ 为公司 i 当期主营业务收入和上期主营业务收入的差额;$PPE_{i,t}$ 为公司 i 当期期末厂房、设备等固定资产价值。

对模型(11.8)分行业进行回归,得到分行业的模型估计系数 $\hat{\alpha}_1$、$\hat{\alpha}_2$ 和 $\hat{\alpha}_3$,代入模型(11.9)得到公司 i 的正常性应计利润 NDA_i:

$$NDA_{i,t} = \hat{\alpha}_1(1/A_{i,t-1}) + \hat{\alpha}_2(\Delta REV_{i,t}/A_{i,t-1}) + \hat{\alpha}_3(PPE_{i,t}/A_{i,t-1}) \quad (11.9)$$

在此基础上,可求出操控性应计利润 $DA_{i,t} = TA_{i,t}/A_{i,t-1} - NDA_{i,t}$。

2. 修正 Jones 模型

当收入确认受到操控时,Jones 模型在估计正常性应计利润时会出现偏误。Dechow

et al.(1995)在 Jones 模型的基础上,提出修正 Jones 模型以估计正常性应计利润:

$$\mathrm{NDA}_{i,t} = \hat{\alpha}_1(1/A_{i,t-1}) + \hat{\alpha}_2[(\Delta \mathrm{REV}_{i,t} - \Delta \mathrm{REC}_{i,t})/A_{i,t-1}] + \hat{\alpha}_3(\mathrm{PPE}_{i,t}/A_{i,t-1})$$

(11.10)

这里的 $\Delta \mathrm{REC}_{i,t}$ 是公司 i 当期期末应收账款和上期期末应收账款的差额,其他变量含义与之前的模型定义相同。模型(11.10)和模型(11.9)的主要区别在于:在计算正常性应计利润 $\mathrm{NDA}_{i,t}$ 时,主营业务收入变化经过当期应收账款变化量的调整。需要注意的是,在 Dechow et al.(1995)中,$\hat{\alpha}_1$、$\hat{\alpha}_2$ 和 $\hat{\alpha}_3$ 仍是由基本 Jones 模型估计的,而不是从修正 Jones 模型中求得的。

三、真实盈余管理

真实盈余管理的交易活动可能涉及实际的经营和投资活动,也可能涉及融资活动。

(一)针对经营和投资活动构建的真实盈余管理估计模型

对于真实盈余管理的估计,研究者主要针对各类经营和投资活动构建估计模型,其构建思路仍然类似于应计盈余管理模型,主要是确定正常的交易活动水平。研究者关注的经营和投资活动通常有操控性支出、生产成本和经营活动现金流。

1. 操控性支出

Perry and Grinaker(1994)在 Berger(1993)的基础上构建了预期模型以估计研发支出(R&D)的正常水平,从而识别出公司是否存在通过管理研发支出水平进行真实盈余管理的行为。这一预期模型用每家公司样本期前 12 年的数据进行估计,再用得到的系数估计值来预测样本期间每家公司的预期(或正常)R&D 水平。其估计模型如下:

$$\frac{\mathrm{R\&D}_{i,t}}{S_{i,t}} = \alpha_0 + \alpha_1 \frac{\mathrm{R\&D}_{i,t-1}}{S_{i,t-1}} + \alpha_2 \frac{\mathrm{Fund}_{i,t}}{S_{i,t}} + \alpha_3 \frac{\mathrm{CAP}_{i,t}}{S_{i,t}} + \alpha_4 \mathrm{IR\&D}_{i,t} + \alpha_5 \mathrm{ICAP}_{i,t} + \alpha_6 \frac{\mathrm{GNP}_t}{S_{i,t}} + \varepsilon_{i,t}$$

(11.11)

其中,R&D 指研发支出;S 指销售收入;Fund 指息税前利润 EBIT 加上 R&D 和折旧费用;CAP 指资本性支出;IR&D 指公司 i 第 t 年发生的 R&D 支出与同行业(四位行业代码)所有公司销售收入之和的比率;ICAP 指公司 i 第 t 年的资本支出与同行业所有公司销售收入之和的比率;GNP 指第 t 年的国民生产总值水平(level of real gross national product)。

Gunny(2010)在 Berger(1993)的基础上形成另一预期模型以估计研发支出的正常水平。其估计模型如下:

$$\frac{\mathrm{R\&D}_{i,t}}{\mathrm{TA}_{i,t-1}} = \alpha_0 + \alpha_1 \frac{\mathrm{R\&D}_{i,t-1}}{\mathrm{TA}_{i,t-1}} + \alpha_2 \frac{\mathrm{IntFund}_{i,t}}{\mathrm{TA}_{i,t-1}} + \alpha_3 Q_{i,t} + \alpha_4 \frac{\mathrm{CapExp}_{i,t-1}}{\mathrm{TA}_{i,t-1}} + \alpha_5 \log \mathrm{MV}_{i,t} + \varepsilon_{i,t}$$

(11.12)

其中,TA 指总资产;IntFund 指税前利润 EBIT 加上 R&D 和折旧费用;Q 指托宾 Q 值,用公司价值除以资产重置成本衡量;CapExp 指资本支出;logMV 指权益市场价值的对数。

在操控性支出这种形式的真实盈余管理中,除对研发支出活动进行操控外,公司还会操控销售和管理费用。比如,Gunny(2010)提出销售和管理费用正常水平的估计模型如下:

$$\log\left(\frac{SGA_{i,t}}{SGA_{i,t-1}}\right) = \alpha_0 + \alpha_1 \log\left(\frac{S_{i,t}}{S_{i,t-1}}\right) + \alpha_2 \log\left(\frac{S_{i,t}}{S_{i,t-1}}\right) \times SDown + \alpha_3 \log\left(\frac{S_{i,t-1}}{S_{i,t-2}}\right) + \alpha_4 \log\left(\frac{S_{i,t-1}}{S_{i,t-2}}\right) \times SDown + \varepsilon_{i,t} \quad (11.13)$$

其中,SGA 为销售和管理费用加上广告费用;S 为销售收入;SDown 为虚拟变量,若相对以前年度,本年度的销售收入下降,则取值为 1,否则取值为 0。

由于研发支出和 SGA 费用构成整体的操控性支出,因此一些研究又提出了整体的操控性支出估计模型。Roychowdhury(2006)扩展了 Dechow et al.(1998)的研究,构建了新的预期模型以衡量正常的操控性支出水平。

$$\frac{DiscExp_{i,t}}{TA_{i,t}} = \beta_1 \frac{1}{TA_{i,t-1}} + \beta_2 \frac{S_{i,t}}{TA_{i,t-1}} + \varepsilon_{i,t} \quad (11.14)$$

其中,DiscExp 为整体支出,包括研发支出和 SGA 费用;其他变量的定义同前。

值得说明的是,模型(11.12)、模型(11.13)和模型(11.14)按年度和行业进行估计,而残差则表示操控性的研发支出、SGA 或总体支出。通常而言,残差(公司的操控性支出)越小,意味着公司越可能实施了真实盈余管理,即通过减少 R&D 支出、SGA 费用或总支出来增加盈利。

2. 生产成本

基于 Dechow et al.(1998)的研究,Roychowdhury(2006)构造了一个估计生产成本正常水平的模型:

$$\frac{ProdCost_{i,t}}{TA_{i,t-1}} = \alpha_1 \frac{1}{TA_{i,t-1}} + \alpha_2 \frac{S_{i,t}}{TA_{i,t-1}} + \alpha_3 \frac{\Delta S_{i,t}}{TA_{i,t-1}} + \alpha_4 \frac{\Delta S_{i,t-1}}{TA_{i,t-1}} + \varepsilon_{i,t} \quad (11.15)$$

其中,ProdCost 为生产成本,等于销售成本与存货变化之和;TA 为总资产;S 为销售收入;ΔS 为销售收入的变化。

模型(11.15)按年度和行业进行估计,用实际值与预测值之差衡量异常生产成本。当公司的异常生产成本很高时,意味着管理层可能通过过度价格折扣和过度生产进行盈余管理。过度价格折扣会对销售成本产生正向影响,而过度生产会对销售成本产生负向影响,二者的综合影响是不清楚的,但过度生产会对存货变化产生正向影响。因此,当异常生产成本较高时,说明公司存在通过过度价格折扣或过度生产进行真实盈余管理的可能性。

3. 经营活动现金流

Roychowdhury(2006)构建了估计经营活动现金流正常水平的模型：

$$\frac{\mathrm{CFO}_{i,t}}{\mathrm{TA}_{i,t-1}} = \alpha_0 + \alpha_1 \frac{1}{\mathrm{TA}_{i,t-1}} + \alpha_2 \frac{S_{i,t}}{\mathrm{TA}_{i,t-1}} + \alpha_3 \frac{\Delta S_{i,t}}{\mathrm{TA}_{i,t-1}} + \varepsilon_{i,t} \quad (11.16)$$

其中，CFO为经营活动现金流净额，其他变量的定义同模型(11.15)。与模型(11.15)相同，模型(11.16)也按年度和行业进行估计，用实际值与预测值之差衡量异常的经营活动现金流。

(二) 与融资活动有关的真实盈余管理研究

如前所述，研究者主要针对经营和投资活动构建真实盈余管理估计模型。对于融资活动，研究者主要关注某种特定的融资活动本身(如股票回购)是否构成盈余管理手段，或者关注特定的融资活动(如股票期权)是否触发公司进行盈余管理。研究者通常采取的方法是观察有无融资活动，或融资活动前后的盈余差异(或变化)，或观察是否更可能满足特定的盈余目标，推断管理层是否实施了盈余管理。

例如，Hribar et al.(2006)考察公司是否通过股票回购进行盈余管理以达到分析师预测的盈余水平，发现无法达到分析师盈余预测水平的公司更倾向于通过股票回购增加盈余。

再如，McAnally et al.(2008)检验股票期权是否会影响公司盈余管理行为，发现当公司无法达到盈余目标(表现为亏损、盈余下滑、无法达到分析师预测水平等)时，更容易授予管理层股票期权。这表明管理层会操控盈余以选择授予股票期权的时点。

四、Stata 相关命令

1. 应计盈余管理

下面以 Jones 模型为例，简要概述如何获取应计盈余管理指标。
相关模型为：

$$\mathrm{TA}_i / A_i = \alpha_1(1/A_i) + \alpha_2(\Delta \mathrm{REV}_i / A_i) + \alpha_3(\mathrm{PPE}_i / A_i) + \varepsilon_i$$

在进行回归前，构建如下变量：TA =(净利润-经营活动产生的现金流量净额)/L.资产总计；A1 = 1/L.资产总计；D_REV = D.营业收入/L.资产总计；PPE =固定资产净额/L.资产总计；将以上变量保存于"可操控应计项目.dta"文件中。①

采用 statsby 命令，分行业、分年度进行回归，并得到应计盈余管理指标(DA)：

```
use 可操控应计项目.dta, clear
statsby, by(year indcd) clear: reg TA A1 D_REV PPE, noc      //分行
```

---

① 在 Stata 命令中，D.指变量本期值与上期值的差分，L.指将变量上期值的滞后一期。

业、分年度回归,得到系数

```
merge 1:m year indcd using "可操控应计项目.dta"    // 与变量合并
drop _m
gen DA = TA - _b_A1 * A1 - _b_D_REV * D_REV_D_REC - _b_PPE * PPE
// 可操控应计项目 DA = TA - NDA
keep stkcd year indcd DA
order stkcd year
sort stkcd year
save "可操控应计项目.dta", replace
```

除此之外,修正 Jones 模型是在 Jones 模型的基础上进行改进,回归思路类似,读者可自行尝试完成。

2. 真实盈余管理

下面通过异常现金流、异常产品成本和异常费用的衡量,简要概述如何获取真实盈余管理指标。

(1) 异常费用的相关模型为:

$$\frac{\text{DiscExp}_{i,t}}{\text{TA}_{i,t}} = \beta_1 \frac{1}{\text{TA}_{i,t-1}} + \beta_2 \frac{S_{i,t}}{\text{TA}_{i,t-1}} + \varepsilon_{i,t}$$

在进行回归前,构建如下变量:DISEXP =(销售费用 + 管理费用)/L.资产总计,此处可酌情处置费用指销售费用和管理费用之和;L_S = L.营业收入/L.资产总计;A1 = 1/L.资产总计。将以上变量保存于"异常产品成本.dta"文件中。

采用 statsby 命令,分行业、分年度进行回归:

```
use "异常费用.dta", clear
statsby, by(year indcd) clear: reg DISEXP A1 L_S
merge 1:m year indcd using "异常费用.dta"
drop _m
gen DISEXPEM = DISEXP - _b_cons - _b_A1 * A1 - _b_L_S * L_S
// 异常费用为可酌情处置费用与正常费用之差
keep stkcd year indcd DISEXPEM
order stkcd year
sort stkcd year
save "异常费用.dta", replace
```

（2）异常产品成本的相关模型为：

$$\frac{\text{ProdCost}_{i,t}}{\text{TA}_{i,t-1}} = \alpha_1 \frac{1}{\text{TA}_{i,t-1}} + \alpha_2 \frac{S_{i,t}}{\text{TA}_{i,t-1}} + \alpha_3 \frac{\Delta S_{i,t}}{\text{TA}_{i,t-1}} + \alpha_4 \frac{\Delta S_{i,t-1}}{\text{TA}_{i,t-1}} + \varepsilon_{i,t}$$

在进行回归前,构建如下变量:PROD =（营业总成本 + D.存货净额）/L.资产总计;S = 营业收入/L.资产总计;D_S = D.营业收入/L.资产总计;L_D_S = L.D.营业收入/L.资产总计;A1 = 1/L.资产总计。将以上变量保存于"异常产品成本.dta"文件中。

采用 statsby 命令,分行业、分年度进行回归：

```
use "异常产品成本.dta", clear
statsby, by(year indcd) clear: reg PROD A1 S D_S L_D_S
merge 1:m year indcd using "异常产品成本.dta"
drop _m
gen PRODEM = PROD - _b_cons - _b_A1 * A1 - _b_S * S - _b_D_S * D_S - _b_L_D_S * L_D_S    //异常产品成本为总生产成本和存货的上升与维持销售量的合理成本之差
keep stkcd year indcd PRODEM
order stkcd year
sort stkcd year
save "异常产品成本.dta", replace
```

（3）异常现金流的相关模型为：

$$\frac{\text{CFO}_{i,t}}{\text{TA}_{i,t-1}} = \alpha_0 + \alpha_1 \frac{1}{\text{TA}_{i,t-1}} + \alpha_2 \frac{S_{i,t}}{\text{TA}_{i,t-1}} + \alpha_3 \frac{\Delta S_{i,t}}{\text{TA}_{i,t-1}} + \varepsilon_{i,t}$$

在进行回归前,构建如下变量:CFO = 经营活动产生的现金流量净额/L.资产总计;S = 营业收入/L.资产总计;D_S = D.营业收入/L.资产总计;A1 = 1/L.资产总计。将以上变量保存于"异常现金流.dta"文件中。

采用 statsby 命令,分行业、分年度进行回归：

```
use "异常现金流.dta", clear
statsby, by(year indcd) clear: reg CFO A1 S D_S
merge 1:m year indcd using "异常现金流.dta"
drop _m
gen CFOEM = CFO - _b_cons - _b_A1 * A1 - _b_S * S - _b_D_S * D_S
```
//异常现金流为实际现金流与合理现金流之差
```
keep stkcd year indcd CFOEM
order stkcd year
```

```
sort stkcd year
save "异常现金流.dta", replace
```

(4) 真实盈余管理总和(RM)。使用以下命令求 RM：

```
use "异常现金流.dta",clear
merge 1:1 stkcd year using "异常产品成本.dta"
drop _m
merge 1:1 stkcd year using "异常费用.dta"
drop _m
gen RM = PRODEM-CFOEM-DISEXPEM
save "真实盈余管理.dta", replace
```

第三节 盈余反应系数的研究模型

一、盈余反应系数的基本原理

盈余反应系数(earnings response coefficient, ERC)是指投资者对盈余公告的反应程度，将股票异常收益(Y)与未预期盈余(X)之间的关系以回归方程式表示，其斜率系数便称为盈余反应系数。盈余反应系数通常也作为测度盈余质量的重要指标之一。

Holthausen and Verrecchia(1988)提供了盈余反应系数作为测度盈余质量的直接代理变量的理论支撑。Teoh and Wong(1993)进一步分析了盈余反应系数与盈余传递信号精度之间的关系，分析结果表明会计信息的可信度与盈余反应系数呈正相关关系。

测度盈余反应系数的基本回归模型为：

$$CAR_{i,t} = \alpha_0 + \alpha_1 UX_{i,t} + \varepsilon \qquad (11.17)$$

其中，$CAR_{i,t}$ 为公司 i 第 t 年的累计异常股票收益率；$UX_{i,t}$ 为公司 i 第 t 年的未预期盈余；回归系数 α_1 即为盈余反应系数 ERC。

对模型(11.17)进行回归，回归系数 α_1 越大，表明股票收益率越能反映会计基本业绩，从而盈余的信息含量越高。

早期的盈余反应系数研究试图考察和控制可能影响盈余反应系数的其他遗漏变量，后期的相关研究则倾向于考察导致盈余质量变化的中介变量，检验中介变量的增量盈余反应系数(比如，国际四大会计师事务所审计的公司的 ERC 是否更高；非审计服务收费高的公司的 ERC 是否更低)。Dechow et al.(2010)指出，影响投资者反应的遗漏变量问题、计算未预期盈余及股票异常收益率过程中的测量误差问题，均会影响回归结果——盈余反应系数的准确度。

二、Stata 相关命令

根据模型(11.17)进行 OLS 回归,即可得到相应的盈余反应系数,命令如下:

```
regCAR UX
esttab    // CAR 与 UX 之间的系数即为盈余反应系数
```

我们还可安装 becoeff 程序包用于提取盈余反应系数。除此之外,在实证研究中还会通过增加特定变量或者增加特定变量与盈余的交乘项,考察盈余反应系数的影响因素(关注交乘项的系数)以及哪些变量和盈余信息一样具有显著的反应系数(关注新增变量的系数)。

第四节 会计信息可比性的研究模型

一、相关概念

会计信息可比性是指企业提供的会计信息应当具有可比性。一方面,同一企业不同时期发生的相同或者相似的交易或事项,应当采用一致的会计政策,前后各期应当保持一致,不得随意变更,以便对不同时期的各项指标进行纵向比较。比如,存货的实际成本计算方法有先进先出法、加权平均法等,若确有必要变更,则应当将变更情况、变更原因及其对企业财务状况和经营成果的影响在财务会计报告附注中予以说明。另一方面,不同企业发生的相同或者相似的交易或事项也应当统一采用规定的会计政策,确保会计信息口径一致、相互可比,使其所提供的数据资料便于比较、分析和汇总。

二、会计信息可比性的度量

DeFranco et al.(2011)定义会计系统为企业经济业务生成财务报表的转换过程。当公司 i 和公司 j 的会计系统相似时,在经济业务相同的情况下,公司 i 和公司 j 生成相似的财务报表。DeFranco et al.(2011)使用公司 i 第 t 期前连续 16 个季度的数据,以会计盈余($Earnings_{i,t}$,等于季度净利润除以期初权益市场价值)作为被解释变量,以季度股票收益率($Return_{i,t}$)作为解释变量,估算公司 i 第 t 期的会计系统。

由于公司对好消息与坏消息(即收益与损失,分别用正、负股票收益率表示)的确认具有不对称性,企业会计系统对坏消息比对好消息的确认更加及时,因此 Campbell et al.(2013)在 De Franco et al.(2011)的模型中加入股票收益率虚拟变量($Neg_{i,t}$)以及股票收益的交乘项($Neg_{i,t} \times Return_{i,t}$)估算公司的会计系统,回归模型如下:

$$Earnings_{i,t} = \alpha_0 + \alpha_1 Return_{i,t} + \alpha_2 Neg_{i,t} + \alpha_3 Neg_{i,t} \times Return_{i,t} + \varepsilon_{i,t} \quad (11.18)$$

其中,Neg 为哑变量,若季度股票收益率为负,则 Neg 取值 1,否则取值 0。为了估计会计信息的可比性,假定两个公司经济业务相同,其股票收益率都是$Return_{i,t}$,分别用公司i和公司j的会计系统计算预期盈余。

$$E(Earnings)_{ii,t} = \hat{\alpha}_0 + \hat{\alpha}_1 Return_{i,t} + \hat{\alpha}_2 Neg_{i,t} + \hat{\alpha}_3 Neg_{i,t} \times Return_{i,t} \quad (11.19)$$

$$E(Earnings)_{ij,t} = \hat{\beta}_0 + \hat{\beta}_1 Return_{i,t} + \hat{\beta}_2 Neg_{i,t} + \hat{\beta}_3 Neg_{i,t} \times Return_{i,t} \quad (11.20)$$

式(11.19)表示在期间t,依据公司i的会计系统计算得到的预期盈余;式(11.20)表示在期间t,依据公司j的会计系统计算得到的预期盈余。定义公司i和公司j的会计信息可比性($CompAcct_{i,t}$)为两公司预期盈余差异绝对值平均数的相反数:

$$CompAcct_{i,t} = -\frac{1}{16} \times \sum_{t-15}^{t} \left| E(Earnings)_{ii,t} - E(Earnings)_{ij,t} \right| \quad (11.21)$$

$CompAcct_{i,t}$数值越大说明企业i与公司j之间的会计信息可比性越高。根据上述方法,能够逐一计算出公司i与同行业其他公司的会计信息可比性。将计算出的会计信息可比性值按从大到小排列,取前4个值的平均值作为公司i的会计信息可比性测度值,记为$CompAcct4_{i,t}$,其值越大表示公司i的会计信息可比性越强。

三、Stata 相关命令

1. 构建变量

在进行回归前,构建以下变量:earnings = 季度净利润/期初权益市场价值;ret = 季度股票收益率;neg = 1/0,ret<0 时 neg 取值为 1,否则取值为 0;neg_ret = neg * ret;industry = 行业编码;ind = 所有行业从 1 到 21 进行排序。将初始数据存储于"data\可比性回归前.dta"文件中,样本时间跨度为 2005—2018 年。

2. 初步处理数据

(1) 把每一年的样本分别保存于单独的 dta 文件中,命令如下:

```
forvalues n = 2005/2018 {
    use data\可比性回归前.dta, clear
    drop if year>`n'
    drop if year<`n'-3
    sort stkcd year month
    save data\可比性_1_t`n'.dta, replace
}
```

(2) 剔除不够 16 个季度的样本,命令如下:

```
forvalues n = 2005/2018 {
    use data\可比性_1_t`n'.dta, clear
```

```
    sort stkcd year month
    by stkcd: gen count =_N
    keep if count = =16
    save data\可比性_2_t`n'.dta, replace
}
```

（3）剔除过去16个季度变换行业的样本，命令如下：

```
forvalues n=2005/2018 {
    use data\可比性_2_t`n'.dta, clear
    drop count
    sort stkcd
    by stkcd industry, sort: gen count =_N
    keep if count = =16
    save data\可比性_3_t`n'.dta, replace
}
```

2. 开始回归

（1）对每一个公司 i 进行回归，求出系数，命令如下：

```
· forvalues n=2005/2018 {
    use data\可比性_3_t`n'.dta, clear
    sort stkcd year month
    egen group_id=group(stkcd)
    sort group_id
    gen a=.
    gen b=.
    gen c=.
    gen d=.
    sum group_id
    forvalues i=1(1)`r(max)' {
        noisily reg earnings ret neg neg_ret if group_id = =`i'
        replace a=_b[_cons] if group_id = =`i'
        replace b=_b[ret] if group_id = =`i'
        replace c=_b[neg] if group_id = =`i'
        replace d=_b[neg_ret] if group_id = =`i'
```

}
```
    save data\可比性_4_t`n'.dta, replace
```
}

(2) 把每一年、每一个行业的样本分别保存于单独的 dta 文件中,命令如下:

```
forvalues n = 2005/2018 {
forvalues k = 1/21 {
use data\可比性_4_t`n'.dta, clear
keep if ind == `k'
save data\可比性_5_t`n'_ind`k'.dta, replace
}
}
```

(3) 计算每个公司的会计信息可比性指标,命令如下:

```
forvalues n = 2005/2018 {
forvalues k = 1/21 {
use data\可比性_5_t`n'_ind`k'.dta, clear
do do\0-do 可比性公司年.do, nostop    //嵌套一个新的 do 文件
save data\可比性_公司年_t`n'_ind`k'.dta, replace
}
}
use data\可比性_公司年_t2005_ind1.dta, clear
drop _all
forvalues n = 2005/2018 {
forvalues k = 1/21 {
append using data\可比性_公司年_t`n'_ind`k'.dta
count
}
}
keep stkcd year comp* industry ind
save data\可比性公司年.dta, replace    //结束
```

前述循环中嵌套的 do 文件"0-do 可比性公司年.do":

```
sort stkcd year month
drop group_id
```

```stata
egen group_id=group(stkcd)
sum group_id
scalar max=r(max)
forvalues i=1/`=scalar(max)' {
gen a`i'=a if group_id==`i'
gen b`i'=b if group_id==`i'
gen c`i'=c if group_id==`i'
gen d`i'=d if group_id==`i'
egen aa`i'=max(a`i')
egen bb`i'=max(b`i')
egen cc`i'=max(c`i')
egen dd`i'=max(d`i')
}
forvalues i=1/`=scalar(max)' {
drop a`i' b`i' c`i' d`i'
}
forvalues i=1/`=scalar(max)' {
gen yhat`i'=aa`i'+bb`i'*ret+cc`i'*neg+dd`i'*neg_ret
}
gen yhat=.
forvalues i=1/`=scalar(max)' {
replace yhat=yhat`i' if group_id==`i'
}
forvalues i=1/`=scalar(max)' {
gen dif`i'=abs(yhat-yhat`i')
}
forvalues i=1/`=scalar(max)' {
sort stkcd year month
by stkcd, sort: egen sum`i'=sum(dif`i')
gen comp`i'=-1/16*sum`i'
}
su year
scalar myear=r(max)
keep if year==`=scalar(myear)' & month==12
```

```
keep stkcd year industry ind group_id comp*
sum group_id
scalar max = r(max)
forvalues i = 1/`=scalar(max)' {
    replace comp`i' = . if comp`i' = = 0
}
egen compaccind = rowmedian(comp1-comp`=scalar(max)')
egen comp_max1 = rowmax(comp1-comp`=scalar(max)')
forvalues i = 1/`=scalar(max)' {
    replace comp`i' = . if comp`i' = = comp_max1
}
egen comp_max2 = rowmax(comp1-comp`=scalar(max)')
forvalues i = 1/`=scalar(max)' {
    replace comp`i' = . if comp`i' = = comp_max2
}
egen comp_max3 = rowmax(comp1-comp`=scalar(max)')
forvalues i = 1/`=scalar(max)' {
    replace comp`i' = . if comp`i' = = comp_max3
}
egen comp_max4 = rowmax(comp1-comp`=scalar(max)')
gen compacc4 = (comp_max1+comp_max2+comp_max3+comp_max4)/4
keep stkcd year industry ind compaccind compacc4
egen group_id = group(stkcd)
su group_id
scalar max = r(max)
drop if `=scalar(max)' < 5
```

第五节 会计稳健性的研究模型

一、会计稳健性的定义

会计稳健性(conservatism)传统上被定义为:确认所有的预期损失而不确认任何预期收益。只有法律意义下有证实收益存在的证据,确认收益或预期收益才是被许可的。

美国财务会计准则委员会(FASB)1980年发布的《财务会计概念公告》第二辑

(SFAC2)中将会计稳健性描述为：对不确定性的谨慎的反应，努力确保商业环境中存在的不确定性和风险被充分考虑。若未来收到或支付的两个估计金额有同等的可能性（即发生概率相同），则会计稳健性要求使用较不乐观的估计数；但是若两个金额发生的可能性并不相同，则谨慎性原则并不意味着一定要抛弃可能性更大的估计数而使用更悲观的估计数。

国际会计准则委员会（IASB）在其概念框架中定义：谨慎性（prudence）是指在不确定的条件下，需要运用判断做出的必要估计中包含一定程度的审慎（caution），比如资产或收益不可高估，负债或费用不可低估。

中国会计准则委员会（CASB）对会计稳健性的定义为：企业对交易或者事项进行会计确认、计量和报告应当保持应有的谨慎，不应高估资产或者收益、低估负债或者费用。

如果从各国会计准则中寻找定义依据，就可以发现上述定义都只是从概念框架层面描述了会计稳健性的大致含义，内容大同小异，而且大多抽象而缺乏可操作性，对于如何判别企业会计处理的稳健性程度，我们很难从上述概念中找到答案，在此定义下难以发展出适用的会计计量模式来指导实证研究。

在实证研究中，会计稳健性有如下定义：

Basu（1997）认为，会计稳健性意味着会计人员在确认好消息时对可验证性的要求更高。所以，会计稳健性意味着对损失和收益的确认的非对称性，即会计人员对损失（坏消息）要及时确认，而对收益（好消息）要直到有充分的证据时才予以确认。这个定义的基础在于投资者保护，因为投资者需要得到及时且充分的信息以备决策之需；而对于坏消息而言，这种及时且充分的程度就显得更为重要。

二、会计稳健性的分类

根据其性质的差异，可以将会计稳健性分为非条件稳健性和条件稳健性两类。

非条件稳健性（unconditional conservatism）也称独立稳健性（independent conservatism），这种稳健性意味着会计处理方法在资产或负债形成时就已经确定，不会再根据其后的经营环境而变化，它一般会导致不可确认的商誉，使得股东权益的账面价值低于其市场价值，比如有关研究开发支出的费用化处理，以及大部分固定资产使用加速折旧法等。非条件稳健性是一个总体的偏见，和当期消息没有关系。

条件稳健性（conditional conservatism）也称事后稳健性或非独立稳健性，它意味着资产的账面价值在面临不好的环境时被减值，但是在经营环境转好时并不转回，即对收入的确认较之对损失的确认要求更高的可验证性，比如存货计价的账面与市价孰低和资产减值政策就属于条件稳健性。条件稳健性认为盈余反映坏消息比好消息更快，当期消息的性质和盈余反应速度有直接关系，这正是 Basu（1997）描述的会计盈余稳健性。

直观上讲，条件稳健性意味着给予公司管理层更大的判断空间，是一种原则导向的会计原则;而非条件稳健性是会计准则强加规定的,并不留给上市公司管理层更多的判断余地,是一种规则导向的会计原则。

三、会计稳健性的度量

(一) 非条件稳健性的度量:累计应计模型

Givoly and Hayn(2000)基于会计应计和经营性现金流通常存在反转关系的假设,提出持续性的负的应计可以作为会计稳健性的代理变量,其将应计思路下的非条件稳健性指标定义为:

$$CONSV\_NOPAC_{i,t} = -\frac{NOPAC_{i,t}}{TA_{i,t-1}} \quad (11.22)$$

其中,NOPAC 为非经营性应计项目,计算方式为 NOPAC = 总应计 - 经营性应计(其中,总应计 = 净利润 + 折旧 - 经营活动产生的现金流,经营性应计 = 应收账款变动额 + 存货变动额 + 预付账款变动额 - 应付账款变动额 - 应交税金变动额);t 为累计期;TA 为公司的总资产。该指标取负值是为了与稳健性程度变化方向一致,该数值越大,稳健性水平越高。

(二) 条件稳健性的度量:C-SCORE 模型

1. Basu 模型

Basu(1997)将会计稳健性解释为导致盈余对坏消息比好消息反应更快的属性,并首次提出通过会计盈余对经济收益的分段线性回归来测度会计盈余稳健性:

$$EPS_{i,t} / P_{i,t-1} = \beta_1 + \beta_2 D_{i,t} + \beta_3 R_{i,t} + \beta_4 D_{i,t} \times R_{i,t} + \varepsilon \quad (11.23)$$

其中,$EPS_{i,t}$ 为公司 i 第 t 年披露的扣除非经常性损益的基本每股收益;$P_{i,t-1}$ 为公司 i 第 $t-1$ 年年末的股票价格;$R_{i,t}$ 为股票收益率;$D_{i,t}$ 为股票收益虚拟变量,当 $R_{i,t}$ 小于 0 时,$D_{i,t}$ 取值为 1,否则取值为 0。

在模型(11.23)中,我们重点关注交乘项的回归系数 β_4,它反映了相对于"好消息",会计盈余对"坏消息"的增量确认倾向。β_4 值越大,会计盈余对负面消息越敏感,稳健性越强。

长期以来,尽管会计上奉行稳健性原则,但通常所说的会计稳健性原则(不高估资产或收益,不低估负债或费用)在实证研究中很难量化,这大大制约了对会计稳健性原则实施效果的评估。Basu(1997)模型的提出为测度会计盈余稳健性的"度"找到了突破点,从而极大地激发了研究者对会计稳健性研究的热情,催生了大量关于会计稳健性的研究文献。

2. C-SCORE 模型

Khan and Watts(2009)认为 Basu(1997)模型中的会计盈余对外部信息的反应程度是公司三个特征变量——账面市值比(MB)、公司规模(SIZE)和资本结构(LEV)——的线

性函数,对 Basu(1997)模型进行了如下改进:

$$G\_SCORE \equiv \beta_3 = \mu_1 + \mu_2 SIZE_{i,t} + \mu_3 MB_{i,t} + \mu_4 LEV_{i,t} \quad (11.24)$$

$$C\_SCORE \equiv \beta_4 = \lambda_1 + \lambda_2 SIZE_{i,t} + \lambda_3 MB_{i,t} + \lambda_4 LEV_{i,t} \quad (11.25)$$

将式(11.24)和式(11.25)代入 Basu(1997)的模型(11.23)中,整理可得:

$$EPS_{i,t}/P_{i,t-1} = \beta_1 + \beta_2 D_{i,t} + R_{i,t}(\mu_1 + \mu_2 SIZE_{i,t} + \mu_3 MB_{i,t} + \mu_4 LEV_{i,t}) + D_{i,t} \times R_{i,t}(\lambda_1 + \lambda_2 SIZE_{i,t} + \lambda_3 MB_{i,t} + \lambda_4 LEV_{i,t}) + \varepsilon$$

$$(11.26)$$

对式(11.26)分年度进行横截面回归,得出系数 λ_1、λ_2、λ_3 和 λ_4,再代入式(11.25)即可得到每个公司样本的年度会计稳健性指标 C_SCORE。

四、Stata 相关命令

对于累计应计模型,只需要进行简单计算即可得到相应指标,故此处只针对 C-SCORE 模型展开。相关模型为:

$$EPS_{i,t}/P_{i,t-1} = \beta_1 + \beta_2 D_{i,t} + R_{i,t}(\mu_1 + \mu_2 SIZE_{i,t} + \mu_3 MB_{i,t} + \mu_4 LEV_{i,t}) + D_{i,t} \times R_{i,t}(\lambda_1 + \lambda_2 SIZE_{i,t} + \lambda_3 MB_{i,t} + \lambda_4 LEV_{i,t}) + \varepsilon$$

在进行回归前,构建如下变量:

(1) EPS_P=公司扣除非经常性损益的基本每股收益/公司第 $t-1$ 年年末的股票价格;

(2) R=个股收益率-市场收益率,分别为第 t 年 5 月到第 $t+1$ 年 4 月的考虑现金红利再投资的个股收益率和市场收益率,采用市场调整法度量股票收益主要是为了避免中国股票市场同涨同跌波动较大带来的影响;

(3) $D=1/0$,$R<0$ 时 D 取值为 1,否则取值为 0;

(4) SIZE=ln(资产总计);

(5) MB=年个股总市值/净资产;

(6) LEV=负债合计/资产总计。

分年度进行横截面回归(假设样本的时间跨度为 2007—2021 年),命令如下:

```
gen C_SCORE = .
gen G_SCORE = .
forvalues i = 2007/2021{
reg EPS_P D R c.SIZE#c.R c.MB#c.R c.LEV#c.R c.D#c.R c.SIZE#
c.D#c.R  c.MB#c.D#c.R  c.LEV#c.D#c.R  if year==`i'
replace C_SCORE = _b[c.D#c.R]+_b[c.SIZE#c.D#c.R]*SIZE+_b[c.LEV
#c.D#c.R]*LEV+_b[c.MB#c.D#c.R]*MB if year==`i'
```

```
    replace G_SCORE =_b[c.R]+_b[c.SIZE#c.R] * SIZE+_b[c.LEV#c.R]
* LE
  V+_b[c.MB#c.R] * MB if year==`i'
  }
```

思考与练习

下载并阅读下列文章,利用相应数据重复论文的主要研究设计,以此分别练习使用盈余价值相关性、盈余管理、盈余反应系数、会计信息可比性和会计稳健性这几个常用会计模型。

1.《亏损上市公司会计盈余价值相关性实证研究》(孟焰和袁淳,2005,《会计研究》)。

2.《公司战略影响盈余管理吗》(孙健等,2016,《管理世界》)。

3.《控股股东与盈余质量:基于盈余反应系数的考察》(王化成和佟岩,2006,《会计研究》)。

4.《会计信息可比性与高管薪酬契约有效性》(唐雪松等,2019,《会计研究》)。

5.《会计稳健性与公司融资约束:基于两类稳健性视角的研究》(张金鑫和王逸,2013,《会计研究》)。

参考文献

Alford A, Jones J, Leftwich R, et al., 1993. The relative informativeness of accounting disclosures in different countries[J]. Journal of Accounting Research, 31(3): 183-223.

Amir E, Harris T S, Venuti E K, 1993. A comparison of the value-relevance of U. S. versus non-U. S. GAAP accounting measures using form 20-F reconciliations[J]. Journal of Accounting Research, 31(3): 230-264.

Ball R, Brown P, 1968. An empirical evaluation of accounting income numbers[J]. Journal of Accounting Research, 6(2): 159-178.

Barth M E, 2000. Valuation-based accounting research: Implications for financial reporting and opportunities for future research[J]. Accounting & Finance, 40(1): 7-32.

Barth M E, Beaver W H, Landsman W R, 2001. The relevance of the value relevance literature for financial accounting standard setting: Another view[J]. Journal of Accounting and Economics, 31(1-3): 77-104.

Basu S, 1997. The conservatism principle and the asymmetric timeliness of earnings[J]. Journal of Accounting and Economics, 24(1): 3-37.

Beaver W H, 1998. Financial Reporting: An Accounting Revolution[M]. New Jersey:

Prentice-Hall.

Berger P G, 1993. Explicit and implicit tax effects of the R&D tax credit[J]. Journal of Accounting Research, 31(2): 131-171.

Campbell D, Carnell S M, Eden R J, 2013. Applicability of contact angle techniques used in the analysis of contact lenses, Part 1: Comparative methodologies[J]. Eye & Contact Lens, 39(3): 254-262.

Christie A A, 1987. On cross-sectional analysis in accounting research[J]. Journal of Accounting and Economics, 9(3): 231-258.

DeFranco G, Kothari S P, Verdi R S, 2011. The benefits of financial statement comparability[J]. Journal of Accounting Research, 49(4): 895-931.

DeAngelo L E, 1986. Accounting numbers as market valuation substitutes: A study of management buyouts of public stockholders[J]. The Accounting Review, 61(3): 400-420.

Dechow P M, Kothari S P, Watts R L, 1998. The relation between earnings and cash flows[J]. Journal of Accounting and Economics, 25(2): 133-168.

Dechow P M, Sloan R G, Sweeney A P, 1995. Detecting earnings management[J]. The Accounting Review, 70(2): 193-225.

Dechow P M, Ge W, Schrand C, 2010. Understanding earnings quality: A review of the proxies, their determinants and their consequences[J]. Journal of Accounting and Economics, 50(2-3): 344-401.

Ewert R, Wagenhofer A, 2005. Economic effects of tightening accounting standards to restrict earnings management[J]. The Accounting Review, 80(4): 1101-1124.

Givoly D, Hayn C, 2000. The changing time-series properties of earnings, cash flows and accruals: Has financial reporting become more conservative[J]. Journal of Accounting and Economics, 29(3): 287-320.

Gunny K A, 2010. The relation between earnings management using real activities manipulation and future performance: Evidence from meeting earnings benchmarks[J]. Contemporary Accounting Research, 27(3): 855-888.

Healy P M, 1985. The effect of bonus schemes on accounting decisions[J]. Journal of Accounting and Economics, 7(1/2/3): 85-107.

Holthausen R W, Verrecchia R E, 1988. The effect of sequential information releases on the variance of price changes in an intertemporal multi-asset market[J]. Journal of Accounting Research, 1988(26): 82-106.

Hribar P, Jenkins N T, Johnson W B, 2006. Stock repurchases as an earnings management device[J]. Journal of Accounting and Economics, 41(1/2): 3-27.

Jones J J, 1991. Earnings management during import relief investigations[J]. Journal of Accounting Research, 29(2): 193-228.

Khan M, Watts R L, 2009. Estimation and empirical properties of a firm-year measure of accounting conservatism[J]. Journal of Accounting and Economics, 48(2/3): 132-150.

Kothari S P, Zimmerman J L, 1995. Price and return models[J]. Journal of Accounting and Economics, 20(2): 155-192.

McAnally M L, Srivastava A, Weaver C D, 2008. Executive stock options, missed earnings targets, and earnings management[J]. The Accounting Review, 83(1): 185-216.

Ohlson J A, 1995. Earnings, book values, and dividends in equity valuation[J]. Contemporary Accounting Research, 11(2): 661-687.

Ohlson J A, 1999. On transitory earnings[J]. Review of Accounting Studies, 4(3): 145-162.

Perry S, Grinaker R, 1994. Earnings expectations and discretionary research and develop[J]. Accounting Horizons, 8(4): 43-57.

Roychowdhury S, 2006. Earnings management through real activities manipulation[J]. Journal of Accounting and Economics, 42(3): 335-370.

Teoh S H, Wong T J, 1993. Perceived auditor quality and the earnings response coefficient[J]. The Accounting Review, 68(2): 346-366.

第十二章
CHAPTER 12

常用财务研究模型

本章我们主要介绍财务研究领域的常见模型。在财务研究领域,我们关心股票的预期收益率。股票的预期收益率是投资者要求的回报。站在公司角度,股票预期收益率是公司的股权融资成本,对公司的财务及业务决策至关重要。在实证研究中,我们主要采用两种方法估计股票的预期收益率:一种是基于已实现的收益率,比如资本资产定价模型(CAPM)、Fama-French 模型等;另一种是基于未来收益折现法计算的隐含权益资本成本(implied cost of capital, ICC)。因此,本章将介绍资本资产定价模型、Fama-French 三因子模型、Fama-French 五因子模型、隐含权益资本成本的主要估计模型及其在 Stata 中的实现。此外,股价崩盘风险也是近年来财务研究领域学者们十分关注的话题,我们将介绍股价崩盘风险的度量模型。

第一节 资本资产定价模型

一、模型概述

资本资产定价模型（capital asset pricing model，CAPM）是美国学者威廉·夏普（William Sharpe）、约翰·林特纳（John Lintner）、杰克·特里诺（Jack Treynor）和简·莫辛（Jan Mossin）等人于1964年在资产组合理论和资本市场理论的基础上发展起来的，主要研究证券市场中资产预期收益率与风险资产的关系，以及均衡价格如何形成，是现代金融市场价格理论的支柱，广泛应用于投资决策和公司理财领域。

当资本市场达到均衡时，风险的边际价格不变，任何改变市场组合的投资所带来的边际效果相同，即增加一个单位的风险所得到的补偿是相同的。按照 β 的定义，在均衡的资本市场条件下，得到如下资本资产定价模型：

$$E(r_i) = r_f + \beta_i [E(r_m) - r_f] \tag{12.1}$$

其中，$E(r_i)$ 为资产 i 的预期收益率；r_f 为无风险利率；β_i 为 Beta 系数，衡量资产 i 的系统性风险；$E(r_m)$ 为预期市场收益率；$E(r_m) - r_f$ 为市场风险溢价（market risk premium），等于预期市场收益率与无风险收益率之差。

资本资产定价模型说明单只证券的预期收益率由两部分组成，即无风险利率以及对所承担风险的补偿——风险溢价。风险溢价取决于 β 值，β 值越高表明单只证券的风险越高，所得到的补偿也就越高。β 度量的是单只证券的系统性风险，非系统性风险没有风险补偿。

二、运用 Stata 估计资本资产定价模型

原始数据"个股市场收益率.dta"中包含个股月收益率、市场月收益率、月度无风险利率等，具体变量定义如表12.1所示。

表12.1 资本资产定价模型数据变量定义

变量	变量定义
stkcd	证券代码
year	交易年度
month	交易月份
ri	考虑现金红利再投资的个股月收益率
rm	考虑现金红利再投资的市场月收益率（总市值加权平均法）
rf	月度无风险利率

stata 命令如下：

（1）利用前 60 个月的数据估计每家公司的月度市场系数 β。

```
use "个股市场收益率.dta", clear
gen eri=ri-rf
gen erm=rm-rf
gen ym=ym(year,month)
format ym %tm
by stkcd : asreg eri erm,w(ym 60) min(36)    //分公司对前60个月数据进行滚动回归,估计β,每次回归需要至少36个月的观测值
```

（2）得到滞后一个月 β，并计算预期收益率。

```
xtset stkcd ym,monthly
gen alpha=L._b_cons
gen beta=L.b_erm
gen ret=rf+(alpha+beta*erm)    //用截至上月的估计系数计算当月的预期收益率
```

第二节　Fama-French 资产定价模型

一、Fama-French 三因子模型

Fama and French(1993)认为资本资产定价模型对资产收益影响因素的界定过于狭隘，他们考虑市场风险溢价、公司市值规模、账面市值比三大因素，提出三因子模型，为估计公司股票预期收益和公司预期资本成本提供了新的思路。

Fama 和 French 在研究股票异常收益率时发现有两类股票的历史平均收益率一般会高于资本资产定价模型预测的收益率。它们是小公司的股票以及有较高股权账面市值比的股票。Fama 和 French 认为：(1)市值较小公司的规模通常比较小，公司相对而言没那么稳定，风险较大，需要获得更高的收益来予以补偿；(2)账面市值比就是所有者权益的账面价值除以市场价值(B/M)，B/M 越大说明市场对公司的估值相比公司的账面价值越低。这两类公司的风险相对高，投资者要求更高的回报水平来补偿。Fama-French 三因子模型如下：

$$R_{it} - R_{ft} = a_i + b_i(R_{mt} - R_{ft}) + s_i \text{SMB}_t + h_i \text{HML}_t + e_{it} \qquad (12.2)$$

其中，R_{it} 为资产收益率，R_{ft} 为无风险收益率，R_{mt} 为市场收益率，SMB_t 为市值规模因子，HML_t 为账面市值比因子。

接下来，我们介绍 Fama French 三因子模型的估计方法。首先，根据上市公司的市值

大小进行排序并分为两组,记为 S、B,分别表示小市值规模股和大市值规模股;其次,根据上市公司账面市值比,按照 33%、33%、33% 的比例排序,记为 L、M、H,分别表示低账面市值比、中账面市值比、高账面市值比;最后,交叉组合即可得到 6 个股票组合,通过加权平均(以总市值为权重)计算各自的月收益率{SL,SM,SH,BL,BM,BH},如表 12.2 所示。

表 12.2 Fama-French 三因子模型因子的构建

		账面市值比		
		H (33%)	M (33%)	L (33%)
市值	S (50%)	SH	SM	SL
	B (50%)	BH	BM	BL

通过以上 6 个股票组合的月收益率数据即可构造出市值规模因子(SMB),计算公式为:

$$\text{SMB}_t = \frac{(\text{SL}_t + \text{SM}_t + \text{SH}_t)}{3} - \frac{(\text{BL}_t + \text{BM}_t + \text{BH}_t)}{3} \tag{12.3}$$

通过式(12.3)得到的市值规模因子体现出小市值规模的投资组合与大市值规模的投资组合之间的收益率差异。

同理,根据式(12.4)得到账面市值比因子,反映高账面市值比的投资组合与低账面市值比的投资组合之间的收益率差异。

$$\text{HML}_t = \frac{(\text{SH}_t + \text{BH}_t)}{2} - \frac{(\text{BL}_t + \text{SL}_t)}{2} \tag{12.4}$$

二、Fama-French 五因子模型

我们知道,如果三因子模型中的市场风险溢价因子、市值规模因子和账面市值比因子能够完全解释资产的超额收益,那么模型中的截距项 α(即 alpha)应当趋向于 0。然而,学者们围绕三因子进行的实证研究发现有些股票的 alpha 显著不为 0,这说明三因子模型存在一定的缺陷。Fama and French(2015)在三因子模型的基础上,增加了盈利因素(RMW)和投资因素(CMA),提出了五因子模型,并利用美国五十余年的市场数据证实了五因子模型的有效性。Fama-French 五因子模型如下:

$$R_{it} - R_{ft} = a_i + b_i(R_{mt} - R_{ft}) + s_i \text{SMB}_t + h_i \text{HML}_t + r_i \text{RMW}_t + c_i \text{CMA}_t + e_{it} \tag{12.5}$$

与三因子模型类似,R_{it} 为资产收益率,R_{ft} 为无风险收益率,R_{mt} 为市场收益率;$R_{mt} - R_{ft}$ 表示市场风险溢价因子;SMB_t 是小市值规模与大市值规模股票组合平均月收益率之差,表示市值规模因子;HML_t 是高账面市值比与低账面市值比的股票组合平均月收益率之差,表示账面市值比因子。

新增加的两个因子是盈利因子（RMW_t）和投资因子（CMA_t）。RMW_t是高营业利润率与低营业利润率的股票组合平均月收益率之差，表示盈利因子。通常认为盈利能力较高的公司伴随着更高的风险，投资者对这些公司的预期收益率更高。CMA_t是低投资水平与高投资水平（以总资产增长率表示投资水平）的股票组合的平均月收益率之差，表示投资因子。通常认为，投资率越低的公司往往风险越大。

接下来，我们介绍以上因子的具体构造方式。以市值规模（Size）的中位数为界，将股票分为小市值规模（S）与大市值规模（B）两组；以账面市值比（BM）的70%、30%分位数为界，将股票分为高账面市值比（H）、中账面市值比（N）、低账面市值比（L）三组；以营业利润率（OP）的70%、30%分位数为界，将股票分为高盈利水平（R）、中盈利水平（N）、低盈利水平（W）三组；以投资水平（Inv）的70%、30%分位数为界，将股票分为进取（A）、中性（N）、保守（C）三组。然后，我们将市值规模（Size）和账面市值比（BM）两个指标交乘，可将股票分为6组，记为SH、SN、SL、BH、BN、BL；分别以营业利润率（OP）和投资水平（Inv）替代账面市值比（BM），重复上述步骤，可将股票分为12个组合，记为SR、SN、SW、BR、BN、BW、SC、SN、SA、BC、BN、BA。最后，计算上述各组合的市值加权平均月收益率，利用不同组合收益率之差分别构造SMB_t、HML_t、RMW_t和CMA_t。各因子的具体计算公式如表12.3所示。

表12.3 Fama-French 五因子模型因子的构建

因子	计算方法
市值规模因子（SMB）	$SMB_{BM} = \frac{1}{3}(SH+SN+SL) - \frac{1}{3}(BH+BN+BL)$ $SMB_{OP} = \frac{1}{3}(SR+SN+SW) - \frac{1}{3}(BR+BN+BW)$ $SMB_{Inv} = \frac{1}{3}(SC+SN+SA) - \frac{1}{3}(BC+BN+BA)$ $SMB = \frac{1}{3}(SMB_{BM}+SMB_{OP}+SMB_{Inv})$
账面市值比因子（HML）	$HML = \frac{1}{2}(SH+BH) - \frac{1}{2}(SL+BL)$
盈利因子（RMW）	$RMW = \frac{1}{2}(SR+BR) - \frac{1}{2}(SW+BW)$
投资因子（CMA）	$CMA = \frac{1}{2}(SC+BC) - \frac{1}{2}(SA+BA)$

三、运用 Stata 估计 Fama-French 五因子模型

我们用到的原始数据包括股票收益率、年报和股票市值，其中包含的变量及其定义如表12.4所示。

表 12.4 Fama-Frech 五因子模型的变量定义

变量	变量解释
stkcd	股票代码
year	年份
month	交易月份
Ri	考虑现金红利再投资的月个股收益率
Rm	考虑现金红利再投资的综合月市场收益率(流通市值加权平均法)
Rf	月度无风险利率
asset	资产总计
equity	所有者权益合计
profit	营业利润
marketvalue	市场价值

1. 原始数据处理

创建数据集的命令如下：

```
use 原始收益率数据.dta,replace
gen R_Rf=(Ri-Rf)*100
drop if R_Rf==.
gen MKT=(Rm-Rf)*100
# 选取 t 年 5 月至 t+1 年 4 月作为年收益率计算区间：
gen m = monthly(month,"ym")
format m %tm
xtset stkcd m
gen group_year=year(dofm(m-4))
label var group_year 分组对应的年份
save 收益率数据.dta,replace

use 收益率数据.dta,clear
keep stkcd group_year
duplicates drop stkcd group_year,force
save temp.dta,replace

use 原始年报数据.dta,clear
```

```
xtset stkcd year
gen investment=(asset-l.asset)/l.asset
gen profitratio=profit/equity
gen group_year=year+1
save 年报数据.dta, replace
    #原始市值数据 1 包含年末市值,原始市值数据 2 包含 4 月 30 日市值
use 原始市值数据 1.dta, clear
gen group_year=year+1
save 市值数据 1.dta, replace
use 原始市值数据 2.dta, clear
rename year group_year
save 市值数据 2.dta, replace
```

2. 分组

```
    #匹配市值和账面市值比数据,使用 t-1 年年末的数据作为账面市值比分组依据
use 年报数据.dta, clear
merge 1:1 stkcd group_year using 市值数据 1.dta, nogen keep(1 3)
gen bookvalue=equity
    #删除账面价值为负的股票
drop if bookvalue<0
gen bm=bookvalue/marketvalue
keep stkcd group_year bm profitratio investment
    #使用 t 年 4 月 30 日的市值作为市值分组依据
merge 1:1 stkcd group_year using 市值数据 2.dta, nogen keep(1 3)
drop if bm==.|marketvalue==.|profitratio==.|investment==.
    #剔除没有股票收益率数据的样本
merge 1:1 stkcd group_year using temp.dta, nogen keep(3)
save 分组数据.dta, replace


use 分组数据.dta, clear
    #市值规模的分组点为中位数,前 50% 为小市值规模组 S,后 50% 为大市值规模组 B
egen ME_group=xtile(marketvalue), n(2) by(group_year)
gen MEgroup="S" if ME_group==1
replace MEgroup="B" if ME_group==2
```

#账面市值比分组点为第30个和第70个百分位数
```
egen BM_group=xtile(bm), n(10) by(group_year)
gen BMgroup="L" if BM_group<=3
replace BMgroup="N" if BM_group>3 & BM_group<=7
replace BMgroup="H" if BM_group>7
```
#营业利润率(即盈利)分组点为第30个和第70个百分位数
```
egen OP_group=xtile(profitratio), n(10) by(group_year)
gen OPgroup="W" if OP_group<=3
replace OPgroup="N2" if OP_group>3 & OP_group<=7
replace OPgroup="R" if OP_group>7
```
#投资水平分组点为第30个和第70个百分位数
```
egen Inv_group=xtile(investment), n(10) by(group_year)
gen Invgroup="C" if Inv_group<=3
replace Invgroup="N3" if Inv_group>3 & Inv_group<=7
replace Invgroup="A" if Inv_group>7
keep stkcd group_year *group marketvalue
save 分组结果.dta, replace
```

3. 构造因子

#将市值和账面市值比两个指标交乘2×3组
```
use 收益率数据.dta, clear
merge m:1 stkcd group_year using 分组结果.dta, nogen keep(3)
gen portfolio=MEgroup+BMgroup
```
#计算各组合每期的市值加权平均收益率
```
bys portfolio month: egen p1=pc(marketvalue), prop
bys portfolio month: egen wmabreturn=sum(p1*R_Rf)
collapse (mean) wmabreturn, by(portfolio month MKT)
```
#生成变量,便于计算SMB和HML
```
foreach i in SH SN SL BH BN BL {
    bys month: egen _`i'=mean(wmabreturn) if portfolio=="`i'"
    bys month: egen `i'=mean(_`i')
    drop _`i'
}
keep month MKT SH SN SL BH BN BL
```

```stata
duplicates drop month SH SN SL BH BN BL, force
save 因子1.dta, replace
    #将市值和营业利润率两个指标交乘2×3组
use 收益率数据.dta, clear
merge m:1 stkcd group_year using 分组结果.dta, nogen keep(3)
gen portfolio=MEgroup+OPgroup
    #计算各组合每期的市值加权平均收益率
bys portfolio month: egen p1=pc(marketvalue), prop
bys portfolio month: egen wmabreturn=sum(p1*R_Rf)
collapse (mean) wmabreturn, by(portfolio month)
    #生成变量,便于计算SMB和HML
foreach i in SR SN2 SW BR BN2 BW {
    bys month: egen _`i'=mean(wmabreturn) if portfolio=="`i'"
    bys month: egen `i'=mean(_`i')
    drop _`i'
}
keep month SR SN2 SW BR BN2 BW
duplicates drop month SR SN2 SW BR BN2 BW, force
save 因子2.dta, replace
    #将市值和投资两个指标交乘2×3组
use 收益率数据.dta, clear
merge m:1 stkcd group_year using 分组结果.dta, nogen keep(3)
gen portfolio=MEgroup+Invgroup
    #计算各组合每期的市值加权平均收益率
bys portfolio month: egen p1=pc(marketvalue), prop
bys portfolio month: egen wmabreturn=sum(p1*R_Rf)
collapse (mean) wmabreturn, by(portfolio month)
    #生成变量,便于计算SMB和HML
foreach i in SA SN3 SC BA BN3 BC {
    bys month: egen _`i'=mean(wmabreturn) if portfolio=="`i'"
    bys month: egen `i'=mean(_`i')
    drop _`i'
}
keep month SA SN3 SC BA BN3 BC
```

```
duplicates drop month SA SN3 SC BA BN3 BC, force
save 因子3.dta, replace

use 因子1.dta, clear
merge 1:1 month using 因子2.dta, nogen
merge 1:1 month using 因子3.dta, nogen
    #计算 SMB
gen SMB_BM=(SH+SN+SL)/3 -(BH+BN+BL)/3
gen SMB_OP=(SR+SN2+SW)/3 -(BR+BN2+BW)/3
gen SMB_Inv=(SC+SN3+SA)/3 -(BC+BN3+BA)/3
gen SMB=(SMB_BM+SMB_OP+SMB_Inv)/3
    #计算 HML
gen HML=(SH+BH)/2-(SL+BL)/2
    #计算 RMW
gen RMW=(SR+BR)/2-(SW+BW)/2
    #计算 CMA
gen CMA=(SC+BC)/2-(SA+BA)/2

keep month MKT SMB HML RMW CMA
save 五因子数据.dta, replace
```

4. 估计五因子的系数并计算预期收益率

```
    #利用五因子,滚动估计系数
use 收益率数据.dta, replace
merge m:1 month using 五因子数据.dta, nogen
xtset stkcd m,monthly
    #分公司对前60个月(至少36个月)数据进行回归以估计系数
by stkcd:asreg R_Rf MKT SMB HML RMW CMA,w(m 60) min(36)
    #产生滞后一个月的系数
xtset stkcd m,monthly
gen alpha=L._b_cons
gen bmkt=L._b_MKT
gen bsmb=L._b_SMB
gen bhml=L._b_HML
gen brmw=L._b_RMW
```

```
gen bcma=L._b_CMA
    #用截至上月的估计系数计算当月的预期收益率
gen fri=Rf+(alpha+bmkt*MKT+bsmb*SMB+bhml*HML+brmw*RMW+bcma*
CMA)
replace fri=fri*0.01
    #根据当月预期收益率计算年预期收益率
foreach var of varlist fri{
gen `var'1=1+`var'
egen p`var'=prod(`var'1),by(stkcd year)
gen y`var'=p`var'-1
}
duplicates drop stkcd year yfri,force
keep stkcd year yfri
winsor2 yfri,by(year) replace
save re_ff5,replace
```

第三节 隐含权益资本成本模型

一、资本成本测算方法的演变

权益资本成本被广泛应用于上市公司的投融资决策和业绩评价,是资本市场和公司金融领域的核心概念之一。权益资本成本的测算方法经历了"已实现收益估计预期收益—应用定价模型估计预期收益—内含报酬率(即隐含权益资本成本)估计预期收益"三个阶段。

第一个阶段是基于已实现收益率对权益资本成本进行测算,虽然已实现收益是预期收益的无偏估计,但大量文献表明已实现收益往往存在较大的噪声,得出的权益资本成本不准确,甚至可能得出负的风险溢价和权益资本成本。Elton et al.(1999)用低于无风险利率的平均实际收益率作为市场预期收益的替代指标,发现风险资产的收益率低于无风险收益率,他认为平均实际收益率不适合替代预期市场收益率。

第二个阶段是基于资本资产定价模型、Fama-French 因子模型等资产定价模型对权益资本成本进行测算。Sharpe(1964)提出的资本资产定价模型认为公司的权益资本成本等于无风险利率加上由系统性风险所决定的风险溢价。Fama and French(1993)在资本资产定价模型的基础上提出了三因子(即市场风险溢价因子、公司市值规模因子、账面市值比因子),更全面地考虑了资本成本的影响因素,为资本成本的测算提供了新的思路。

然而,Fama and French(1997)分析了1963—1994年纳斯达克股市的交易数据,认为资本资产定价模型和因子模型对风险溢价和风险溢价影响因素的把握不精准,测算出的资本成本不准确。

第三个阶段是在前两个阶段的基础上发展而来,其基本思想是以内含报酬率作为隐含权益资本成本。具体而言,隐含权益资本成本(ICC)是使股票未来现金流的现值等于现行股票价格的内含报酬率,它不依赖于已实现收益和特定的资产定价模型,因此可以有效克服以往测算方法和模型的不足与缺陷,近年来得到了学术界的认可。

二、隐含权益资本成本

接下来,我们简要介绍几种已经得到较广泛应用的以内含报酬率度量的权益资本成本估计模型,即 GLS 模型、OJ 模型、PEG 模型和 MPEG 模型。

(一) GLS 模型

2011 年 Gebhardt, Lee, and Swaminathan(简称 GLS 模型)使用剩余收益折现模型估计权益资本成本。在该模型中,权益资本成本等于使得未来预期现金流量现值等于现行股票价格的内含报酬率。剩余收益折现模型源自股利折现模型,即

$$P_t = \sum_{i=1}^{\infty} \frac{D_{t+i}}{(1+r_{gls})^i} \qquad (12.6)$$

其中,P_t 为股票的现行市场价格,r_{gls} 为权益资本成本,D_{t+i} 为第 $t+i$ 期的股利。假设净剩余(clean surplus)关系成立,公司权益的市场价值等于当前权益的账面价值与未来异常盈余的现值之和。股利折现模型(12.6)可以改写为:

$$P_t = B_t + \sum_{i=1}^{\infty} \frac{E_{t+i} - r_{gls} B_{t+i-1}}{(1+r_{gls})^i} = B_t + \sum_{i=1}^{\infty} \frac{(\text{FROE}_{t+i} - r_{gls}) B_{t+i-1}}{(1+r_{gls})^i} \qquad (12.7)$$

其中,$\text{FROE}_{t+i} = \text{FEPS}_{t+i}/B_{t+i-1}$,表示预期净资产收益率;$B_t$ 为每股账面价值,FEPS_{t+i} 为预期每股盈余,E 为净利润,r_{gls} 为权益资本成本。

假设在 T 期后,公司的长期增长率为 0,则式(12.7)可以改写为:

$$P_t = B_t + \sum_{i=1}^{T} \frac{E_{t+i} - r_{gls} B_{t+i-1}}{(1+r_{gls})^i} + \sum_{i=T+1}^{\infty} \frac{(\text{FROE}_{t+i} - r_{gls}) B_{t+i-1}}{(1+r_{gls})^i} \qquad (12.8)$$

GLS 模型中,取 $T=12$,划分为两个阶段:前 3 年可以利用分析师预测作为预期净资产收益率的估计;随后 9 年,假设公司的净资产收益率线性收敛于一个均衡的行业净资产收益率——行业过去 10 年的净资产收益率的中位数。在随后的期间,假设公司零增长,收益率稳定为均衡的行业净资产收益率。

$$P_t = B_t + \sum_{i=1}^{3} \frac{(\text{FROE}_{t+i} - r_{\text{gls}})B_{t+i-1}}{(1+r_{\text{gls}})^i} +$$

$$\sum_{\lambda=1}^{12} \frac{\{[\text{FROE}_{t+3} - (\lambda-3)(\text{FROE}_{t+3} - \text{IROE})/9] - r_{\text{gls}}\}B_{t+\lambda-1}}{(1+r_{\text{gls}})^\lambda} + \frac{(\text{IROE} - r_{\text{gls}})B_{t+1}}{r_{\text{gls}}(1+r_{\text{gls}})^{12}}$$

(12.9)

其中，$\text{FROE}_{t+i} = \text{FEPS}_{t+i}/B_{t+i-1}$，$B_{t+i} = B_{t+i-1} + \text{FROE}_{t+i}B_{t+i-1}(1-\text{pout}_{t+i})$，$B_t$的估计遵循净剩余关系，$\text{pout}_{t+1}$为预期的股利支付率，IROE 为行业净资产收益率。

（二）OJ 模型

基于 Ohlson and Juettner-Nauroth(2005)构建的 OJ 模型如下：

$$r_{\text{OJ}} = A + \sqrt{A^2 + (\text{EPS}_1/P_0) \times [g_2 - (\gamma - 1)]} \tag{12.10}$$

其中，r_{OJ}为计算所得的权益资本成本；$\gamma = \lim_{t \to \infty} \frac{\text{EPS}_{t+1}}{\text{EPS}_t} = g_p + 1$，为长期盈余增长率；$A = (\gamma - 1 + \text{DPS}_1/P_0)/2$，$g_2 = (\text{EPS}_2 - \text{EPS}_1)/\text{EPS}_1$，$\text{EPS}_t$为预测的未来 t 期的每股盈余，EPS_2和 EPS_1分别为预测的未来两期和未来一期的每股盈余，DPS_1为预测的未来一期的每股股利；P_0为年收盘价，即当前价格。

（三）PEG 模型

在 OJ 模型中，假设长期盈余增长率和下期每股股利为 0，并且短期每股盈余增长率为正，则得到 PEG 模型(Easton,2004)如下：

$$r_{\text{PEG}} = (\text{EPS}_2 - \text{EPS}_1)/P_0 \tag{12.11}$$

其中，r_{PEG}为计算所得的权益资本成本，EPS_2和 EPS_1分别为预测的未来两期和未来一期的每股盈余，P_0为当前价格。

（四）MPEG 模型

Easton(2004)基于市盈率和市盈增长率构建的 MPEG 模型如下：

$$r_{\text{MPEG}} = \sqrt{(\text{EPS}_2 + r_{\text{MPEG}} \times \text{DPS}_1 - \text{EPS}_1)/P_0} \tag{12.12}$$

其中，r_{MPEG}为计算所得的权益资本成本，EPS_2和 EPS_1分别为预测的未来两期和未来一期的每股盈余，DPS_1为预测的未来一期的每股股利，P_0为年收盘价（即当前价格）。

三、运用 Stata 计算隐含权益资本成本

我们以 2007—2021 年所有 A 股上市公司为样本计算权益资本成本。为计算 2007 年的预测盈余，需下载 1998 年及以后的公司数据。在计算隐含权益资本成本之前，我们先估计未来盈余，这里使用回归模型(Hou et al.,2012)和分析师预测两种方法来估计未来盈余。

（一）估计预测盈余

1. 利用模型估计预测盈余

（1）模型及变量定义。参考 Hou et al.(2012) 的方法，使用过去 10 年的数据估计以下混合截面回归模型：

$$EARNING_{j,t+\tau} = \beta_0 + \beta_1 MV_{j,t} + \beta_2 TA_{j,t} + \beta_3 DIV_{j,t} + \beta_4 DD_{j,t} + \beta_5 EARNING_{j,t} + \beta_6 NEG_{j,t} + \beta_7 REC_{j,t} + \varepsilon_{j,t}$$

其中，$EARNING_{j,t+\tau}$ 为公司 j 第 $t+\tau$ 年（$\tau=1,2,\cdots,10$）的净利润，$MV_{j,t}$ 为公司 j 第 t 年的市值，$TA_{j,t}$ 为公司 j 第 t 年的总资产，$DIV_{j,t}$ 为公司 j 第 t 年支付的每股税前现金股利，$DD_{j,t}$ 为是否支付股利的哑变量，$NEG_{j,t}$ 为是否亏损的哑变量，$REC_{j,t}$ 为公司 j 第 t 年的经营性应计利润。为缓解极端值的影响，对所有连续变量在 1% 和 99% 水平进行分年度缩尾处理。

（2）代码为：

```
ssc install rolling2     //需安装 rolling2 用于滚动回归（rolling2 适用于
                         混合截面模型）
clear
cd F:\权益资本成本计算代码\数据
use data,clear
winsor2 EARNING MV TA DIV REC,cut(1 99) replace by(year)        //对模型
    中所有连续变量在 1% 和 99% 水平进行分年度缩尾处理

    #生成 t 期后 1—5 年的盈余
xtset stkcd year
gen F1_EARNING = f1.EARNING
gen F2_EARNING = f2.EARNING
gen F3_EARNING = f3.EARNING
gen F4_EARNING = f4.EARNING
gen F5_EARNING = f5.EARNING
save NEWdata,replace

    #使用过去 10 年的解释变量数据进行滚动回归，获得预测盈余（EARNING）
forvalue i = 1/5 {
use NEWdata,clear
preserve     //rolling2 会将估计结果输出到新的内存中，用 preserve 可以将原
    始数据保存在一个临时内存，之后再用 restore 恢复
```

```
rolling2 _b _se e(r2), window(10) onepanel: regress F`i'_EARNING MV
TA DIV DD EARNING NEG REC
rename _b_* _b_*`i'
rename _eq2_stat_1 R_sq`i'
rename end year
sort year
save rF`i'_EARNING,replace
restore
sort year
merge m:1 year using rF`i'_EARNING
gen rF`i'_EARNING = _b_MV`i'*MV+_b_TA`i'*TA+_b_DIV`i'*DIV+_b_DD`i'
*DD   ///
    +_b_EARNING`i'*EARNING+_b_NEG`i'*NEG+_b_REC`i'*REC+_b_cons`i'
gen rF`i'_EPS = rF`i'_EARNING/(EARNING/eps)    //生成预测的每股盈余EPS
drop _b_* _se_*
drop _merge
save NEWdata,replace
}

    #生成预测的每股股利(DPS)
forvalue i = 1/5 {
gen F`i'_DPS = rF`i'_EPS*(DIV/eps)
lab var F`i'_DPS "t+`i'期每股股利"
save NEWdata,replace
}
drop if year<2007
save NEWdata,replace
```

2. 利用分析师预测估计盈余

（1）变量定义。Ryear 为盈余公告报告年度；Fyear 为盈余预测年度；mFEPS 为公司 i 第 t 年多个分析师预测值的均值；mFROE 为公司 i 第 t 年 ROE 预测值的均值；cover 为公司 i 第 t 年有多少个分析师团队的预测值。

（2）代码为：

```
clear
cd F:\权益资本成本计算代码\数据
```

```
use Analyst,clear
gen Ryear=year(date(报告日期,"YMD"))        //生成盈余公告报告年度
gen Fyear=year(date(预测终止日,"YMD"))      //生成盈余预测年度
drop if FEPS==.                            //删除每股盈余预测值缺失的观测值
collapse (mean) mFEPS=FEPS mFROE=FROE (count) cover=FEPS, by
(stkcd Ryear Fyear)     //通常而言,当一家公司存在多个预测值时,可取均值或
   中位数,此处取均值
sort stkcd Ryear Fyear
gen gap=Fyear-Ryear
drop if gap<=0          //删除分析师预测年份超过年报发布年份的样本
reshape wide mFEPS mFROE Fyear cover,i(stkcd Ryear) j(gap)
rename Ryear year
```

合并当年每股盈余和每股股利数据以计算股利支付率,并根据预测盈余(EPS)及股利支付率计算预测股利(DPS)。

```
merge 1:1 stkcd year using "F:\权益资本成本计算代码\数据\data.dta"
keep if _m==3
drop _m
forvalue i = 1/5 {
gen mFDPS`i'=mFEPS`i'*(DIV/eps)
lab var mFDPS`i' "t+`i'期每股股利"
save AnalystForecast,replace
}
```

(二) 计算权益资本成本

1. OJ模型

```
cd F:\权益资本成本计算代码\数据
use NEWdata,clear    //利用模型估计得到的每股盈余数据
gen g2=(rF2_EPS-rF1_EPS)/rF1_EPS
gen v=NRR-0.03        //v 代表 γ-1,为长期增长率,参考沈红波(2007)的方法;NRR
   为年度无风险利率,考虑通货膨胀因素减去 0.03。也有部分研究直接令 γ-1 为 0.05
   进行计算
gen A=(v+F1_DPS/P0)/2
gen RE_OJM=.
```

```
mata
mata clear
M=J(1,1,.)
st_view(M,.,"RE_OJM P0 A rF1_EP1 g2 v")
function y(RE_OJM P0 A rF1_EP1 g2 v) {
return(RE_OJM-A-sqrt(A^2+(rF1_EP1/P0)*(g2-v)))
}
for (i = 1;i <= rows(M);i++) {
r=mm_root(RE_OJM =., &y(), 0, 1, 1e-9, 1000, M[i,2], M[i,3], M[i,4], M[i,5], M[i,6])
M[i,1] = RE_OJM
}
end
drop if RE_OJM = = .         //剔除缺失值
save OJM,replace
```

2. PEG 模型

```
cd F:\权益资本成本计算代码\数据
use NEWdata,clear      //利用模型估计得到的每股盈余数据
gen RE_PEG=sqrt((rF2_EPS-rF1_EPS)/P0)
drop if RE_PEG= =.     //剔除缺失值
save PEG, replace
```

3. MPEG 模型

（1）方法一：利用 mata 语言求解隐性非线性方程。

```
ssc install moremata, replace     //安装 moremata 程序包,获取 mm_root 函数
cd F:\权益资本成本计算代码\数据
use NEWdata,clear   //利用模型估计得到的每股盈余数据
g RE_MPEG=.   //生成 RE_MPEG
mata
mata clear   //RE_MPEG 的解用到矩阵
M=J(1,1,.)   //生成缺失值矩阵
st_view(M,.,"RE_MPEG P0 F1_DPS rF1_EPS rF2_EPS")    //将观测值代入矩阵
function y(RE_MPEG,P0,F1_DPS,rF1_EPS,rF2_EPS) {
return(RE_MPEG^2-RE_MPEG*(F1_DPS/P0)-(rF2_EPS-rF1_EPS)/P0)   //设
```

定隐性函数形式

```
}
for (i = 1;i <= rows(M);i++) {
r = mm_root(RE_MPEG =.,&y(),0,1,1e-9,1000,M[i,2],M[i,3],M[i,4],
M[i,5])   //逐行求解未知变量
M[i,1] = RE_MPEG
}
end
drop if RE_MPEG==.  //剔除缺失值
save MPEG1,replace
```

(2) 方法二:插值法。

求解思路:令 RE_MPEG 为 i,则 P0=(rF2_EPS-rF1_EPS+F1_DPS*i)*(i^(-2))。

```
use NEWdata,clear
gen i = 0.1
gen y = (rF2_EPS-rF1_EPS+F1_DPS*i)*(i^(-2))
gen x = y-P0
forvalues v = 1/500{
    replace y = (rF2_EPS-rF1_EPS+F1_DPS*i)*(i^(-2))
    replace x = y-P0
    replace i = i+0.0001 if x>0.01
    replace i = i-0.0001 if x<-0.01
}
rename i RE_MPEG
drop x y
drop if RE_MPEG==.  //剔除缺失值
save MPEG2,replace
```

第四节 股价崩盘风险模型

一、股价崩盘风险概述

股价崩盘是学术界对资本市场股票价格"暴跌"现象的一种总结。股价崩盘的产生源自被隐瞒的坏消息的集中释放。Hong and Stein(2003)认为,卖空限制将导致对市场前

景持有负面看法的投资者无法表达意见,从而导致信息被隐瞒,而当市场行情下行时,原先隐瞒的坏信息集中释放,就会引起股价崩盘。Jin and Myers(2006)基于代理理论构建了一个信息结构模型,对股价暴跌发生的原因进行了解析。他们认为,企业内部人有动机和能力隐瞒坏信息,一旦坏信息的累积超过阈值,其就会集中释放并导致股价暴跌。

由此,学者们从企业内部人隐瞒坏消息的动机、市场如何提早发现被隐瞒的坏消息、什么样的机制能够限制内部人隐瞒坏消息的行为等几个角度切入,对股价崩盘风险的产生机制进行了研究。

第一,股价崩盘源于企业内部人为了谋求私利、维护职业生涯前景等动机隐瞒坏消息的行为(Kothari et al.,2009)。企业内部人隐瞒坏消息的途径有多种,包括避税(Kim et al.,2011)、在职消费(Xu et al.,2014)、过度投资(江轩宇和许年行,2015)等。此外,分析师的乐观偏差以及羊群效应等外部因素也会激化股价崩盘风险(许年行等,2012;许年行等,2013)。

第二,信息不对称是股价崩盘发生的重要前提,信息透明度(尤其是财务报表透明度)是股价崩盘的关键影响因素(Jin and Myers,2006;Hutton et al.,2009;潘越等,2011;Ni and Zhu,2016)。

第三,制约企业内部人隐瞒坏消息的内部、外部治理机制,对股价崩盘程度有着重要影响。现有研究发现,一些公司治理机制能够有效降低股价崩盘风险,包括分析师和机构投资者的外部监督(潘越等,2011;Callen and Fang,2015)、企业内部控制(叶康涛等,2015)、社会信任(Li et al.,2017)等。

二、股价崩盘风险的度量

现有文献主要采用两个基于股票周收益率的指标来度量企业的股价崩盘风险(Chen et al.,2001;Jin and Myers,2006;Hutton et al.,2009;Kim et al.,2011;许年行等,2012)。这两个指标分别是负收益偏态系数(NCSKEW)和收益上下波动比率(DUVOL)。

为了计算上述两个指标,需要通过估计以下模型计算股票的特有收益率:

$$R_{i,t} = \alpha_0 + \alpha_1 R_{m,t-2} + \alpha_2 R_{m,t-1} + \alpha_3 R_{m,t} + \alpha_4 R_{m,t+1} + \alpha_5 R_{m,t+2} + \varepsilon_{i,t} \quad (12.13)$$

其中,$R_{i,t}$为股票i第t周考虑现金红利再投资的收益率,$R_{m,t}$为 A 股所有股票第t周经流通股市值加权的平均收益率。股票i第t周的公司特有收益为$W_{i,t} = \text{Ln}(1 + \varepsilon_{i,t})$,其中$\varepsilon_{i,t}$为回归方程(12.13)的残差。

基于$W_{i,t}$构造负收益偏态系数和收益上下波动比率两个变量。

1. 负收益偏态系数(NCSKEW)

$$\text{NCSKEW}_{i,y} = -\left[n(n-1)^{3/2} \sum W_{i,t}^3\right] \Big/ \left[(n-1)(n-2)\left(\sum W_{i,t}^2\right)^{3/2}\right] \quad (12.14)$$

其中,n为每年股票i的交易周数,y为年份,t为周。NCSKEW 的数值越大,表示偏态系数负向程度越严重,股价崩盘风险越大。

2. 收益上下波动比率(DUVOL)

$$\text{DUVOL}_{i,y} = \log\left\{\left[(n_u - 1)\sum_{\text{DOWN}} W_{i,t}^2\right] \Big/ \left[(n_d - 1)\sum_{\text{UP}} W_{i,t}^2\right]\right\} \quad (12.15)$$

其中,$n_u(n_d)$ 为股票 i 的周特有收益率 $W_{i,t}$ 大于(小于)年平均收益率 W_i 的周数。DUVOL 的数值越大,表示收益率分布越倾向于左偏,股价崩盘风险越大。

三、运用 Stata 计算股价崩盘风险指标

我们以 2015—2016 年所有 A 股上市公司为样本计算权益资本成本,原始数据包括股票代码、年份、日期、周个股收益率、周市场收益率等变量,变量具体定义如表 12.5 所示。

表 12.5 股价崩盘风险变量定义

变量	变量解释
Stkcd	股票代码
year	年份
date	日期
Wkret	考虑现金红利再投资的周个股收益率
Wrettmv	经流通股市值加权的周市场收益率

1. 准备工作

```
gen week=wofd(date)      //生成日期对应的周数
format week %tw
xtset Stkcd week
```

2. 生成滞后项和前推项

```
gen lag2_Wrettmv = l2.Wrettmv
gen lag1_Wrettmv = l1.Wrettmv
gen fwd1_Wrettmv = f1.Wrettmv
gen fwd2_Wrettmv = f2.Wrettmv
drop if Wkret = = .
bysort Stkcd year:egen n = count(year)
drop if n<30      //剔除交易周数不足 30 的样本
```

3. 计算个股周特有收益率

```
egen g=group(Stkcd year)      //按股票代码和年份进行分组
```

```
sum g
g e=.     //生成新变量e,用于储存分组回归的残差
```

以下程序中的 4490 为组数,按股票年份进行分组回归。

```
forv g=1/4490 {
qui reg Wkret lag2_Wrettmv lag1_Wrettmv Wrettmv fwd1_Wrettmv fwd2_
Wrettmv if g==`g'
predict rs if e(sample), r
replace e=rs if e(sample)
drop rs
}
gen w =ln(1+e)
```

4. 计算负收益偏态系数(NCSKEW)

```
bysort Stkcd year:egen sum_w3=sum(w^3)
bysort Stkcd year:egen sum_w2=sum(w^2)
gen NCSKEW= -[n*(n-1)^(3/2)*sum_w3]/[(n-1)*(n-2)*(sum_w2)^(3/2)]
sum NCSKEW
```

5. 计算收益上下波动比率(DUVOL)

```
bys Stkcd year:egen w_mean=mean(w)
gen w_delt = w-w_mean
gen up=1 if w_delt >0
replace up=0 if w==.
gen down=1 if w_delt <0
replace down=0 if w==.
bysort Stkcd year:egen n_up =sum(up)
bysort Stkcd year:egen n_down =sum(down)
gen w_down=0
replace w_down= w if down==1
gen w_up=0
replace w_up= w if up==1
bysort Stkcd year:egen sum_w_dowm2=sum(w_down ^2)
bysort Stkcd year:egen sum_w_up2=sum(w_up ^2)
```

```
gen DUVOL = ln([(n_up-1)*sum_w_dowm2]/[(n_down-1)*(sum_w_up2)])
sum DUVOL
```

6. 保存股价崩盘风险数据

```
duplicates drop Stkcd year,force
drop date Wkret Wrettmv lag2_Wrettmv lag1_Wrettmv fwd1_Wrettmv
    fwd2_Wrettmv n e w sum_w3 sum_w2 w_mean w_delt n_up n_down w_
    down w_up sum_w_dowm2 sum_w_up2 week g up down
save crash_risk
```

思考与练习

1. 了解 Fama-French 三因子模型,并利用中国市场数据估计 Fama-French 三因子模型。

2. Fama-French 五因子模型在中国资本市场的适用性如何?

3. 比较不同隐含权益资本成本模型的优缺点。

4. 在估计权益资本成本或者股票预期收益率方面,Fama-French 模型和隐含权益资本成本模型的有效性分别如何? 如何检验?

5. 利用本章介绍的方法计算 2010—2022 年 A 股上市公司股价崩盘风险,并分析其时间变化趋势。

参考文献

江轩宇,许年行,2015.企业过度投资与股价崩盘风险[J].金融研究(8):141-158.

潘越,戴亦一,林超群,2011.信息不透明、分析师关注与个股暴跌风险[J].金融研究(12):138-151.

沈红波,2007.市场分割、跨境上市与预期资金成本:来自 Ohlson-Juettner 模型的经验证据[J].金融研究(2):146-155.

许年行,江轩宇,伊志宏,等,2012.分析师利益冲突、乐观偏差与股价崩盘风险[J].经济研究(7):127-140.

许年行,于上尧,伊志宏,2013.机构投资者羊群行为与股价崩盘风险[J].管理世界(2):31-43.

叶康涛,曹丰,王化成,2015.内部控制信息披露能够降低股价崩盘风险吗[J].金融研究(2):192-206.

Callen J L, Fang X, 2015. Religion and stock price crash risk[J]. Journal of Financial & Quantitative Analysis, 50(2): 169-195.

Chen J, Hong H, Stein J C, 2001. Forecasting crashes: Trading volume, past returns, and conditional skewness in stock prices[J]. Journal of Financial Economics, 61(3): 345-381.

Easton P D, 2004. PE ratios, peg ratios, and estimating the implied expected rate of return on equity capital[J]. The Accounting Review, 79(1): 73-95.

Elton E J, Gruber M J, Blake C R, 1999. Common factors in active and passive portfolios[J]. Review of Finance, 3(1): 53-78.

Fama E F, French K R, 2015. A five-factor asset pricing model[J]. Journal of Financial Economics, 116(1): 1-22.

Fama E F, French K R, 1997. Industry costs of equity[J]. Journal of Financial Economics, 43(2): 153-193.

Fama E, French K R, 1993. Common risk factors in the returns on stocks and bonds[J]. Journal of Financial Economics, 33(1): 3-56.

Gebhardt W R, Lee C M C, Swaminathan B, 2001. Toward an implied cost of capital[J]. Journal of Accounting Research, 39(1): 135-176.

Hong H, Stein J C, 2003. Differences of opinion, short-sales constraints, and market crashes[J]. The Review of Financial Studies, 16(2): 487-525.

Hou K, Dijk M, Zhang Y, 2012. The implied cost of capital: A new approach[J]. Journal of Accounting & Economics, 53(3): 504-526.

Hutton A P, Marcus A J, Tehranian H, 2009. Opaque financial reports, R2, and crash risk[J]. Journal of Financial Economics, 94(1): 67-86.

Jin L, Myers S C, 2006. R2 around the world: New theory and new tests[J]. Journal of Financial Economics, 79(2): 257-292.

Kim J B, Li Y, Zhang L, 2011. Corporate tax avoidance and stock price crash risk: Firm-Level analysis[J]. Journal of Financial Economics, 100(3): 639-662.

Kothari S P, Shu S, Wysocki P D, 2009. Do managers withhold bad news[J]. Journal of Accounting Research, 47(1): 241-276.

Li X, Wang S S, Wang X, 2017. Trust and stock price crash risk: Evidence from China[J]. Journal of Banking & Finance, 76(C): 74-91.

Ni X, Zhu W, 2016. Short-sales and stock price crash risk: Evidence from an emerging market[J]. Economics Letters, 144(7): 22-24.

Ohlson J A, Juettner-Nauroth B E, 2005. Expected EPS and EPS growth as determinants of value[J]. Review of Accounting Studies, 10(2): 349-365.

Sharpe W F, 1964. Capital asset prices: A theory of market equilibrium under conditions of risk[J]. Journal of Finance, 19(3): 425-442.

William F S, 1978. Bank capital adequacy, deposit insurance and security values[J]. Journal of Financial and Quantitative Analysis, 13(4): 701-718.

Xu N, Li X, Yuan Q, et al., 2014. Excess perks and stock price crash risk: Evidence from China[J]. Journal of Corporate Finance, 25(1): 419-434.

附录　一项研究成果的程序代码示例

唐雪松,蒋心怡,雷啸,2019.会计信息可比性与高管薪酬契约有效性[J].会计研究(1)：37-44.

摘要：会计信息在高管激励契约中的作用历来是理论与实务关注的重要问题。本文以 2006—2016 年我国上市公司为对象,研究会计信息可比性与高管薪酬契约有效性之间的关系,结果发现会计信息可比性与公司高管薪酬—业绩敏感度之间存在显著正相关关系。与国有企业相比,会计信息可比性对薪酬契约有效性的影响在非国有企业中更为显著。进一步分析发现,会计信息可比性与高管薪酬—业绩敏感度之间的正相关关系在信息复杂程度较高、内部控制质量较差、外部监督较弱的企业中更为显著。总体而言,本文的研究结果表明会计信息可比性特征对薪酬契约有效性具有重要影响。

一、STATA 程序

```
clear all
global pathall "D:\可比性论文"        //定义文件夹
global path1 "$pathall\原始数据"      //定义文件夹
global path2 "$pathall\data"          //定义文件夹
```

1. 计算会计信息可比性[①]

1.1　原始数据处理

1.1.1　季度利润表

```
cd "$pathall"      //指定文件夹
```

[①] 数据来源为 RESSET 锐思数据库,原因是 CSMAR 没有"季度股票收益率"的数据。

```
forvalues n=1/5 {
import excel 原始数据\QIS`n'.xls, sheet("QIS") case(lower) clear
foreach var of varlist * {
label variable `var' "`=`var'[1]'"
}
drop in 1
keep A-O BV BW
count
save data\季度利润表`n',replace
}

use data\季度利润表5.dta, clear
forvalues n=1/4 {
append using data\季度利润表`n'
}
count
save data\季度利润表,replace

use data\季度利润表.dta, clear
keep if strmatch(C,"A*")
tab C
destring O, replace
keep if O==99
keep if L=="1"
gen fydate=date(G,"DMY")
format   fydate %td
gen month=month(fydate)
gen year=year(fydate)
gen day=day(fydate)
drop if month==3 & day!=31
drop if month==6 & day!=30
drop if month==9 & day!=30
drop if month==12 & day!=31
destring, replace
```

```
gen stkcd=D
sort stkcd year month
keep if M==0
drop if year>2016
dis "剔除B股、新三板、非A股"
drop if stkcd>=700000
drop if stkcd>=400000 & stkcd<600000
drop if stkcd>=200000 & stkcd<300000
dis "剔除季度数据缺失的样本"
sort stkcd year month
by stkcd year, sort: gen event=_N
tab event
drop if event<4
tab month
tab year
keep BV-stkcd
save data\季度净利润.dta, replace
```

1.1.2 季度股票收益率

```
cd "$pathall"     //指定文件夹


forvalues n=1/3 {
import excel 原始数据\QRESSTK`n'.xls, sheet("QRESSTK") case(lower) clear
foreach var of varlist * {
label variable `var' "`=`var'[1]'"
}
drop in 1
count
save data\季度收益率`n',replace
}


use data\季度收益率3.dta, clear
forvalues n=1/2 {
```

```
    append using data\季度收益率`n'
    }
count
save data\季度收益率,replace

use data\季度收益率.dta,clear
keep C H I J U V W AB
gen fydate=date(I,"DMY")
gen stkcd=C
format  fydate %td
destring, replace
sort stkcd fydate
gen year=year(fydate)
gen month=month(fydate)
gen day=day(fydate)
keep if month==3 |month==6 |month==9 |month==12
tab year
drop if year>2016
dis "剔除金融业"
gen industry=H
drop if strmatch(industry,"*J*")
replace industry=substr(industry,1,1) if substr(industry,1,1)!="C"
replace industry=substr(industry,1,2) if substr(industry,1,1)=="C"
encode industry,gen(ind)
sort stkcd year month
duplicates drop stkcd year month, force
dis "剔除收益率缺失的样本"
by stkcd year, sort: gen event=_N
tab event
drop if event<4
tab month
tab day
```

```
tab year
destring, replace
sort stkcd fydate
by stkcd, sort: gen n = _N
sort stkcd n
xtset stkcd n
gen mv = J * V
gen mv_open = l.mv
gen ret = AB
drop C H I
save data\季度股票收益率.dta, replace
```

1.2 计算会计信息可比性

1.2.1 样本筛选[①]

```
cd "$pathall"        //指定文件夹
use data\季度净利润.dta, clear
destring, replace
merge 1:1 stkcd year month using data\季度股票收益率.dta
drop if _merge! = 3
drop _merge
tab month
tab year
dis "变量定义:胥朝阳(2014)"
dis "earnings = 季度净利润/期初权益市场价值"
gen earnings = BV/mv_open
gen neg = (ret<0)
gen neg_ret = neg * ret

dis "剔除缺失值"
drop if missing(earnings, ret, neg, neg_ret)

dis "剔除季度缺失的样本"
```

[①] 江轩宇等(2017)。

```
by stkcd year, sort: drop if _N<4

tab year
drop if year<2002
save data\可比性回归前.dta, replace

dis "把每一个 t 的分开处理"
forvalues n=2006/2016 {
use data\可比性回归前.dta, clear
drop if year>`n'
drop if year<`n'-3
tab month
tab year
sort stkcd year month
save data\可比性_1_t`n'.dta, replace
}
.

dis "剔除不够16个季度的"
forvalues n=2006/2016 {
use data\可比性_1_t`n'.dta, clear
sort stkcd year month
by stkcd: gen count=_N
tab count
keep if count==16
tab month
tab year
save data\可比性_2_t`n'.dta, replace
}
.

dis "剔除过去16个季度变换行业的"
dis "剔除行业公司数目不足5个的"
forvalues n=2006/2016 {
```

```
use data\可比性_2_t`n'.dta, clear
drop count
sort stkcd
by stkcd industry,sort: gen count =_N
tab count
keep if count = =16
tab month
tab year
drop count
sort industry
by industry,sort: gen count =_N
tab count   //16*5=80
drop if count<80
tab month
tab year
sort stkcd fydate
save data\可比性_3_t`n'.dta, replace
}
.
```

1.2.2 利用公司 i 第 t 年年末前连续 16 个季度的数据,估计模型(1)

```
dis "对每一个公司 i 回归,求出系数"
forvalues n=2006/2016 {
use data\可比性_3_t`n'.dta, clear
sort stkcd year month
egen group_id=group(stkcd)
sort group_id
gen a=.
gen b=.
gen c=.
gen d=.
sum group_id
forvalues i=1(1)`r(max)' {
noisily reg earnings ret neg neg_ret if group_id = =`i'
replace a=_b[_cons] if group_id = =`i'
```

```
replace b = _b[ret] if group_id = = `i'
replace c = _b[neg] if group_id = = `i'
replace d = _b[neg_ret] if group_id = = `i'
}
save data\可比性_4_t`n'.dta, replace
}
```

1.2.3 分别用公司 i 和公司 j 的回归系数计算预期盈余

```
dis "为了便于计算,对每一个 t 每一个行业分组"
forvalues n = 2006/2016 {
forvalues k = 1/21 {
use data\可比性_4_t`n'.dta, clear
keep if ind = = `k'
save data\可比性_5_t`n'_ind`k'.dta, replace
}
}

dis _col(4)"公司年度可比性" _Newline " " _Newline_col(4)" = =开始 = ="
forvalues n = 2006/2016 {
forvalues k = 1/21 {
use data\可比性_5_t`n'_ind`k'.dta, clear
capture {
sort stkcd year month
drop group_id
egen group_id = group(stkcd)
sum group_id
scalar max = r(max)
forvalues i = 1/`=scalar(max)' {
gen a`i' = a if group_id = = `i'
gen b`i' = b if group_id = = `i'
gen c`i' = c if group_id = = `i'
gen d`i' = d if group_id = = `i'
egen aa`i' = max(a`i')
egen bb`i' = max(b`i')
egen cc`i' = max(c`i')
```

```stata
egen dd`i'=max(d`i')
}
forvalues i = 1/`=scalar(max)' {
drop a`i' b`i' c`i' d`i'
}
forvalues i = 1/`=scalar(max)' {
gen yhat`i' = aa`i' + bb`i' * ret + cc`i' * neg + dd`i' * neg_ret
}
gen yhat = .
forvalues i = 1/`=scalar(max)' {
replace yhat=yhat`i' if group_id==`i'
}
forvalues i = 1/`=scalar(max)' {
gen dif`i'=abs(yhat-yhat`i')
}
forvalues i = 1/`=scalar(max)' {
sort stkcd year month
by stkcd, sort: egen sum`i'=sum(dif`i')
gen comp`i'=-1/16 * sum`i'
}
su year
scalar myear=r(max)
keep if year==`=scalar(myear)' & month==12
keep stkcd year industry ind group_id comp*
sum group_id
scalar max = r(max)
forvalues i = 1/`=scalar(max)' {
replace comp`i'=. if comp`i'==0
}
egen compaccind=rowmedian(comp1-comp`=scalar(max)')    //用于稳健性检验的可比性指标compaccind
egen comp_max1=rowmax(comp1-comp`=scalar(max)')
forvalues i = 1/`=scalar(max)' {
replace comp`i'=. if comp`i'==comp_max1
}
```

```
egen comp_max2 = rowmax(comp1-comp`=scalar(max)')
forvalues i = 1/`=scalar(max)' {
replace comp`i' = . if comp`i' = = comp_max2
}
egen comp_max3 = rowmax(comp1-comp`=scalar(max)')
forvalues i = 1/`=scalar(max)' {
replace comp`i' = . if comp`i' = = comp_max3
}
egen comp_max4 = rowmax(comp1-comp`=scalar(max)')
gen compacc4 = (comp_max1+comp_max2+comp_max3+comp_max4)/4
//公司年度可比性指标compacc4

keep stkcd year industry ind compaccind compacc4
egen group_id = group(stkcd)
su group_id
scalar max = r(max)
drop if `=scalar(max)'<5
}
save data\公司年度可比性_t`n'_ind`k'.dta, replace
}
}
use data\公司年度可比性_t2006_ind1.dta, clear
drop _all
forvalues n = 2006/2016 {
forvalues k = 1/21 {
append using data\公司年度可比性_t`n'_ind`k'.dta
count
}
}
tab year
keep stkcd year comp* industry ind
save data\公司年度可比性.dta, replace
dis _col(4) "公司年度可比性" _Newline " " _Newline _col(4) "= = 结束= ="
```

2. 其他变量[①]

2.1 高管薪酬

```
clear all
cd "$path1"         //指定文件夹

import excel "$path1\公司治理\CG_Ybasic.xls", sheet("CG_Ybasic") firstrow ///
case(lower) clear
foreach var of varlist _all {
label variable `var' "`=`var'[1]'"
}
drop if _N==1 | _N==2

keep stkcd reptdt y1001b y1101a y1101b excuhldn mngmhldn y1501c y1501d y1501e
gen year=substr(reptdt,1,4)
destring, replace

su y1101a
drop reptdt
sort stkcd year
xtset stkcd year
gen lnpay=ln(y1501e)       //高管前三名薪酬总额
gen lnpay_robust=ln(y1501c)    //董事、监事及高管前三名薪酬总额
replace lnpay_robust=lnpay if lnpay_robust==.
gen dlnpay=lnpay-l.lnpay
gen dlnpay_robust=lnpay_robust-l.lnpay_robust
save $path2\高管薪酬.dta, replace
```

2.2 财务报表

2.2.1 导入原始数据

```
clear all
cd "$path1\资产负债表"          //指定文件夹
```

[①] 数据来源为 CSMAR，从 CSMAR 下载 xls 格式的数据，将压缩包解压至"原始数据"文件夹。

```
xls2dta
fs *.dta
foreach f in `r(files)' {
use `f', clear
foreach var of varlist _all {
rename `var' `=`var'[1]'
}
foreach var of varlist _all {
label variable `var' "`=`var'[2]'"
}
drop in 1/3
save, replace
}
.
clear all
fs *.dta
foreach f in `r(files)' {
append using `f'
}
rename _all, lower
save "$path2\资产负债表.dta", replace

clear all
cd "$path1\利润表"
xls2dta
fs *.dta
foreach f in `r(files)' {
use `f', clear
foreach var of varlist _all {
rename `var' `=`var'[1]'
}
foreach var of varlist _all {
label variable `var' "`=`var'[2]'"
}
```

```
drop in 1/3
save, replace
}
.
clear all
fs *.dta
foreach f in `r(files)' {
append using `f'
}
rename _all, lower
save "$path2\利润表.dta", replace

clear all
cd "$path1\现金流量表(直接法)"
xls2dta
fs *.dta
foreach f in `r(files)' {
use `f', clear
foreach var of varlist _all {
rename `var' `=`var'[1]'
}
foreach var of varlist _all {
label variable `var' "`=`var'[2]'"
}
drop in 1/3
save, replace
}
.
clear all
fs *.dta
foreach f in `r(files)' {
append using `f'
}
rename _all, lower
```

```
save "$path2\现金流量表(直接法).dta", replace

clear all
cd "$path1\现金流量表(间接法)"
xls2dta
fs *.dta
foreach f in `r(files)' {
use `f', clear
foreach var of varlist _all {
rename `var' `=`var'[1]'
}
foreach var of varlist _all {
label variable `var' "`=`var'[2]'"
}
drop in 1/3
save, replace
}

clear all
fs *.dta
foreach f in `r(files)' {
append using `f'
}
rename _all, lower
save "$path2\现金流量表(间接法).dta", replace
```

2.2.2 合并财务数据

```
cd "$path2"        //指定文件夹
use 资产负债表.dta, clear
gen fydate=date(accper,"YMD")
format  fydate %td
gen month=month(fydate)
gen year=year(fydate)
sort stkcd year
keep if month==12      //剔除季报
```

```stata
keep if typrep=="A"     //剔除母公司报表,保留合并报表
tab year
destring, replace
drop accper typrep fydate month
order a0*, after(year)
foreach var of varlist a* {
replace `var'=0 if `var'==.
}
drop if a001000000==0
save BS, replace


use 利润表.dta, clear
gen fydate=date(accper,"YMD")
format   fydate %td
gen month=month(fydate)
gen year=year(fydate)
sort stkcd year
keep if month==12     //剔除季报
keep if typrep=="A"     //剔除母公司报表,保留合并报表
tab year
destring, replace
drop accper typrep fydate month
order b*, after(year)
save IS.dta, replace


use 现金流量表(直接法).dta, clear
gen fydate=date(accper,"YMD")
format   fydate %td
gen month=month(fydate)
gen year=year(fydate)
sort stkcd year
keep if month==12     //剔除季报
keep if typrep=="A"     //剔除母公司报表,保留合并报表
tab year
```

```
destring,replace
drop accper typrep fydate month
order c*,after(year)
save CF_DIR.dta,replace


use BS.dta,clear
merge 1:1 stkcd year using IS.dta
keep if _merge!=2
drop _merge
merge 1:1 stkcd year using CF_DIR.dta
keep if _merge!=2
drop _merge
tab year
save 财务数据,replace
```

2.3 MB 市值账面比

```
clear all
cd "$path1\相对价值指标"         //指定文件夹


xls2dta
fs *.dta
foreach f in `r(files)' {
use `f',clear
foreach var of varlist _all {
rename `var' `=`var'[1]'
}
foreach var of varlist _all {
label variable `var' "`=`var'[2]'"
}
drop in 1/3
save,replace
}

clear all
fs *.dta
```

```
foreach f in `r(files)' {
append using `f'
}
rename _all, lower
keep stkcd accper f100801a f100901a
sort stkcd accper
gen year=substr(accper,1,4)
gen month=substr(accper,6,2)
destring, replace
keep if month==12
gsort stkcd year month
duplicates drop stkcd year, force
drop accper month
save "$path2\MB.dta", replace
```

2.4 SOE 产权性质

```
clear all
cd "$path1"     //指定文件夹
import excel 上市公司控制人文件\HLD_Contrshr.xls, sheet("HLD_Contrshr") firstrow case(lower) clear
foreach var of varlist _all {
label variable `var' "`=`var'[1]'"
}
drop if _N==1 | _N==2


gen fydate=date(reptdt,"YMD")
gen fyear=year(fydate)
gen month=month(fydate)
drop if missing(s0702b)
split s0702b, p(,)
destring, replace


gen state=(s0702b1==1100 | s0702b1==2000 | s0702b1==2100 | s0702b1==2120 | s0702b1==2500 | ///
```

s0702b2==1100 | s0702b2==2000 | s0702b2==2100 | s0702b2==2120 | s0702b2==2500 | ///
s0702b3==1100 | s0702b3==2000 | s0702b3==2100 | s0702b3==2120 | s0702b3==2500 | ///
s0702b4==1100 | s0702b4==2000 | s0702b4==2100 | s0702b4==2120 | s0702b4==2500 | ///
s0702b5==1100 | s0702b5==2000 | s0702b5==2100 | s0702b5==2120 | s0702b5==2500 | ///
s0702b6==1100 | s0702b6==2000 | s0702b6==2100 | s0702b6==2120 | s0702b6==2500 | ///
s0702b7==1100 | s0702b7==2000 | s0702b7==2100 | s0702b7==2120 | s0702b7==2500 | ///
s0702b8==1100 | s0702b8==2000 | s0702b8==2100 | s0702b8==2120 | s0702b8==2500 | ///
s0702b9==1100 | s0702b9==2000 | s0702b9==2100 | s0702b9==2120 | s0702b9==2500)

```
keep stkcd reptdt fyear state*
gsort stkcd fyear state
duplicates drop stkcd fyear, force
rename fyear year
save "$path2\SOE.dta", replace
```

2.5 First 第一大股东持股比例

```
clear all
cd "$path1\十大股东文件"        //指定文件夹
xls2dta
fs *.dta
foreach f in `r(files)' {
use `f', clear
foreach var of varlist _all {
rename `var' `=`var'[1]'
}
foreach var of varlist _all {
```

```
label variable `var' "`=`var'[2]'"
}
drop in 1/3
save, replace
}

clear all
fs *.dta
foreach f in `r(files)' {
append using `f'
}
rename _all, lower
keep if s0501b=="1"
gen fydate=date(reptdt,"YMD")
format   fydate %td
gen month=month(fydate)
gen year=year(fydate)
sort stkcd year
keep if month==12      // 剔除季报
destring, replace
gen first=s0301b/100
keep stkcd year first
order stkcd year first
save "$path2\FIRST.dta", replace
```

2.6 HB交叉上市

```
clear all
cd "$path2"
use 季度利润表.dta, clear
keep if strmatch(C,"A*")
tab C
destring O, replace
keep if O==99
keep if L=="1"
gen fydate=date(G,"DMY")
```

```
format fydate %td
gen month=month(fydate)
gen year=year(fydate)
gen day=day(fydate)
drop if month==3 & day!=31
drop if month==6 & day!=30
drop if month==9 & day!=30
drop if month==12 & day!=31
destring, replace
gen stkcd=D
sort stkcd year month
keep if M==0
drop if year>2016
dis "剔除B股、新三板、非A股"
drop if stkcd>=700000
drop if stkcd>=400000 & stkcd<600000
drop if stkcd>=200000 & stkcd<300000
dis "剔除季度数据缺失的样本"
sort stkcd year month
by stkcd year, sort: gen event=_N
tab event
drop if event<4
tab month
tab year
keep stkcd year month C
keep if month==12
tab C
gen hb=0
replace hb=1 if strmatch(C,"AB")
replace hb=1 if strmatch(C,"ABH")
replace hb=1 if strmatch(C,"AH")
tab year
keep stkcd year hb
sort stkcd year
```

```
duplicates drop stkcd year, force
save HB.dta, replace
```

2.7 East 所在地为中国东部 & 内部控制①

```
clear all
cd "$pathall"
import excel 原始数据\内部控制指数库.xls, sheet("内部控制指数库") clear
foreach var of varlist _all {
label variable `var' "`=`var'[1]'"
}
drop in 1
gen stkcd=substr(A,1,6)
gen year=F
gen icindex=C
tab E
gen province=substr(E,1,6)
tab province
replace province="广东" if strmatch(E,"*深圳*")
replace province="辽宁" if strmatch(E,"*大连*")
replace province="内蒙古" if strmatch(E,"*内蒙*")
replace province="福建" if strmatch(E,"*厦门*")
replace province="浙江" if strmatch(E,"*宁波*")
replace province="山东" if strmatch(E,"*青岛*")
replace province="黑龙江" if strmatch(E,"*黑龙*")
keep stkcd year icindex province
destring, replace
sort stkcd year
save data\内部控制.dta, replace
```

2.8 总股数

```
clear all
cd "$pathall"
```

---

① 数据来源：迪博。

```
use data\季度收益率.dta, clear
keep C H I J U V W AB
gen fydate=date(I,"DMY")
gen stkcd=C
format    fydate %td
destring, replace
sort stkcd fydate
gen year=year(fydate)
gen month=month(fydate)
gen day=day(fydate)
keep if month==12
tab year
drop if year>2016
sort stkcd year
duplicates drop stkcd year, force
keep stkcd year U
rename U fullshr
destring, replace
save data\总股数.dta, replace
```

2.9 滞后一期业绩[①]

```
clear all
cd "$pathall"
use data\财务数据.dta, clear
sort stkcd year
xtset stkcd year
keep stkcd year b001300000 b00200000 a00100000 a00300000
gen lagroa=l.b002000000/l.a001000000
gen lagroe=l.b002000000/l.a003000000
gen lagoroa=l.b001300000/l.a001000000
keep stkcd year lagroa lagroe lagoroa
save data\滞后一期业绩.dta, replace
```

---

① 用于差分模型。

3. 数据合并
3.1 数据合并

```
clear all
cd "$path2"

use 公司年度可比性.dta,clear
merge 1:1 stkcd year using 高管薪酬.dta
drop if _merge!=3
drop _merge
merge 1:1 stkcd year using 财务数据.dta
drop if _merge!=3
drop _merge
merge 1:1 stkcd year using MB.dta
drop if _merge!=3
drop _merge
merge 1:1 stkcd year using SOE.dta
drop if _merge!=3
drop _merge
merge 1:1 stkcd year using FIRST.dta
drop if _merge!=3
drop _merge
merge 1:1 stkcd year using HB.dta
drop if _merge!=3
drop _merge
merge 1:1 stkcd year using 内部控制.dta
drop if _merge!=3
drop _merge
merge 1:1 stkcd year using 总股数.dta
drop if _merge!=3
drop _merge
merge 1:1 stkcd year using 滞后一期业绩.dta
drop if _merge!=3
drop _merge
```

3.2 生成变量

```
tab province
tab year
sort stkcd year
```

3.2.1 生成业绩指标

```
gen roa=b002000000/a001000000
gen droa=roa-lagroa
gen roe=b002000000/a003000000
gen droe=roe-lagroe
gen oroa=b001300000/a001000000
gen doroa=oroa-lagoroa
```

3.2.2 生成其他控制变量

```
gen size=ln(a001000000)
gen lev=a002000000/a001000000
su f100901a
gen mb=f100901a
gen mfee=b001210000/b001100000
gen mshr=ln(1+excuhldn/fullshr)
gen board=ln(y1101a)
gen out=y1101b/y1101a
tab y1001b
gen dual=(y1001b==1)
gen east=0
replace east=1 if province=="北京" | province=="天津" | province=="河北"
replace east=1 if province=="辽宁" | province=="上海" | province=="江苏"
replace east=1 if province=="浙江" | province=="福建" | province=="山东"
replace east=1 if province=="广东" | province=="海南"
su first
```

```
foreach var of varlist lnpay dlnpay ///
    roa lagroa ///
    roe lagroe oroa lagoroa ///
    state first size lev mb mfee mshr ///
    board out dual east hb {
drop if missing(`var')
}
tab year
```

3.2.3 缩尾处理

```
foreach var of varlist lnpay dlnpay ///
    lnpay_robust dlnpay_robust ///
    roa lagroadroa ///
    roe lagroe oroa lagoroa droe ///
    first size lev mb mfee mshr board out ///
    compacc4 compaccind {
forvalue i=2006/2016 {
winsor `var' if year==`i', gen(`var'_w`i') p(0.01)
replace `var'=`var'_w`i'  if year==`i'
}
}

sort stkcd year
save 最终样本.dta, replace
```

4. 描述性统计

```
clear all
cd "$pathall"

use data\最终样本.dta, clear
sort stkcd year

tabstat lnpay dlnpay roa droa compacc4 ///
    state first size lev mb mfee mshr ///
    y1101a out dual hb east ///
```

```
    ,stat(count mean sd min p25 median p75 max) col(stat) format
(%8.3f)

asdoc sum lnpay dlnpay roa droa compacc4 ///
    state first size lev mb mfee mshr ///
    y1101a out dual hb east, ///
    stat(N mean sd p25 median p75) save(results\描述性统计) replace
//参见代码运行结果一

logout, save(results\相关系数矩阵 table3) word replace: pwcorr_a ///
    lnpay dlnpay roa droa compacc4 ///
    state first size lev mb mfee mshr ///
    y1101a out dual hb east    ///
    ,star1(0.01) star5(0.05) star10(0.1)    //参见代码运行结果二
```

5. 实证结果
5.1 会计信息可比性与薪酬契约有效性

```
clear all
cd "$pathall"

use data\最终样本.dta, clear
tab year

global comp "compacc4"

by ind year, sort: egen ind$comp =median($comp)
gen good=($comp>=ind$comp)
tab good
su $comp if good==1
su $comp if good==0

sort stkcd year
global n "good"
```

5.1.1 水平模型

```
gen x$n   =roa*$n
gen xcomp=roa*$comp

reg lnpay roa xcomp $comp state first size lev mb mfee mshr board out ///
     dual hb east i.year i.ind, r cluster(stkcd)
est store w1
estat vif

reg lnpay roa x$n $n state first size lev mb mfee mshr board out ///
     dual hb east i.year i.ind, r cluster(stkcd)
est store w2
estat vif
```

5.1.2 差分模型

```
gen dx$n   =droa*$n
gen dxcomp=droa*$comp

reg dlnpay droa dxcomp $comp state first size lev mb mfee mshr board out ///
     dual hb east i.year i.ind, r cluster(stkcd)
est store w3
estat vif

reg dlnpay droa dx$n $n state first size lev mb mfee mshr board out ///
     dual hb east i.year i.ind, r cluster(stkcd)
est store w4
estat vif

esttab w1 w2 w3 w4 using results\回归结果.rtf,star( *0.10 **0.05 ***0.01) b(%6.3f) ar2 scalars(N F) nogap compress replace    //参见代码运行结果三
```

二、代码运行结果示例

1. 代码运行结果一

Summary statistics

	N	Mean	St.Dev	p25	Median	p75
lnpay	10134	13.978	0.821	13.475	14.015	14.507
dlnpay	10134	0.102	0.313	−0.032	0.061	0.223
roa	10134	0.031	0.065	0.010	0.029	0.057
droa	10134	−0.002	0.060	−0.016	−0.001	0.011
compacc4	10134	−0.006	0.011	−0.006	−0.003	−0.002
state	10134	0.630	0.483	0	1.000	1.000
first	10134	0.351	0.149	0.232	0.332	0.458
size	10134	22.133	1.285	21.267	21.976	22.862
lev	10134	0.508	0.235	0.355	0.512	0.649
mb	10134	1.803	1.640	0.734	1.318	2.280
mfee	10134	0.096	0.149	0.043	0.072	0.111
mshr	10134	0.014	0.053	0	0	0
y1101a	10134	9.111	1.879	8.000	9.000	9.000
out	10134	0.366	0.051	0.333	0.333	0.385
dual	10134	0.156	0.363	0	0	0
hb	10134	0.094	0.292	0	0	0
east	10134	0.631	0.483	0	1.000	1.000

2. 代码运行结果二

	lnpay	dlnpay	roa	droa	compacc4	state	first	size	lev	mb	mfee	mshr	y1101a	out	dual	hb	east
lnpay	1																
dlnpay	0.142***	1															
roa	0.303***	0.075***	1														
droa	-0.012	0.087***	0.527***	1													
compacc4	0.160***	-0.016*	0.301***	0.011	1												
state	-0.028***	-0.009	-0.045***	0.008	-0.071***	1											
first	0.069***	-0.014	0.084***	-0.005	-0.039***	0.254***	1										
size	0.519***	-0.043***	0.137***	-0.031***	0.033***	0.211***	0.306***	1									
lev	-0.065***	0.026***	-0.483***	-0.096***	-0.372***	0.118***	0.032***	0.206***	1								
mb	-0.075***	0.051***	0.174***	0.061***	0.049***	-0.219***	-0.107***	-0.452***	-0.324***	1							
mfee	-0.150***	0.005	-0.432***	-0.229***	-0.229***	-0.119***	-0.135***	-0.273***	0.212***	0.224***	1						
mshr	0.093***	-0.021**	0.069***	-0.008	0.092***	-0.319***	-0.100***	-0.072***	-0.153***	0.194***	0.043***	1					
y1101a	0.089***	0.010	0.044***	-0.001	-0.045***	0.208***	0.055***	0.248***	0.082***	-0.151***	-0.087***	-0.120***	1				
out	0.069***	-0.021**	-0.028***	-0.027***	0.034***	-0.052***	0.032***	0.075***	0.004	0.028***	0.029***	0.070***	-0.334***	1			
dual	0.037***	0.022**	-0.009	-0.006	0.029***	-0.211***	-0.115***	-0.088***	-0.046***	0.108***	0.053***	0.353***	-0.147***	0.075***	1		
hb	0.174***	-0.007	0.018*	0.008	-0.162***	0.142***	0.056***	0.272***	0.042***	-0.069***	-0.022**	-0.078***	0.112***	0.029***	-0.027***	1	
east	0.263***	0.004	0.078***	0.001	0.030***	-0.111***	0.027***	0.077***	-0.061***	0.015	-0.019*	0.116***	-0.068***	0.004	0.064***	0.156***	1

3. 代码运行结果三

	(1) lnpay	(2) lnpay	(3) dlnpay	(4) dlnpay
roa	3.402***	2.399***		
	(15.59)	(10.47)		
xcomp	24.219***			
	(7.27)			
compacc4	0.109		0.910**	
	(0.11)		(2.43)	
state	-0.012	-0.019	-0.013**	-0.013**
	(-0.38)	(-0.59)	(-2.17)	(-2.23)
first	-0.390***	-0.372***	-0.001	-0.001
	(-4.21)	(-4.01)	(-0.04)	(-0.03)
size	0.274***	0.274***	0.009***	0.010***
	(18.87)	(18.70)	(3.01)	(3.34)
lev	-0.072	-0.016	0.045***	0.036**
	(-1.14)	(-0.26)	(3.01)	(2.35)
mb	0.025***	0.017*	0.012***	0.011***
	(2.85)	(1.94)	(4.88)	(4.57)
mfee	0.130	0.274***	0.006	0.025
	(1.48)	(2.77)	(0.11)	(0.48)
mshr	0.042	0.018	-0.068	-0.071
	(0.21)	(0.09)	(-1.37)	(-1.42)
board	0.222***	0.216***	0.015	0.014
	(3.10)	(3.02)	(1.06)	(1.01)
out	0.281	0.282	-0.058	-0.057
	(1.20)	(1.20)	(-1.00)	(-1.00)
dual	0.064*	0.063*	0.028***	0.028***
	(1.93)	(1.90)	(3.53)	(3.52)
hb	0.104*	0.112**	-0.010	-0.014*
	(1.91)	(2.06)	(-1.28)	(-1.85)
east	0.294***	0.294***	0.004	0.003
	(9.99)	(10.00)	(0.70)	(0.60)
2006.year	0.000	0.000	0.000	0.000
	(.)	(.)	(.)	(.)

（续表）

	（1）	（2）	（3）	（4）
	lnpay	lnpay	dlnpay	dlnpay
2007.year	0.150***	0.156***	0.089***	0.094***
	（6.31）	（6.55）	（4.17）	（4.37）
2008.year	0.370***	0.364***	0.010	0.016
	（16.58）	（16.57）	（0.54）	（0.86）
2009.year	0.370***	0.372***	−0.058***	−0.047***
	（13.91）	（14.82）	（−3.23）	（−2.66）
2010.year	0.476***	0.480***	0.027	0.039**
	（15.80）	（17.23）	（1.47）	（2.18）
2011.year	0.589***	0.582***	−0.009	0.002
	（20.84）	（22.29）	（−0.49）	（0.11）
2012.year	0.650***	0.643***	−0.063***	−0.052***
	（22.37）	（23.86）	（−3.87）	（−3.29）
2013.year	0.709***	0.706***	−0.075***	−0.065***
	（22.92）	（24.06）	（−4.66）	（−4.12）
2014.year	0.748***	0.747***	−0.084***	−0.074***
	（23.03）	（23.91）	（−5.15）	（−4.69）
2015.year	0.763***	0.767***	−0.111***	−0.101***
	（20.66）	（21.43）	（−6.59）	（−6.12）
2016.year	0.794***	0.800***	−0.083***	−0.072***
	（22.24）	（23.17）	（−4.97）	（−4.43）
1.ind	0.000	0.000	0.000	0.000
	（.）	（.）	（.）	（.）
2.ind	0.032	0.018	−0.048**	−0.048**
	（0.23）	（0.13）	（−2.07）	（−2.06）
3.ind	0.106	0.107	0.023	0.025
	（0.78）	（0.80）	（1.12）	（1.24）
4.ind	0.171	0.159	0.004	0.007
	（1.33）	（1.26）	（0.19）	（0.35）
5.ind	0.231*	0.222*	0.005	0.009
	（1.82）	（1.78）	（0.24）	（0.48）
6.ind	0.326**	0.320**	0.025	0.025
	（2.13）	（2.10）	（0.87）	（0.87）
7.ind	0.093	0.081	−0.003	−0.003
	（0.69）	（0.61）	（−0.16）	（−0.16）

（续表）

	（1）	（2）	（3）	（4）
	lnpay	lnpay	dlnpay	dlnpay
8.ind	0.201	0.186	−0.004	−0.001
	(1.32)	(1.24)	(−0.19)	(−0.04)
9.ind	0.418***	0.411***	0.009	0.012
	(3.07)	(3.07)	(0.46)	(0.61)
10.ind	0.122	0.109	−0.020	−0.018
	(0.87)	(0.79)	(−0.94)	(−0.87)
11.ind	0.333*	0.309*	0.052*	0.051*
	(1.91)	(1.73)	(1.72)	(1.72)
12.ind	0.401***	0.415***	−0.007	−0.004
	(2.64)	(2.77)	(−0.29)	(−0.18)
13.ind	0.466***	0.451***	0.031	0.034
	(3.40)	(3.33)	(1.42)	(1.56)
14.ind	0.364*	0.359*	0.017	0.017
	(1.78)	(1.76)	(0.69)	(0.67)
16.ind	0.286**	0.263*	−0.019	−0.025
	(2.01)	(1.88)	(−0.55)	(−0.74)
20.ind	0.232	0.229	−0.079*	−0.082*
	(1.43)	(1.39)	(−1.83)	(−1.91)
21.ind	0.261*	0.257*	0.002	0.005
	(1.79)	(1.79)	(0.08)	(0.21)
xgood		2.270***		
		(6.11)		
good		−0.056**		0.009
		(−2.47)		(1.56)
droa			0.585***	0.336***
			(7.01)	(4.27)
dxcomp			6.034***	
			(3.06)	
dxgood				0.605***
				(3.43)
_cons	6.378***	6.383***	−0.105	−0.146**
	(18.56)	(18.48)	(−1.49)	(−2.04)
N	10 134	10 134	10 134	10 134
adj.R^2	0.491	0.489	0.042	0.041
F	85.634	83.519	13.327	13.054

注：t statistics in parentheses；* $p<0.10$，** $p<0.05$，*** $p<0.01$。